永强

渔业船员培训系列教材

渔船动力装置

（轮机长、管轮）

主　编　郑连兴　陈锡华

主　审　何煜旻

大连海事大学出版社

图书在版编目(CIP)数据

渔船动力装置 : 轮机长、管轮 / 郑连兴, 陈锡华主编. — 大连 : 大连海事大学出版社, 2018.3(2025.3 重印)
渔业船员培训系列教材 / 卓永强主编
ISBN 978-7-5632-3619-0

Ⅰ. ①渔… Ⅱ. ①郑… ②陈… Ⅲ. ①渔船—动力装置—技术培训—教材 Ⅳ. ①U674.4

中国版本图书馆 CIP 数据核字(2018)第 049779 号

大连海事大学出版社出版

地址:大连市黄浦路523号 邮编:116026 电话:0411-84729665(营销部) 84729480(总编室)
http://press.dlmu.edu.cn E-mail:dmupress@ dlmu.edu.cn

大连永盛印业有限公司印装 大连海事大学出版社发行

2018 年 3 月第 1 版 2025 年 3 月第 4 次印刷
幅面尺寸:184 mm×260 mm 印张:14.5
字数:351 千 印数:5001~6000 册

出版人:刘明凯

责任编辑:苏炳魁 责任校对:张 华
封面设计:解瑶瑶 版式设计:张爱妮

ISBN 978-7-5632-3619-0 定价:40.00 元

总 序

中国大陆海岸线长达18 000多千米,岛屿海岸线长达14 000多千米,管辖海域约为300万平方千米,属于海洋大国。中国海域蕴藏着丰富的资源,特别是海洋渔业资源,中国近海和外海鱼类最大持续渔获量约为735万吨。2016年我国渔业人口约为2016.96万人,其中传统渔民678.46万人,渔业从业人员1414.85万人。高素质的渔业船员队伍是实现渔业安全生产和渔业经济持续健康发展的重要基础。为适应海洋渔业资源开发形势的发展,规范全国渔业船员教育培训工作,推动《中华人民共和国渔业船员管理办法》实施,广东海洋大学组织在渔业船员培训领域有着丰富教学和培训经验的专家编写了此套"渔业船员培训系列教材",并组织教学和实践经验丰富的航海类专业的教授、船长和轮机长对教材进行了审定,以提高培训质量,提高渔业船员的综合素质。

"渔业船员培训系列教材"的出版是渔业船员培训工作的一件大事,满足了广大渔业船员备考之需,对提高教学、培训质量和我国渔业船员整体素质具有积极作用,同时也对《中华人民共和国渔业船员管理办法》的实施起到了很好的推动作用。

在本套教材出版之际,我衷心希望广大渔业船员刻苦学习,认真实践,不断提高自己的文化和业务素质,为渔业生产安全和防止水域污染、保护海洋环境做出更大贡献。

在此,谨向参加教材编写工作的同志及为此付出过辛勤劳动的同志们表示衷心的感谢!同时希望大家继续为建设海洋强国而努力!

中国海洋学会理事长

2018年3月

内容提要

本书共分五章,第一章渔船动力装置概述,主要描述渔船动力装置的组成和类型、渔船动力装置的要求及基本性能指标、渔船动力装置的可靠性、保持和提高动力装置可靠性的途径。第二章渔船柴油机,主要描述柴油机基本知识、四冲程柴油机的结构和主要部件、燃油的喷射设备、柴油机换气、柴油机的特性、柴油机的调速装置、柴油机的起动及换向和操纵装置。第三章渔船动力系统,主要描述燃油系统的组成设备及管理、润滑系统的组成设备及管理、分油机的结构和工作原理及管理、冷却系统的组成设备及管理。第四章柴油机的运行管理及应急处理,主要描述柴油机的备车及起动和机动操纵、柴油机运行中的管理、柴油机的停车和完车、柴油机的应急处理。第五章轴系与推进装置,主要描述船舶推进装置、螺旋桨、渔船推进装置的工况配合特性。

前　言

为提高渔业船员培训质量，根据农业部颁布的《中华人民共和国渔业船员管理办法》和《农业部办公厅关于印发渔业船员考试大纲的通知》的要求，广东海洋大学组织在渔业船员培训领域有着丰富教学和培训经验的专家编写了本套“渔业船员培训系列教材”，并组织教学和实践经验丰富的航海类专业的教授、船长和轮机长对教材进行了审定。

在编写教材前，编者对渔业船员现状进行了调研。在准确把握渔业船员应具备的业务素质的前提下，本套教材的编写以应知应会的知识技能为基础，注重理论与实际相结合，强调船员对相关法律法规的学习与掌握。

本套教材作为渔业船员适任考试培训教材，能够满足渔业船员适任考试培训的需要，为船员的业务学习提供帮助，从而提高渔业船员整体素质。本套教材还可供渔业监督管理机构和渔业船员培训机构人员学习参考，以促进渔业监督管理水平和考前培训质量的提高。

本套教材分高级船员驾驶专业、高级船员轮机专业、基本知识及安全技能3部分，共10种。其中，高级船员驾驶专业包括《航海与气象》《渔船船艺与操纵》《渔船避碰与值班》《渔船船舶管理》4种教材，适合船长、船副适任考试培训使用；高级船员轮机专业包括《渔船动力装置》《渔船辅机》《渔船电气》《渔船轮机管理》4种教材，适合轮机长、管轮适任考试培训使用；基本知识及安全技能包括《小型渔船机驾》和《渔船基本安全》2种教材。本套教材由卓永强教授担任总主编，范少勇副教授、船长和余培文博士担任副总主编。

《渔船动力装置》教材由广东海洋大学郑连兴高级轮机长、陈锡华讲师主编。其中，第一章、第二章、第三章、第四章由郑连兴编写；第五章由陈锡华编写。全书由郑连兴统稿，郑连兴、陈锡华校对修改。

本书由何煜旻轮机长主审。

教材在编写过程中编者得到了农业部办公厅领导和专家的关心和指导，相关海洋渔业部门和船公司对教材编写也提供了热情的帮助和支持，在此一并表示感谢！

由于编者水平有限，加上时间仓促，书中难免存在错误和疏漏，欢迎广大读者和专家批评指正。

编　者

2017年11月

目 录

第一章　渔船动力装置概述

第一节　船舶动力装置的组成和类型

一、船舶动力装置的含义

“船舶动力装置”的含义和“轮机”基本相同，是为了满足船舶航行、各种作业、人员的生活、财产和人员的安全需要所设置的全部机械、设备和系统的总称，它是船舶的心脏。船舶动力装置技术管理也就是轮机技术管理。

船舶动力装置的主要任务是给船舶提供各种形式的能量(如机械能、电能、热能、液压能等)，并转换和使用这些能量。推进装置的作用是将船舶动力装置提供的动力转换成推力，船舶推进器按作用方式可分为主动式和反作用式两类。靠人力或风力驱船前进的纤、帆等为主动式，桨、橹、明轮、喷水推进器、螺旋桨等为反作用式。早期船舶推进动力主要依靠人力、畜力和风力(即撑篙、划桨、摇橹、拉纤和风帆)等。唐代李皋发明了“桨轮船”。他在船的舷侧或艉部装上带有桨叶的桨轮，靠人力踩动桨轮轴，使轮周上的桨叶拨水推动船体前进。因为这种船的桨轮下半部浸入水中，上半部露出水面，由于其侧之推进轮极似车轮，故后来又称之为车轮舟或车船。所以称为“明轮船”或“轮船”。到 19 世纪 60 年代，安装明轮的蒸汽船被淘汰掉轮船大都采用螺旋桨作推进器。但“轮船”这个名字因为称呼上的通俗和习惯，用螺旋桨推进的船仍称为“轮船”，并沿袭至今。

二、船舶动力装置的组成

1. 推进装置

推进装置是推动船舶航行的装置，它包括主机、传动设备、轴系和推进器。主机发出动力，通过传动设备及轴系驱动推进器产生推力，使船舶克服阻力以某一航速航行。

2. 辅助装置

在动力装置产生能量的诸装置中，除推进装置以外的其他产生能量的装置即是辅助装置。它包括船舶电站、辅锅炉、液压泵站和压缩空气系统，它们分别产生电能、蒸汽热能、液压能和压缩空气供全船使用。

3. 管路系统

管路系统是用以输送流体的管系，由各种阀件、管路、泵、滤器、热交换器等组成。按用途不同，管路系统又分为两类：

（1）动力系统：为主机、辅机和辅助锅炉等装置服务的管路系统。它包括燃油系统、滑油系统、海淡水冷却系统、排气系统、蒸汽系统和压缩空气系统等。

（2）辅助系统：为船舶平衡、稳性、人员生活和安全服务的管路系统，也称为船舶系统。它包括压载、舱底水、日用海淡水、通风、空调、冷藏和消防系统等。

4. 甲板机械

甲板机械为保证船舶航向、停泊、装卸货物及起落重物所设置的机械设备。它包括舵机、锚机、绞缆机、起货机、艉门艉跳系统、吊艇机及舷梯升降机等。

5. 防污染设备

防污染设备是用来处理船上污油水、油泥、生活污水及各种垃圾的设备。它包括油水分离装置、焚烧炉及生活污水处理装置等。

6. 自动化设备

自动化设备为改善船员工作条件、减轻劳动强度和维护工作量、提高工作效率以及减少人为操作错误所设置的设备。它主要由遥控、自动调节、监视、报警和打印等设备组成。

三、船舶动力装置的类型

1. 蒸汽动力装置

根据运动方式的不同，蒸汽动力装置有往复式蒸汽机和回转式汽轮机两种。

往复式蒸汽机最早应用于海船，由于它具有结构简单、运转可靠、管理方便及噪声小等优点，在过去很长的一段时间内占据着主导地位。但其由于经济性差、体积重量大，现在已经基本上被其他船用发动机代替。

回转式汽轮机由于受到柴油机的挑战，一直发展缓慢，而且热效率低，重量尺寸大，这就限制了它在中小船舶中的使用。

2. 燃气动力装置

燃气动力装置根据发动机运动方式不同，有柴油机动力装置和燃气轮机动力装置两种。

（1）柴油机动力装置

柴油机不仅是热效率最高的一种热机，而且还具有起动迅速、部分负荷运转性能好、安全可靠、装置的重量较轻、功率范围大（从几千瓦至数万千瓦）等一系列优点，因此船舶主机及发电副机现在多用这种发动机。

在中、大型商船上所使用的柴油机有大型低速和大功率中速两大类，这两种柴油机在激烈竞争的同时又互相促进，都在迅速发展。

（2）燃气轮机动力装置

燃气轮机动力装置具有的优点是单位重量和尺寸小，单机功率大，机动性高，操纵管理简便，便于实现自动化。但它的经济性差；进排气管道大、机舱布置困难；低负荷运转性能差；不能直接倒车(需加离合器);叶片及燃气发生器均在高温高压下工作,寿命较短,故在商船上应用极少。

3. 核动力装置

核动力装置的优点是所用燃料的重量极轻,船舶续航力很大。核燃料燃烧不用空气助燃,不用设置排气系统。但由于造价高,核分裂反应释放出大量放射性物质需要严加防护,操纵、管理、检查系统复杂,因此在商船上应用甚少。随着液体燃料资源的日趋枯竭,核动力装置的竞争能力有可能加强。

4. 电力推进

一直以来,船舶推进方式是船舶科技工作者们研究的一个重要领域。传统的船舶推进方式是利用原动机直接推进,而船舶电力推进则是一种由原动机带动发电机发电,经变频器把满足要求的电流送到推进电动机,从而驱动螺旋桨的推进方式。它具有体积重量小、布置灵活、安全可靠性好、自动化程度高、环保效果好等特点,深受各国造船业的青睐。

第二节 渔船动力装置的要求及基本性能指标

一、对船舶动力装置的要求

1. 可靠性

可靠性是最重要的要求。可靠性在船舶动力装置质量指标中占有特殊的地位,因为它是落实其他指标的前提,而且直接影响着其他指标的优劣。船舶动力装置的好坏取决于它在各种营运条件下能否可靠地、不间断地运转。可靠性不足会额外增加排除故障的开支,增加维修工作量,延长停航修理时间,降低营运效益。影响可靠性的因素有设计、工艺和使用方面的因素。

2. 经济性

船舶在营运中,动力装置的花费占船舶总费用的比例很大,现在已超过50%。为了提高船舶的营运效益,必须尽量提高动力装置的经济性。经济性中较大的燃油费、滑油费、折旧费及维护费,更是重点考虑的因素。

3. 机动性

船舶机动性指的是改变船舶运动状态的灵敏性,它是船舶安全航行的重要保证。船舶起航、变速、倒航和旋回性能是船舶机动性的主要体现,而船舶的机动性取决于动力装置的机动性,动力装置的机动性主要还由以下几个指标来说明。

(1)起航时间是指从接到起航命令开始,经过暖机、备车和冲试车,使发动机达到随时可用状态的时间。

这段时间越短机动性越好。这段时间的长短主要与为主机服务的各油水系统温度上升速度有关,这就要求辅锅炉有合适的蒸发量和蒸汽压力,以保证暖机时提供足够的蒸汽。

(2)发动机由起动开始至达到全功率所需的时间

这是动力装置加速性能指标,它的长短直接影响到船舶加速的快慢,所以希望它短一些。可调螺距螺旋桨对外界条件有很好的适应性,它的加速性能明显优于固定螺距螺旋桨。中速机的起航加速时间比低速机要短。起航加速时间的长短取决于发动机的型式和运动部件的质量惯性和受热部件的热惯性,后者更为重要。

(3)发动机换向所需的时间和可能的起动次数

发动机换向所需的时间是指主机在最低稳定转速时,由发出换向命令到主机以相反方向开始工作的时间。换向时间越短机动性越好。柴油机起动和换向都很迅速,按规范规定主机换向时间不得大于 15 s。

规范规定:供主机起动用的空气瓶至少应有两个,其容量在不补充空气的情况下,对每台可换向的主机能在冷机条件下连续起动不少于 12 次,试验时应正倒车交替进行。对每台不能换向的主机能在冷机条件下连续起动不少于 6 次。

(4)船舶由全速前进变为倒航所需的时间(或滑行的距离)

这是体现主机紧急倒车性能的指标。滑行距离不能太大,对于货船一般要求不得大于船体长度的 6 倍,而客船不得超过船体长度的 4 倍。

(5)发动机的最低稳定转速和转速限制区域

发动机的最低稳定转速直接影响船舶微速航行性能,主机的最低稳定转速应尽量低些。一般低速柴油机的最低稳定转速不高于标定转速的 30%,中速机不高于标定转速的 40%,高速机不高于标定转速的 45%。

在主机使用转速范围内如存在引起船体或轴系共振的临界转速,则应规定为转速禁区,并以红色在主机转速表上标明。在主机使用转速范围内,转速禁区越少、越窄就越好。

最低稳定转速越低,共振区越少,动力装置的机动性能就越好。

4. 重量和尺度

为了提高船舶的经济效益,应力求减少动力装置的重量和尺度。但装置重量和尺度的减少往往和发动机的寿命相矛盾。

发动机的长度和安装位置可决定机舱的长度和位置,从而可影响货舱的总容积。

5. 续航力

续航力是指船舶不需要补充任何物资(燃油、滑油、淡水等)所能航行的最大距离或最长时间。它是根据船舶的用途和航区确定的。续航力不但和动力装置的经济性、物资储备量有关,也和航速有很大关系。为了满足船舶续航力的要求,船上必须设有足够大小的油、水舱柜。

6. 生命力

生命力是指某些设备失去工作能力,动力装置仍能维持工作的能力。

二、基本性能指标

1. 船舶有效功率

船舶有效功率是指船舶航行时,克服水、风对船体阻力所消耗的功率。若船舶航行速度为 v_s(m/s),此航速下的运动阻力为 R(N),则船舶有效功率 P_R 为

$P_R = R \cdot v_s \times 10^{-3}$ kW

在新船设计时，船舶有效功率 P_R 可用“海军常数法”估算：

$P_R = (D_0^{2/3} v_s^3)/C_B$ kW

式中，D_0——排水量，t；

v_s——航速，kn；

C_B——海军常数，由已知母型船决定，即

$C_B = (D_0^{2/3} v_0^3)/P_{R0}$

式中，D_0、v_0、P_{R0}——母型船的排水量、航速和船舶有效功率，都是已知值。

由于在主机发出的有效功率变为船舶有效功率的过程中，存在着能量转换和传递损失，因此船舶有效功率仅是主机有效功率 P_e 的一部分，推进系数 C 来表示：

$$C = \frac{P_R}{P_e}$$

推进系数的数值范围一般为：

单桨船 0.70～0.80；

双桨船 0.60～0.70。

在进行动力装置方案的设计时，用上述方法就可初步估算出主机应该发出的有效功率，为主机选型提供一定的依据。

2. 单位重量

(1) 主机的单位重量 g_m 是指主机单位有效功率的重量，即

$$g_m = G_m/P_e \quad \text{kg/kW}$$

式中，G_m——主机总重量，kg；

P_e——主机的有效功率，kW。

一般转速越高，g_m 越小。

(2) 装置的单位重量 g_z 是指主机单位有效功率的动力装置重量，即

$$g_z = G_z/P_z \quad \text{kg/kW}$$

式中，G_z——动力装置的总重量，kg。

3. 相对重量

(1) 主机的相对重量 α_m 是指主机重量与船舶满载排水量之比，即

$$\alpha_m = G_m/D \quad \text{kg/t}$$

式中，D——满载排水量，t。

(2) 装置的相对重量 α_z 是指动力装置的总重量与船舶满载排水量之比，即

$$\alpha_z = G_z/D \quad \text{kg/t}$$

4. 机舱饱和度

它是表征机舱的面积和容积利用率的指标，并分别由面积饱和度和容积饱和度来表示。

(1) 面积饱和度 K_s 是指每平方米机舱面积所分配的主机有效功率，即

$$K_s = P_e/S \quad \text{kW/m}^2$$

式中，S——机舱所占的面积，m^2。

(2)容积饱和度 K_v 是指每立方米机舱容积所分配的主机有效功率,即

$$K_v = P_e/V \quad kW/m^3$$

式中,V——机舱所占的容积,m^3。

K_s,和 K_v 大,表示机舱内机械设备布置得紧凑,利用程度高,但机舱的通风、散热差,轮机人员管理维修往往不方便。因此,应在保证动力装置正常工作及维修方便的条件下选取较大的 K_s 和 K_v 值。

5. 动力装置燃料消耗率 b_z

动力装置燃料消耗率是指动力装置每小时的燃油总消耗量与螺旋桨推动功率之比,即

$$b_z = B/P_T \quad kg/(kW \cdot h)$$

式中,B——整个动力装置每小时的燃油消耗量,包括主机、柴油发电机和辅锅炉所消耗的燃油,kg/h;P_T——螺旋桨推力功率,kW。

6. 动力装置有效热效率 η_z

动力装置有效热效率是指是每小时螺旋桨推力功的相当热量与同样时间内动力装置消耗的燃油所放出的总热量之比,即

$$\eta_z = 3\,600 P_T/B \cdot H_u$$

式中,H_u——燃油的低发热值,一般燃油 $H_u = 42\,707$ kJ/kg。

$$\eta_z = 3\,600/b_z H_u$$

7. 每海里燃油消耗量 G_n

每海里燃油消耗量是指船舶每航行 1 n mile 的动力装置所消耗的燃油总量,即

$$G_n = B/v \quad kg/n\ mile$$

考虑到船舶在稳定航行时,主机有效功率 $P_e = A \cdot v^3$。(A 为与航行条件有关的系数),代入上式则有

$$G_n = (B_m + B_g + B_b)/v = b_m \cdot A \cdot v^2 + (B_g + B_b)/v$$

$$= A \cdot b_m \cdot v^2 + (B_g + B_b)/v$$

式中,B_m、B_g、B_b——分别为主机、柴油发电机和锅炉的每小时燃油消耗量,kg/h;

b_m——主机的燃油消耗率,kg/(kW·h)。

G_n是带有综合性质的指标,它既考虑了动力装置本身的性能,也考虑了船舶航行性能。船舶航行时 B_g和 B_b基本上不变,与航速无关,在设有废气锅炉时 $B_b = 0$。由此可知,G_n是 B_m和 v 的函数,而 b_m 也随 v 变化。在低速航行时,虽然 b_m 增大了,但 G_n有可能降低,这就是船舶减速航行时节约燃油的道理。

8. 船舶日耗油量 G_D

船舶在航行时每天都要计算实际燃油消耗量以上报公司或租家。船舶日耗油量指每 24 h 全船所消耗的燃油总量,有时也称为日耗油量,可用下式表示

$$G_D = G_{Dm} + G_{Dg} + G_{Db} \quad t/d$$

式中,G_{Dm}、G_{Dg}、G_{Db}——分别为主机、柴油发电机、锅炉的日耗油量,t/d。

若船上其他地方也燃用燃油(如厨房),也应计算在内。

第三节　渔船动力装置的可靠性

一、可靠性概念

可靠性理论——是研究设备故障的宏观与微观规律，提高设备可靠性的科学是现代维修科学的重要理论基础。可靠性理论为设计出不易发生或少发生故障的机械和设备奠定了基础。机械和设备的可靠寿命为确定维修中的最佳维修间隔期、备件数量等提供可靠的依据，故障机理和故障分析为修复故障做了充分的准备。

可靠性——是反映产品耐用和可靠程度的一种性能。产品的可靠性是指产品在规定的时间、规定的条件下完成规定的功能的能力。可靠性是产品固有的特性之一，是产品的功能随时间的延长保持稳定的程度。产品是指船舶机械、设备、系统和零部件等。

二、基本概念

1. 可靠性

可靠性是产品在规定条件下和规定时间内完成规定功能的能力，属于定性概念。

产品——可靠性研究的对象，如元件、器件和系统。

规定条件——如外界条件、使用工况、使用方法和维护条件等。

规定时间——产品工作期限，如时间的累积值、距离、次数等。

规定功能——规定条件下完成规定工作而不发生故障。

可靠性概念对船舶动力装置而言，可以理解为：

产品——整个动力装置。

规定条件——环境条件（如温度、湿度、振动、负荷、航行条件）；要求的操作、管理和维护条件。

规定时间——通常取两次大修的间隔时间。

规定功能——达到运行指标如 P、n、油耗、蒸发量、装卸能力、防污能力。

2. 维修性

维修性是在规定使用条件下使用的产品，在规定条件下并按规定的程序和手段实施维修时，保持或恢复能执行规定功能状态的能力。

维修——为使产品维持在可使用状态所做的一切工作。

维修度——产品按照要求进行维修，能保持或恢复到完成规定功能的概率。

就船舶而言，维修产品通常为成本高、结构复杂、耐用的产品。如缸套、活塞、泵、喷油器。

不维修产品通常为成本低、结构简单的零部件。如螺栓、螺帽、垫圈、填料等常用消耗品。称作物料。

维修度表征了产品修理的难易程度。维修度高的产品，可弥补可靠性不足的缺陷。

影响维修度的因素：

(1)产品结构的维修方便性。

(2)修理人员的修理水平。

(3)维修系统的效能。

3. 故障率曲线(也称浴盆曲线)

故障率曲线是产品的故障率随时间变化的规律。早期故障期(递减区)排除劣品的试验阶段。

故障率较高的原因——设计不合理、制造缺陷、安装不当、磨合不当。

缩短方法——制造时的质量控制和良好磨合船舶一般为半年,制造技术和维护管理的技术落后于船舶设备的技术发展时,可能延长 1 ~2 年。

故障率较低,但很难预测,需着重研究。原因往往与工作环境、管理不当有关。

延长方法——合理的维修和更换易发生故障的零部件。

故障率较高的原因——产品的疲劳、磨损、老化。

三、可靠性在船舶动力装置运行中的应用

船舶故障的不同定义：

(1)达不到正常航速,主要应用于班轮。

(2)不能维持最低航速,主要应用于大风浪天。

(3)失去操纵性,主要应用于靠离码头、窄水道。低速机可靠性为 0.988,中速机可靠性为 0.991。

四、船舶各种机械的故障比例

(1)各种机械故障中,主机故障占的比例大,约占 38%。

(2)柴油机部件故障中,低速机的十字头轴承、气缸盖、增压器和活塞所占比例大;中速机的曲轴、主轴承、增压器、连杆大端轴承和活塞所占的比例大。

第四节　保持和提高动力装置可靠性的途径

设计——可靠度的基本保证。

制造——材质、加工精度、工艺。

安装——间隙、预紧力、找正。

管理——按要求操作,保证工作环境,及时保养、维修。

一、设计时合理选用系统的联接方式

1. 串联系统

多个独立部件组成一个系统，若其中一个部件发生故障，系统就发生故障。如主机——轴系——桨。

特点：

(1)系统可靠度小于部件可靠度。

(2)可靠度最差的部件对系统可靠度影响最大。

(3)部件越多，系统可靠度越小。

(4)工作时间越长，系统可靠度越小。

(5)部件少，造价低，机舱饱和度小。

2. 并联系统

多个独立部件组成一个系统，只有当各部件全部发生故障时，系统才发生故障。例如，发电机组。

特点：

(1)系统可靠度大于部件可靠度。

(2)部件越多，系统可靠度越大，但每一个并联部件对系统可靠性提高所起作用越小，所以2~3个部件并联最好。

(3)部件越多，成本越高，机舱饱和度越大。

固定式联接热态备用：备用部件和基本部件预先都联入系统，同时投入工作。如机动航行，增开一台发电机。

特点：部件运行时间长，系统可靠性变差。

固定式联接冷态备用：备用部件预先联入系统，在基本部件发生故障后，投入工作。如备用泵、双联滤器等。

特点：运动部件运行时间短，系统可靠性好。

不固定式备用：基本部件发生故障后，才将备用部件联入系统。如船上备用活塞、气缸、喷油器等备件。

应用场合：系统有多个相同基本部件。

并联系统的另一种形式是表决系统。在由 n 个部件组成的并联系统中，若其中的 r 个部件正常工作，系统就正常工作，这样的系统称表决系统。

备用比 $(n-r)/r$

特点：备用比越大，可靠性越高。

3. 混合联接系统

混合联接系统指系统中既有并联也有串联的系统。

综合来讲，在条件相同时，部件并联方式比串联方式可靠性高。要提高系统的可靠性，除选择质优价廉的部件外，还要使系统所用部件种类和数量尽量少，部件之间的相互关系尽量简单。储备可提高可靠性，但缺点是：影响设备散热，可靠性降低；影响管理人员的操作；机舱饱和度增加。

二、提高管理水平

据统计,人为因素造成的故障占80%。其中,普通船员责任心不强占50%,表现为工作不仔细,检查不及时,违章操作。干部船员管理水平低占50%,表现为业务水平低,维修保养不良,指挥不当,判断错误,操作错误。

三、提高维修性

1. 提高维修性

易拆卸性、可达性、可还原性、通用性、可互换性、适检性等。

(1)消除妨碍人体感官功能发挥的因素,以便及时发现和判断故障。

(2)系统布置要符合人体特征,如身高、腕力、视力。

(3)操作维修场所要设适当的保护措施如防护罩、护栏、隔热设施。

(4)维修操作作业力求简单方便,缩短维修时间。

(5)在操作和维修环境严酷的情况下应考虑适当的保护措施、防错措施。

(6)要有良好的可达性。

2. 以可靠性为中心的维修 RCM(Reliability Centered Maintenance)

目前国际上通用的用以确定设备预防性维修需求、优化维修制度的一种系统工程方法。

RCM 定义为:“按照以最少的资源消耗保持装备固有可靠性和安全性的原则,应用逻辑决断的方法确定装备预防性维修要求的过程或方法”。它的基本思路是:对系统进行功能与故障分析,明确系统内各故障后果;用规范化的逻辑决断程序,确定各故障后果的预防性对策;通过现场故障数据统计、专家评估、定量化建模等手段在保证安全性和完好性的前提下,以最小的维修停机损失和最小的维修资源消耗为目标,优化系统的维修策略。

基本观点:

(1)通过对机械设备各环节中可靠性诸因素的分析,科学地确定维修工作项目,优选维修方式,确定合理的维修周期,只做必须做的维修工作,既使机械设备的可靠性得到恢复,又节省维修时间和费用。

(2)产品故障有不同的影响或后果,应采取不同的对策。故障后果的严重性是确定是否做预防性维修工作的出发点。

(3)产品的故障规律是不同的,应采取不同方式控制维修工作时机。有耗损性故障规律的产品适宜定时拆修或更换,以预防功能故障或引起多重故障;对于无耗损性故障规律的产品,定时拆修或更换常常是有害无益,更适宜于通过检查、监控,视情进行维修。

(4)对产品采用不同的预防性维修工作类型:对潜在和危害安全故障使用强制性的预防维修;对运行或非运行的经济性故障,则根据经济合理性来决定采用的维修方式。

其主要内容包括:需要进行预防性维修的产品或项目(WHAT);实施的维修工作类型或“方式”(HOW);维修工作的时机即维修期(WHEN);实施维修工作的维修级别(WHERE)。

意义:通过 RCM 分析所得到的维修计划具有很强的针对性,避免了“多维修、多保养、多多益善”和“故障后再维修”的传统维修思想的影响，使维修工作更具科学性。

四、充分利用指导性文件

(1)制订操作规程。
(2)判断设备技术状态。
(3)制订维修计划。
(4)指导对设备的维修做好可靠性数据的收集、整理和分析。
(5)改进设备的设计。
(6)改进维修保养的方法。
(7)修改标准和规范。
(8)提高故障的判断能力。

本章思考题

1. 什么是船舶动力装置？它由哪些部分组成？
2. 船舶动力装置有哪些基本要求？性能指标是什么？
3. 如何提高船舶动力装置的可靠性？

第二章　渔船柴油机

第一节　柴油机基本知识

［一］概述

一、热机

所谓热机是把燃料的化学能经燃烧转化为热能，再把热能转化为机械能的机器设备。

由于燃烧的场合不同，热机又分为外燃机和内燃机两种。蒸汽机、蒸汽轮机以及柴油机、汽油机等是热机中较典型的机型。

所谓外燃机是燃料在发动机以外特设的锅炉中燃烧的热机，如蒸汽机和汽轮机。在这种热机中燃料燃烧时发出的热能加热锅炉中的水，使水变为蒸汽，再进入蒸汽机或汽轮机里膨胀做功。所以外燃机在机器内部只进行从热能到机械能的一次转换。蒸汽机与蒸汽轮机同属外燃机。在该类机械中，燃烧（燃料的化学能转变成热能）发生在气（汽）缸外部（锅炉），热能转变成机械能发生在气缸内部。此种机械由于热能需经某中间工质（水蒸气）传递，必然存在热损失，所以它的热效率不高，况且整个动力装置十分笨重。在能源问题十分突出的当前，它无法与内燃机竞争，因而已经在船舶动力装置中消失。

所谓内燃机是燃料在发动机气缸内部燃烧放出热能，直接利用高温高压的燃气推动活塞做功的热机，如柴油机、汽油机和煤气机等。内燃机在机器内部要完成化学能转化为热能，再从热能转变为机械能的两次能量转换。

汽油机、柴油机以及燃气轮机同属内燃机。虽然它们的机械运动形式（往复、回转）不同，但具有相同的工作特点——都是燃料在发动机的气缸内燃烧并直接利用燃料燃烧产生的高温高压燃气在气缸中膨胀做功。从能量转换观点，此类机械能损失小，具有较高的热效率。另外，在尺寸和重量等方面也具有明显优势，因而在与外燃机竞争中已经取得明显的领先地位。

在内燃机中根据所用燃料不同，可大致分为汽油机、煤气机、柴油机和燃气轮机。它们都具有内燃机的共同特点，但又都具有各自的工作特点。由于这些各自不同的特点使它们在工作原理、工作经济性以及使用范围上均存在一定差异。如汽油机使用挥发性好的汽油做燃料，采用外部混合法（汽油与空气在气缸外部进气管中的汽化器进行混合）形成可燃混合气。缸内燃烧为电点火式（电火花塞点火）。这种工作特点使汽油机不能采用高压缩比，因而限制了汽油机的经济性不能大幅度提高，而且也不允许作为船用发动机使用（汽油的火灾危险性大），但它广泛应用于运输车辆。

柴油机属于内燃机的一种，它是以柴油作为燃料的热机。柴油机和汽油机的主要区别在于燃料在气缸中点燃的方法不同。汽油机是利用火花塞来点燃气缸中的汽油和空气的混合气。而在柴油机中，燃料不是由外界火源点燃，而是由于缸内高温混合气自行发火的。这是因为在气缸中的空气被活塞压缩，使空气的温度和压力都升高，这个温度足以使燃油自行燃烧。所以柴油机也称为压燃式内燃机。

无论是内燃机或外燃机，它们之所以能对外做功，是由于燃气（或蒸汽）具有做功的能力，我们把燃气或蒸汽称为工质。

柴油机的类型很多，有四冲程和二冲程柴油机；增压和非增压柴油机；筒状活塞式和十字头式柴油机；高速、中速和低速柴油机之分。

二、柴油机的常用术语

1. 上止点

活塞在气缸中运动的最上位置，也是活塞离曲轴中心线最远的位置，如图 2-1-1 所示。

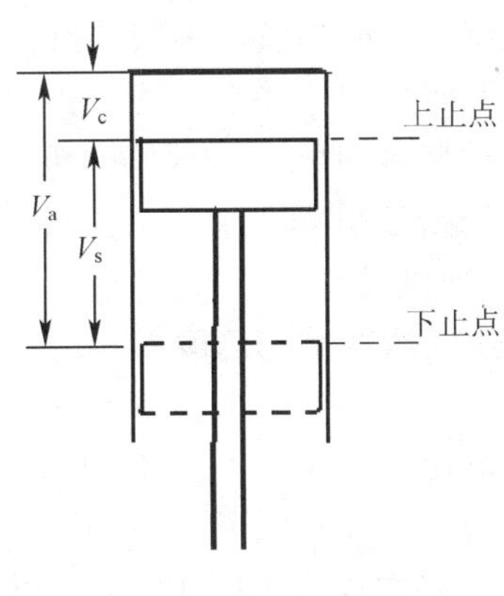

图 2-1-1　气缸容积

2. 下止点

活塞在气缸中运动的最下位置，也是活塞离曲轴中心线最近的位置。

3. 冲程

冲程也称为行程，它是指活塞从上止点到下止点间的直线距离，常用 S 表示。它等于曲轴半径尺寸的两倍，$S=2R$。活塞在气缸中移动一个冲程相当于曲轴转 180°，亦即曲轴转半周。

4. 缸径

缸径是指气缸内径尺寸，常用 D 表示。

5. 压缩室容积

压缩室容积是指活塞在缸内位于上止点时，在活塞顶上的全部空间，即活塞顶与气缸盖底面和气缸壁所围成的空间，通常用 V_c 表示。

6. 工作容积(冲程容程)

活塞在上、下止点间移动所扫过的容积称气缸工作容积 V_s。

7. 气缸总容积

气缸总容积是指活塞在下止点时，活塞顶以上的气缸全部容积，以 V_a表示。

$V_a = V_s + V_c$

8. 压缩比

气缸总容积 V_a与燃烧室容积 V_c之比称压缩比，亦称几何压缩比。

$$\varepsilon = \frac{V_a}{V_c} = \frac{V_s + V_c}{V_c} = 1 + \frac{V_s}{V_c}$$

9. 活塞平均速度

活塞平均速度是活塞在 1 s 内所走过的距离，常用 C_m表示。

$$C_m = \frac{2 \cdot S \cdot n}{60} = \frac{S \cdot n}{30} \ (\text{m/s})$$

三 、船舶柴油机的分类

柴油机的用途极为广泛，型号较多，但不论何种柴油机，其基本工作原理都是一样的，只是在不同的方面各有其特点而已。下面介绍一些常见的船舶柴油机分类型式：

(1)按工作循环特点分：四冲程柴油机和二冲程柴油机。

(2)按柴油机进气方式分：增压柴油机和非增压柴油机。

(3)按柴油机转速和活塞平均速度分：

柴油机的速度可以用曲轴转速或活塞平均速度 C_m来表示。船舶柴油机可分为：

①高速机 $n > 1\ 000$ r/min； $C_m > 9$ m/s

②中速机：$300 \leqslant n \leqslant 1\ 000$ r/min； $C_m = 6 \sim 9$ m/s

③低速机：$n \leqslant 300$ r/min。 $C_m < 6$ m/s

低速机具有经济性好、转速低、功率大，结构简单、工作可靠、可燃用劣质燃料的特点，广泛用于大型海船主机。中速机常需经过减速器才能与螺旋桨相连，它可选择最佳的螺旋桨转速，另外中速机还具有重量轻、尺寸小，可多台柴油机联用等特点，它多用作河船和部分海船的主机。近年来由于中速机单机功率提高，用作海船主机的数量有了明显增加。高速柴油机在船上常用作应急发电机、应急消防泵和救生艇等的原动机，或作为河船、机帆船等小型船舶的主机。

(4)按结构特点分：筒形活塞式柴油机和十字头式柴油机。在筒形活塞式柴油机中活塞直接与连杆相连接，活塞的导向作用由活塞下部的筒形部分来承担，在运动时活塞与气缸壁之间产生侧推力。而十字头活塞柴油机，其中活塞通过活塞杆和十字头与连杆相连接，活塞的导向作用主要由十字头承担。当柴油机工作时，十字头上滑块在导板上滑动，侧推力 N 产生在滑块与导板之间。

这两种柴油机各有优缺点，筒形活塞柴油机由于侧推力由活塞裙部来承担，所以活塞与缸套之间的磨损较大。但是这种柴油机结构简单、紧凑、轻便，中、高速柴油机都采用这种形式。

十字头式柴油机中由于它的活塞不起导向作用,活塞与气缸之间允许有较大间隙。同时,由于两者之间没有侧推力的作用,因此它们之间的磨损较小,不易擦伤和卡死,寿命长。此外,采用这种结构型式时,由于活塞杆只在垂直方向作直线运动,故可在气缸下部开设横隔板,这样就把气缸与曲轴箱空间隔开以免气缸内的脏油、烟灰和燃气等漏入曲轴箱,污损曲轴箱底部的滑油,这对燃烧重油的柴油机来说是很重要的。以上是十字头式柴油机的优点。然而,由于采用十字头式结构,使柴油机的高度和重量增大,结构也较复杂,在这方面比不上筒形活塞式柴油机。船用大型低速柴油机几乎都是采用十字头式柴油机。

(5)按照气缸数和气缸布置分:单缸机和多缸机。直列型(单列式)柴油机和 V 型排列柴油机。

(6)按柴油机能否倒转分:可倒转式和不可倒转式柴油机。

(7)按柴油机的转向分类。由飞轮端(功率输出端)向自由端看,有顺时针方向和逆时针方向旋转的柴油机。前者称右旋柴油机,后者称左旋柴油机。

四、船舶柴油机的型号解释

每种柴油机都有自己特定的代号,称为柴油机的型号。

1. 国产船用柴油机型号

(1)中小型柴油机:如 SE350ZDC 柴油机。

(2)大型低速机:如 12VESDZ30/55B 柴油机。

2. 几种常见国外机型型号解释

关于柴油机的型号表示,国际上没有统一标准,通常由若干字母和数字组成,但各国柴油机制造厂有自行的规定和说明。现列举几个常见国外厂家的船用低速柴油机型号。

(1)瑞士苏尔寿船用低速柴油机

瑞士苏尔寿公司(已与瓦锡兰公司合并)生产的船用低速柴油机有 RD、RND、RMD-M、RLB、RTA、RTA-M 等系列产品,如 6RTA84M 柴油机。

(2)德国曼恩船用低速柴油机

德国曼恩公司(已与丹麦 B&W 公司合并)生产的船用低速柴油机系列有 KZ、KSZ-A、KSZ-B 等系列产品,如 KSZ90/160B 柴油机。

(3)丹麦 B&W 船用低速柴油机

丹麦 B&W 公司(已与德国曼恩公司合并)生产的船用低速柴油机有 VTBF、VT2BF、K-EF、KFF、KGF、L-GF、S-MC、S-MCE 等系列产品,如 S35MCE 柴油机。

五、柴油机型号表示方法

现以国产柴油机为例,介绍各种柴油机型号。

1. 船用大型柴油机

6ESDZ 43/82 柴油机的各符号含义如下:

6——表示缸数;

E——表示二冲程;

S——表示十字头；
D——表示可倒转；
Z——表示增压；
43——表示缸径为 43 cm；
82——表示活塞行程为 82 cm。
12VESDZ 30/55 柴油机的各项含义：
12——表示为 12 缸；
V——表示 V 型机。
其他字母所代表意义与上述相同。

2. 中小型柴油机

6-135 柴油机的各项含义；
6——表示缸数；
135——表示缸径，单位 mm。
对于直列式柴油机，型号中的第一位数字表示缸数，横线后数字表示缸径。
12V135ZC 柴油机：
12——表示缸数；
V——表示 V 型机；
135——表示缸径，单位 mm；
Z——表示增压；
C——表示船用。

[二]柴油机的工作原理

一、四冲程柴油机工作原理

1. 工作原理

柴油机要向外输出机械功必须使燃油的化学能经过燃烧转变为热能。而燃料燃烧必须有空气，燃油自燃还要求空气有一定的温度。这样燃油才能燃烧放出热能，使燃气温度急剧升高，燃气在气缸中膨胀推动活塞做往复运动，再通过曲柄连杆机构向外输出功。做功后的废气排出气缸外，以便再次充入新气。

综上所述，柴油机每次做功，都要经过进气、压缩、燃烧膨胀和排气四个连续过程来实现。这四个连续过程就称为柴油机的一个工作循环。

如图 2-1-2、图 2-1-3 所示为四冲程柴油机的四个冲程进行情况和活塞等零件的相对位置。

(1)第一冲程——进气冲程

这一冲程是使气缸充满空气，如图 2-1-3(a)所示。这一冲程是活塞从上止点下行开始，进气阀 1 被打开，由于气缸容积不断增大，使缸内压力不断下降，依靠气缸内、外压差和活塞下行的抽吸作用，新鲜空气不断地被吸入气缸。在进气冲程的大部分时间里，缸内压力低于大气压力，为 0.08 ~ 0.095MPa。

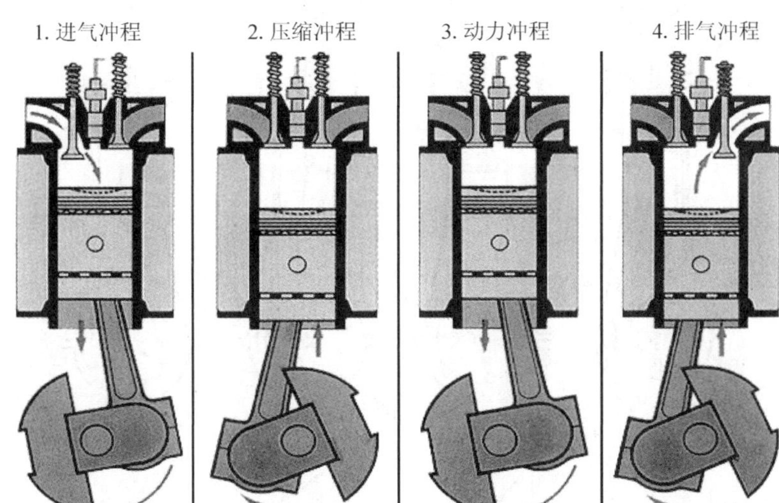

图 2-1-2　四冲程柴油机四个冲程进行情况

假如进气冲程是从上止点开始到下止点结束，这样进气冲程的曲柄转角为 180°。然而进气阀的启闭还要占有一定曲柄转角，使得进气冲程所占有的曲柄转角就小于 180°了。为了使柴油机能发出更多的功率，必须在进气冲程中能进入更多的新鲜空气。在实际柴油机中进气阀是在上止点前开启即图 2-1-3(a)中 a 点。这样可以保证当活塞到达上止点时，进气阀能有较大的流通面积，活塞从上止点一开始下行立即进气。从进气阀开启至上止点间的曲柄转角称为进气阀开启提前角。

进气阀关闭是在下止点后完成的。在下止点后活塞开始上行，缸内气体开始被压缩，压力稍高于大气压。但由于气体的流动惯性仍然有一部分空气涌进气缸。从下止点至进气阀关闭为止的曲柄转角称为进气阀关闭延迟角，如图 2-1-3 中 b 点所示。这样进气冲程所占的曲柄转角为 $\varphi_{a\text{-}b}$，图中阴影线所占曲柄转角为 220° ~250°。

(2)第二冲程——压缩冲程

如图 2-1-3(b)所示。缸内空气的压缩是在进气阀关闭(点 b 处)至活塞到达上止点(点 c 处)期间进行的。由于活塞上行，气缸容积逐渐减小，缸内气体被活塞压缩，所以温度和压力随之升高。当活塞到达上止点时缸内气体温度可达 600 ~700 ℃，压力增至 3.0 ~4.0 MPa。通常压缩终点温度用 T_c 表示，终点压力用 p_c 表示。

压缩冲程所占的总角度为 $\varphi_{b\text{-}c}$，图中阴影线所占曲柄转角为 140° ~160°。

(3)第三冲程——动力冲程(燃烧膨胀冲程)

如图 2-1-3(c)所示。当活塞到达上止点前，燃油经喷油器以雾状喷入气缸中，与高温高压气体混合后燃烧爆炸。使缸内气体温度迅速上升到 1 400 ~1 800 ℃，压力增至 5 ~8 MPa。燃烧的最高压力常用 p_z 表示。

高温高压的燃气(即工质)膨胀推动活塞下行对外做功，活塞的往复运动通过连杆推动曲轴回转运动。由于气缸容积逐渐增大，压力逐渐下降，在上止点后 40° ~60°曲柄转角(点 d 处)燃烧基本结束。由于气缸容积逐渐增大，压力和温度随着燃气的膨胀而逐渐下降，一直到气缸盖上的排气阀 2 开启时膨胀结束。膨胀终了时,燃气压力降至 0.25 ~ 0.45 MPa,温度降至 600 ~ 700 ℃。排气阀在下止点前点 e 开启,故燃烧和膨胀冲程用曲柄转角 $\varphi_{c\text{-}d\text{-}e}$ 表示。

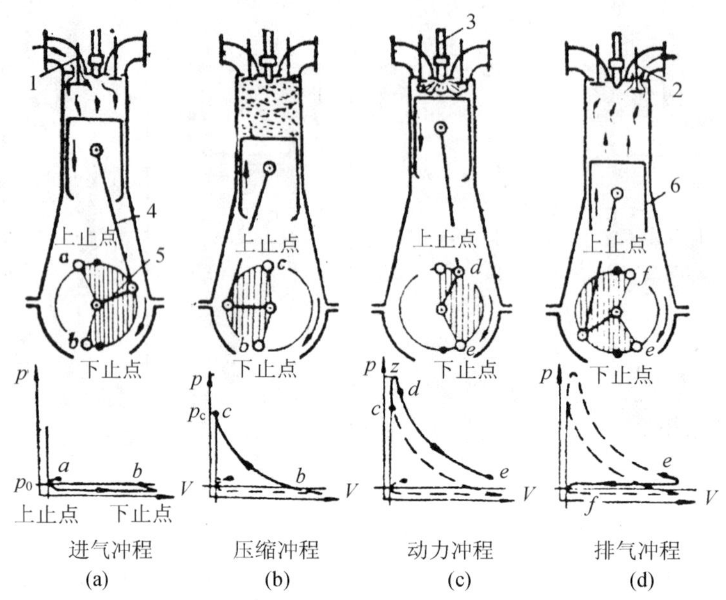

图 2-1-3　四冲程柴油机工作原理图

(4)第四冲程——排气冲程

如图 2-1-3(d)所示。为使下一个工作循环所需的新鲜空气再次进入,应先将缸内废气排出。在燃烧膨胀末期排气阀 2 开启,这时活塞尚在下行,废气依靠缸内外压差,经排气阀排出气缸。当活塞由下止点上行时,缸内废气被活塞推挤出气缸,此时的排气压力略高于大气压力,为 0.105 ~ 0.115 MPa,在排气冲程后期其压力基本保持不变。排气阀是在下止点前(点 e)开启,至上止点后(点 f)关闭,排气冲程所占曲柄转角为 $\varphi_{e\text{-}f}$,为 210° ~ 240°。

柴油机一个气缸在完成上述四个冲程后,才算完成一个工作循环。当活塞再次下行时,又重复第一冲程开始第二个工作循环,以维持柴油机周而复始地运转。

综上所述,四冲程柴油机有以下几个特点:

(1)一个工作循环是在曲轴转两转内完成,每一个工作过程几乎都占有一个冲程。

(2)在曲轴转两转过程中进气阀、排气阀和喷油器均启闭一次,因此凸轮轴的转速比曲轴慢一半,亦即曲轴与凸轮轴转速比为 2:1。

(3)在每一个工作循环中,只有在动力冲程中才是对外做功,其余三个冲程都是辅助冲程,需要外界供给能量。

(4)进气阀在上止点前开启,排气阀在上止点后关闭,两者在同时开启时所转过的曲柄转角称为气阀重叠角。由于在气阀重叠期间,进、排气通道相通,当排气按惯性流动接近停止时,因新鲜空气冲入气缸,有利于将气缸内的废气彻底清除,所以叫作燃烧室扫气。此时,由于进入气缸的新鲜空气温度较低,当它扫过燃烧室时还可以降低燃烧室部件的热负荷。

2. 定时圆图

四冲程柴油机的进气阀和排气阀的启闭都不是在上、下止点,而是在上、下止点的前后某一角度,它们的开启时间都大于 180° 曲柄转角。这种进、排气阀在上下止点前后启闭的时刻叫作气阀定时。用曲柄转角表示气阀定时的圆图称为气阀定时圆图,如图 2-1-4 所示。

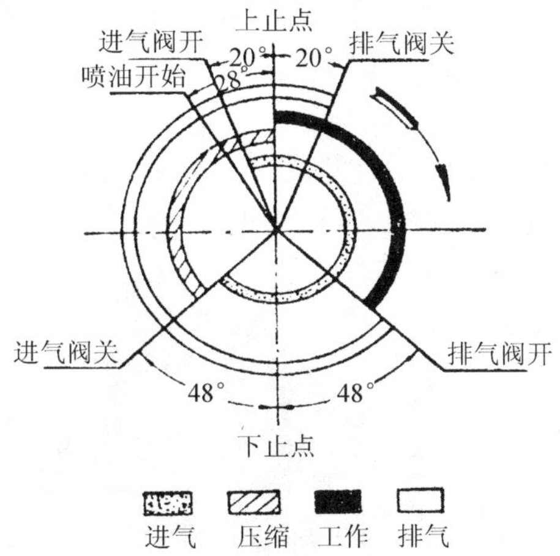

图 2-1-4　四冲程柴油机气阀定时圆图

图 2-1-4 中直线表示曲柄所在位置,弧线表示工作过程,箭头表示曲轴转向,各直线与上、下止点线之间的夹角表示定时角度。

不同类型的柴油机都有各自的定时,在说明书中都已给出,图 2-1-4 为 6-135 系列柴油机的定时圆图。从图中可以看出:

(1)进气提前角为上止点前 20°。

(2)进气延迟角为下止点后 48°。

(3)排气持续角为 20° + 180° + 48° =248°。

(4)排气提前角为下止点前 48°。

(5)排气延迟角为上止点 20°。

(6)排气持续角为 48° + 180° + 20° =248°。

(7)供油提前角为上止点前 28°。

用压缩空气起动的柴油机,除了上述的配气、供油定时外,还有起动定时。

柴油机飞轮的轮缘上一般均有 360°角等分线,以检查柴油机的各种定时。飞轮上的角度线是以第一缸活塞在上止点位置作为 0°,多缸柴油机按发火次序即能找到各缸定时位置。如 6-135 型柴油机的发火次序为 1-5-3-6-2-4,相邻曲柄夹角为 120°,柴油机顺时针转向,则第五缸的上止点位置应在飞轮顺时针转过 120°的位置上。按照这种方法即能找到其余各缸定时的相应角度。

定时圆图清楚地反映了柴油机各工作过程的次序与规律。当柴油机在运行时,如果定时规律被打乱,则柴油机不可能正常工作。因此,轮机员应根据柴油机说明书中所提供的定时数据,定期进行检查调整。

二、二冲程柴油机工作原理

1. 工作原理

二冲程柴油机把进气、压缩、燃烧和膨胀及排气过程紧缩在两个冲程内完成。它没有专门的进气、排气冲程,排气与进气是在膨胀冲程末期及压缩冲程初期进行的。新鲜空气由专设的扫气泵供给,扫气泵把加压的空气压入气缸,燃烧膨胀做功后的废气一部分自由排出外,剩余部分被进入气缸的新气驱赶。这个用新鲜空气驱扫废气的过程称为柴油机扫气过程。扫气泵可以采用罗茨泵和往复泵。

二冲程柴油机(图 2-1-5)有许多换气型式,但这些换气型式的工作原理基本相同。现以直流扫气柴油机为例介绍二冲程柴油机工作原理。

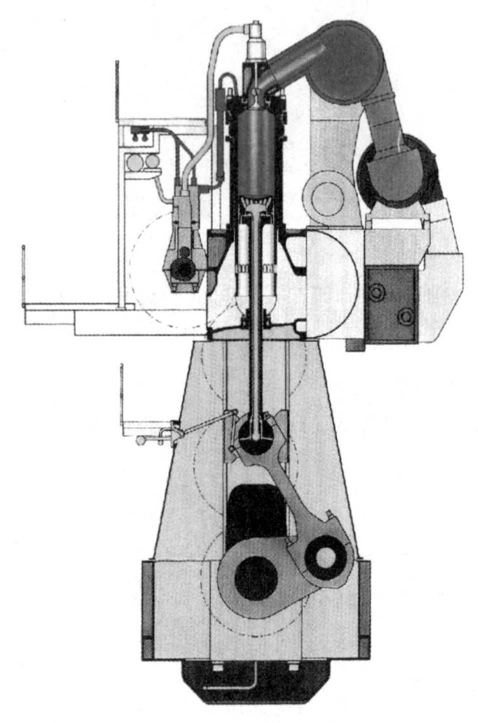

图 2-1-5　二冲程柴油机

(1)第一冲程——进气和压缩冲程

活塞由下止点上行,在活塞还未遮住扫气口之前,由扫气泵供给的新鲜空气通过扫气口进入气缸,气缸中的残留废气被进入气缸中的新鲜空气通过排气阀推挤出去,如图 2-1-6(a)所示。活塞继续上行逐渐遮住扫气口,当扫气口完全被遮闭后,空气停止充入气缸。接着排气阀关闭。此时气缸中的空气被压缩,当活塞接近上止点时,缸内压力达到 3.5 ~4.5 MPa,温度达到 700 ~800 ℃,如图 2-1-6(b)所示。

(2)第二冲程——燃烧膨胀和排气冲程

当活塞到达上止点前,燃油喷入气缸与缸内高温气体混合后,即自行发火燃烧。燃烧时最高燃烧压力可达 5 ~8 MPa,瞬时最高温度可达 1 600 ~1 800 ℃。工质膨胀推动活塞下行做功,如图 2-1-6(c)所示。膨胀过程在排气阀开启时结束。排气阀打开的时间要比活塞打开扫气口的时间早些,排气阀开启后,压力较大的废气从排气阀排出。气缸内压力迅速下降到接近扫气压力时,活塞打开扫气口新气冲入气缸驱赶废气,进气和排气同时进行即扫气,如图 2-1-6(d)所示。扫气过程一直继续到排气阀关阀。活塞继续上行又重复第一冲程,依此周而复始。

综上所述,二冲程柴油机有如下特点:

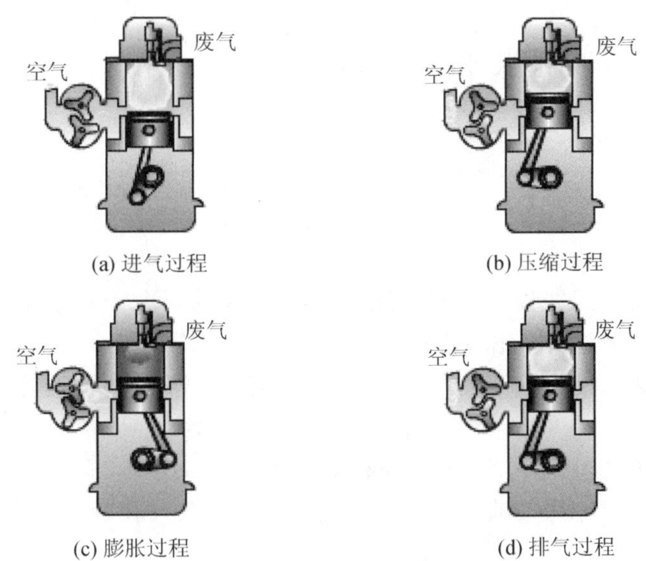

图 2-1-6　二冲程柴油机工作原理

(1)一个工作循环在活塞两个冲程内完成(即曲轴转一圈),扫气过程时间短。为此,它要设置扫气泵用以提高进气压力,以提高换气质量。

(2)凸轮轴与曲轴的转速比为 1∶1。

(3)在一个工作循环中活塞下行做功,上行时依靠其他缸动力驱动。

(4)进、排气过程几乎同时进行,所以具有较大的提前角,为 80°~100°。

2. 定时圆图

和四冲程柴油机一样,二冲程柴油机也用定时圆图来表示各项定时,如图 2-1-7 所示为某二冲程柴油机的定时圆图。定时如下:

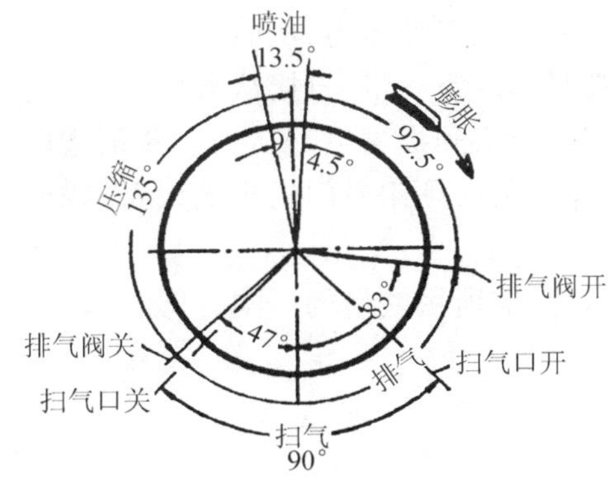

图 2-1-7　二冲程柴油机定时圆图

(1)排气阀开为下止点前 83°。

(2)排气阀关为下止点后 47°。

(3)扫气口开为下止点前 45°。

(4)扫气口关为下上点后 45°。

供油提前角为上止点前 9°。

三、二冲程和四冲程柴油机比较

二冲程柴油机和四冲程柴油机相比有如下优点：

(1)二冲程柴油机能在两个冲程内完成一个工作循环，做一次功。对于两台气缸尺寸和转速相同的非增压柴油机，考虑气口的冲程损失和扫气损失，二冲程柴油机的功率为四冲程机的1.6~1.8倍。

(2)二冲程柴油机较四冲程柴油机的结构简单。这主要由于省去了气阀及其传动装置，所以二冲程柴油机的维护、保养比较容易。

(3)由于二冲程柴油机在活塞的两个冲程内完成一个工作循环，因而它的回转要比四冲程柴油机均匀。

二冲程柴油机虽然有上述优点，但它还存有如下缺点：

(1)换气过程没有四冲程柴油机进行得完善，新气的充入和废气的清除都比四冲程柴油机困难。

(2)二冲程柴油机新气进入气缸是在排气阀或扫气口开启的时候，因而有一部分新鲜空气随废气外泄，从而增加了新气的消耗量。

(3)在相同转速下，二冲程机比四冲程机的工作循环更频繁，所以燃烧室组件的热负荷较高。

[三]柴油机增压的概念

随着生产的发展要求船舶的运输能力进一步提高，这就需要增加柴油机功率以适应生产发展的需要。增加柴油机功率的途径很多，如增加柴油机缸径、冲程等结构尺寸，增加柴油机缸数和转速等。结构尺寸和气缸数的增加，将使柴油机体积增大，对于运输船舶是不适宜的。增加柴油机转速也可以增加功率，但有损于零件的寿命和换气质量。增加柴油机功率最好的办法是向气缸内喷射更多燃油，提高工作压力，从而达到增加功率的目的。若使多喷入的燃油在气缸中完全燃烧，就必须有足够的空气量，直接从大气中吸气很难满足需要。在气缸容积不变的条件下，增加气缸的进气量就必须提高空气压力。所谓增压，就是提高进气压力，增加每循环的气缸充气量。提高进气压力必须用专门的机械设备，我们把提高进气压力的机械设备称为增压器。

中小型柴油机根据驱动增压器所用能量的不同，可分为如下两种增压方法：

一、机械增压

机械增压是由柴油机曲轴通过传动齿轮直接驱动增压器，如图2-1-8(a)所示。这种增压方法要消耗一部分有用功，因此限制增压压力的提高。当增压压力达到某一限度时，压气机所消耗的功率完全抵消了柴油机增加的功率。这种增压方法只用于小型高速或特别用途的柴油机，现已淘汰。

二、废气涡轮增压

如图 2-1-8(b)所示为废气涡轮增压方法。它是利用柴油机排烟的剩余能量驱动废气涡轮高速回转，同时带动与它同轴的增压器也高速回转。空气由增压器吸入，并在其中被压缩使空气压力升高。空气压力升高，温度也升高，必须经过冷却后再进入气缸。增压空气冷却的目的是降低柴油机受热机件的热负荷。这种增压方法是利用废气能量实现增压，不消耗柴油机的有效功率，是柴油机增压最经济、最可靠的方法，为现代柴油机广泛采用。

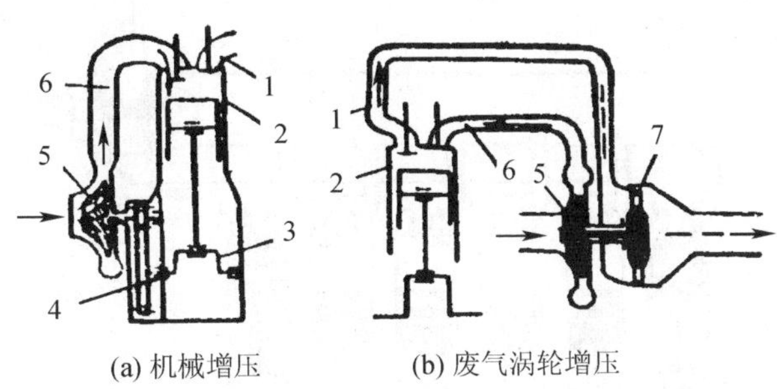

图 2-1-8　柴油机增压方法

1—排气管；2—气缸；3—曲轴；4—齿轮；5—增压器；6—进气管；7—涡轮

在废气涡轮增压中，根据废气能量的形式，可分为定压增压和脉冲增压两种。如图 2-1-9 所示为废气涡轮增压系统的两种型式。

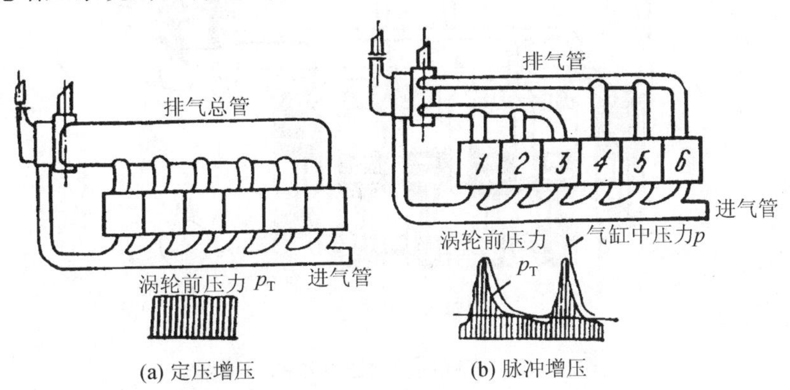

图 2-1-9　废气涡轮增压的两种型式

1. 定压增压

定压增压柴油机，它是利用废气比较稳定的压力能量驱动涡轮机，所以这种增压称为定压增压。

定压增压柴油机在结构上，是把各缸的排气管都和一个较大容积的排气管相通。各缸的排气压力波都在大容积排气管内膨胀，得到一个比较稳定的压力后再进入涡轮机内，如图 2-1-10(a)所示为定压增压系统。

2. 脉冲增压

脉冲增压柴油机,是利用各缸排气压力波动(通常称为脉冲能量)来驱动涡轮机,所以这种方法称为脉冲增压。

脉冲增压柴油机在结构上,是各缸排烟管分别和废气涡轮相连,如图 2-1-10(b)所示为脉冲增压系统。为防止各缸排气压力波发生干扰,必须把各缸排气管分组。分组的原则是,同一组内各缸的进排气时间互相不重叠(或有较小的重叠)。排气管分组是脉冲增压必须采取的措施。

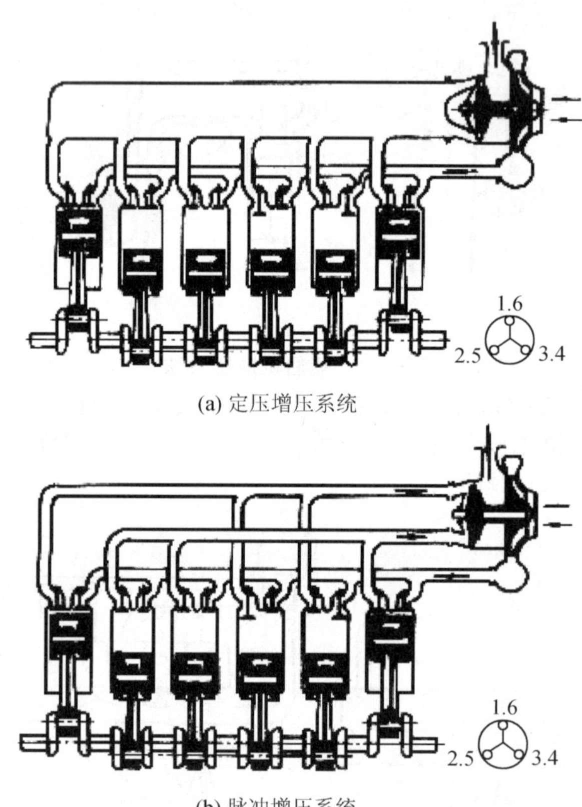

(a) 定压增压系统

(b) 脉冲增压系统

图 2-1-10　废气涡轮增压系统的两种型式

根据上述分组原则,可以求出一组中的最多缸数。在四冲程柴油机中,一个工作循环需要 720°,排气延续时间为 240°曲柄转角。所以同一组的最多气缸数为:$i = 720°/240° = 3$。

由此可见,在四冲程柴油机中,每组的最多允许缸数为 3。若多于三个气缸,排气压力波就会发生干扰。若少于三个气缸,固然不会发生干扰,但由于废气不能连续供给,会使涡轮工作不稳定。

对于低增压和中增压,增压压力小于 0.2 MPa 时常采用脉冲增压,适用于中小型柴油机。当增压压力大于 0.3 MPa 时采用定压增压,适用于大型低速柴油机。

三、废气涡轮增压器

废气涡轮增压方法是通过废气涡轮增压器实现的。废气涡轮增压器是由废气涡轮和增压器(即压气机)两个部分组成。

根据废气在涡轮内流动方向不同,废气涡轮可分为轴流式和径流式两种。如图2-1-11所示为轴流式和径流式增压器。

所谓轴流式涡轮是指废气以平行于轴线方向流入涡轮的涡轮机,常用于大中型柴油机。如图2-1-11(a)所示。

径流式涡轮机是指废气从涡轮径向流入涡轮的涡轮机,常用于小型柴油机上。尽管废气涡轮增压器的结构形式不同,但它们的基本原理是相同的。废气涡轮是压气机动力的来源,它把废气能量转化为机械功,再带动增压器对空气加压,如图2-1-11(b)所示。

废气涡轮增压器(简称涡轮增压器)由涡轮机和压气机两个主要部件组成,以及轴和轴承、润滑系统、冷却系统、密封件、隔热装置等。内燃机气缸排出的高温高速的燃气,经排气管供入涡轮增压器的涡轮机,推动涡轮旋转,涡轮再带动与它同轴的压气机叶轮旋转。压气机将吸入的空气压缩,提高了压力的空气流经内燃机进气管,供入气缸,从而达到增压的目的。

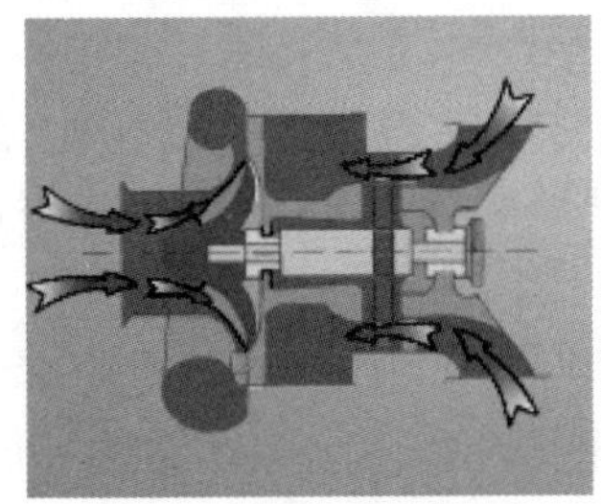

(a) 轴流式涡轮

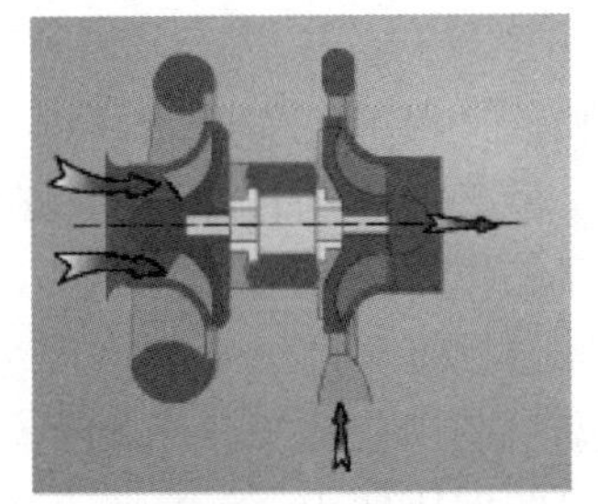

(b) 径流式涡轮

图2-1-11　轴流式和径流式增压器

采用废气涡轮增压可以提高功率达30%~50%。而专门设计的高增压柴油机,在增压压力为0.3 MPa时平均有效压力可达2 MPa。若采用两台串联的涡轮增压器和两台空气冷却器的两级增压方案,可使增压压力达到0.4~0.5 MPa,在采用低压缩比(7~8)以限制机械负荷的条件下已能使平均有效压力提高到2.5~3.1 MPa以上。功率大于70 kW的柴油机已大多具有增压变型产品,功率大于350 kW的柴油机几乎都已是增压柴油机。

废气涡轮增压系统由废气涡轮增压器和柴油机进、排气系统组成。

柴油机由于受结构尺寸的限制,燃烧气体在气缸内不能充分膨胀至大气压力。因此,排气开始时气缸内的燃气压力远比大气压力高,这样,排气就具有一定能量。废气涡轮增压系统将排气能量有效地传给涡轮机,使涡轮机获得较高的效率,同时有利于柴油机气缸的扫气。根据排气管中压力状况和排气能量的利用方式,废气涡轮增压系统一般分为定压增压系统和脉冲增压系统两类。

定压增压系统。柴油机所有气缸的排气都通入一根粗大的排气总管,然后再流入涡轮机。排气总管实际上起稳压作用,以使总管内的气体压力基本恒定。这样,涡轮在稳定气流下工作,故涡轮机效率较高。但采用这种系统时内燃机加速性能和低负荷性能较差,所以定压增压系统只适用于高增压、工况变化少的场合。

脉冲增压系统。这种系统的特点是在排气管中造成尽可能大的压力脉动。为此，排气支管被做得细而且短，涡轮尽可能靠近内燃机气缸。排气互不干扰的几个气缸（通常是二缸或三缸）的排气支管连在一根排气管上，这样，每根排气管中就形成两个或三个连续的排气脉冲波。涡轮机的喷嘴环按排气管数目分组隔开，它们互不干扰。采用脉冲增压系统能充分利用排气能量，改善变工况性能；但涡轮是在脉动气流状态下工作，故涡轮机效率较低。

为克服两种系统的缺点，人们已研制出脉冲转换系统和多脉冲系统。它们多用在气缸数不是 3 倍数的柴油机上。

废气涡轮增压器根据所用涡轮不同，废气涡轮增压器分为径流式和轴流式两种（如图 2-1-11 所示）。径流式涡轮增压器采用径流式涡轮和离心式压气机，流量较小，适用于中小功率内燃机；轴流式涡轮增压器采用轴流式涡轮和离心式压气机，流量较大，适用于大型柴油机。

涡轮机由固定的喷嘴环、旋转的叶轮和涡轮壳组成。喷嘴环与叶轮组合称为涡轮机的级。在一些小型涡轮增压器中，为了缩小体积、减轻重量、简化结构，往往取消喷嘴环，涡轮壳兼具喷嘴环的作用，则称为无叶涡轮壳。

离心式压气机又称离心压缩机，由进气道、工作叶轮、扩压器和出气蜗壳组成。在小型涡轮增压器中，进气道和出气蜗壳布置在同一壳体上，称为压气机壳。扩压器又分为有叶扩压器和无叶扩压器。

涡轮机的叶轮和压气机的工作叶轮共用一根转动轴，三者组成转子。转子由径向轴承和轴向止推轴承支承。由于转子的转速很高，必须严格检查其动平衡和适当选择轴承类型才能保证涡轮增压器可靠工作。

现代涡轮增压器是批量生产的系列化产品，由生产厂按内燃机的功率区段分档形成若干个基本型。在基本型上适当修改压气机和涡轮机的结构尺寸、壳体结构等即可形成变型产品，用以满足各类内燃机的增压要求。

废气涡轮增压内燃机实质上是往复活塞式内燃机与旋转式叶轮机相结合的一种复合式发动机。两者工作特点不同，必须互相匹配，即压气机流量特性与各种工况下内燃机所需流量率相一致；驱动涡轮机所需要的能量与内燃机排气可提供的能量相平衡。

下面以轴流式废气涡轮增压器为例，来分析废气涡轮增压器的结构和工作原理。

如图 2-1-12 所示为轴流式废气涡轮增压器的解剖图。废气涡轮增压器由废气涡轮和增压器两部分组成。

1. 废气涡轮部分

涡轮部分由涡轮进、排气壳，喷嘴环和涡轮等组成。

（1）涡轮进、排气壳

柴油机排出的废气，经管道通入涡轮。为了减少废气的流动损失和保持废气的流速不变，使气流通畅地进入喷嘴环，所以将废气通道制成蜗壳式结构，如图 2-1-12 中 8 所示。气体在蜗壳中的流通方向应和涡轮的旋转方向一致，这样可以减少流动损失。涡轮排气壳的作用是汇集做功后的废气排入管道，如图 2-1-12 中 6 所示。它是整个涡轮增压器的承力构件。

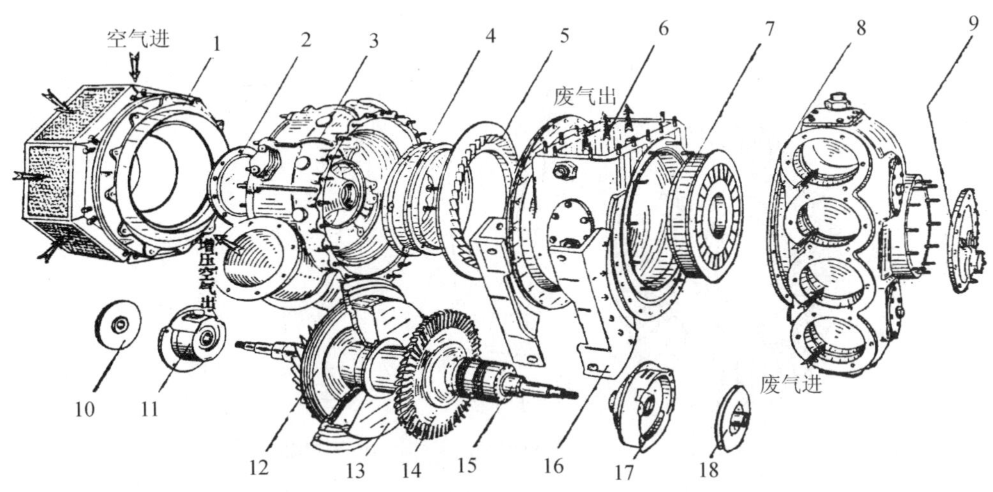

图 2-1-12　轴流式废气涡轮增压器解剖图

1—空气滤清消声器;2—轴承盖板;3—空气蜗壳;4—叶轮罩壳;5—有叶扩压器;6—涡轮排气壳;7—喷嘴环;8—涡轮进气壳;9—轴承盖板;10—甩油盘;11—压气端轴承;12—压气机叶轮;13—隔热墙;14—涡轮;15—主轴;16—支架;17—涡轮端轴承壳;18—甩油盘

(2)喷嘴环

它是由喷嘴内、外环和喷嘴叶片所组成。喷嘴环叶片等距离地铸在内、外环上,构成图2-1-13所示的喷嘴环,使废气的压力能转变为速度能。为了防止喷嘴环在热状态下叶片弯曲变形,应使叶片在径向和周向能自由膨胀。因此应尽量减少喷嘴环的厚度,在外环上铣有数条通槽可以使叶片在受热时有膨胀的余地,同时考虑到喷嘴环外形的径向膨胀,通常在外环与蜗壳之间留有一定间隙。

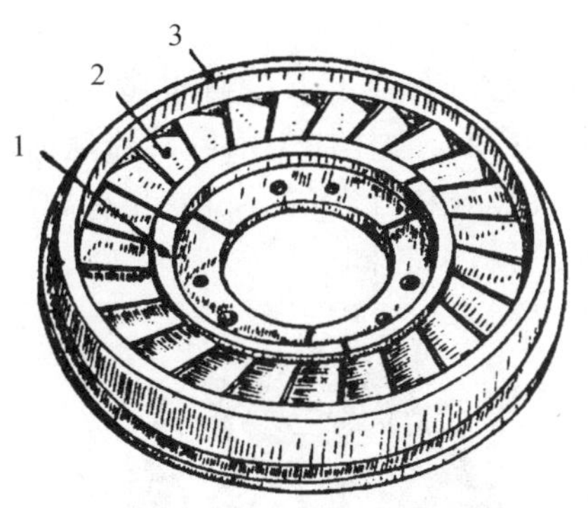

图 2-1-13　喷嘴环外形

1—喷嘴内环;2—叶片;3—喷嘴外环

(3)涡轮

废气涡轮是由轮盘和叶片所组成。轮盘与主轴是整体锻造,也有的是把轮盘压配在主轴上;还有的是把轮盘焊接在主轴上。在轮盘的外缘上铣制有固定叶片的槽道,叶片是用耐热合金钢制成。在一根叶片上分为三个部分,即叶顶、叶身和叶根。把叶片安装在叶轮上即构成了废气涡轮。如图 2-1-14 所示为废气涡轮的外形。为了避免因气流对叶片冲击所产生的损失,必须使叶片在高度方向的形状与气流沿叶片高度的变化相适应,通常把叶片制成沿高度方向逐渐扭转的形状。

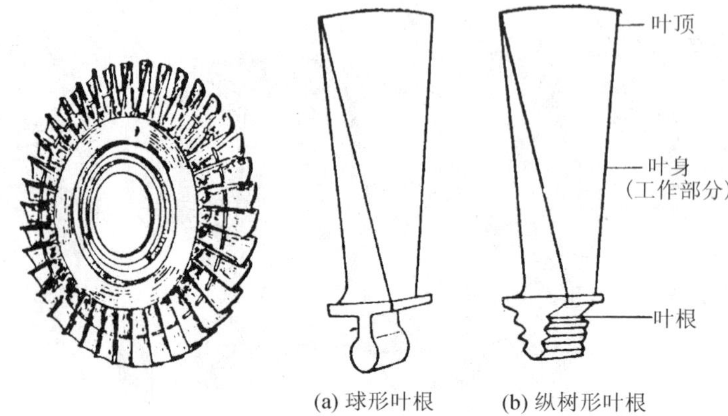

图 2-1-14　**涡轮外形及叶片形状**

2. 增压器部分

增压器也称为压气机，它是由压气机叶轮、扩压器和进出气蜗壳所组成。

(1)进、出气蜗壳

增压机在高速回转时，要从机舱吸入空气，空气高速流入增压器发出噪声，同时空气中的尘埃、油气和烟气等会污染增压器叶轮。因此，空气在进出蜗壳前面必须装有空气滤清器和消声器，如图 2-1-12 中 1 所示。滤网通常用金属滤网，消声器是由毛毡制成。

进出气蜗壳与蜗牛壳形状相似，如图 2-1-12 中 3 所示。进出气蜗壳不需冷却。进出气蜗壳之所以制成蜗牛壳状，是为了从压气机叶轮甩出的空气能够流入进出气蜗壳中，由于蜗壳的流道逐渐增大使得空气流速逐渐降低，而压力能逐渐增加，从而实现使空气再次增压的目的。

(2)压气机叶轮

它是压气机的主要部件，在叶轮的轮盘上安装有很多叶片。空气从轴向流入压气机叶片中心部位，空气随叶轮一齐回转，在离心力作用下沿叶片流道流出。它的结构形式如图 2-1-15 所示。为了顺应气流流入方向，在压气机叶轮的进口处装有导风轮，导风轮叶片略有弯曲。导风轮叶片的弯曲方向应和叶轮旋转方向相同。

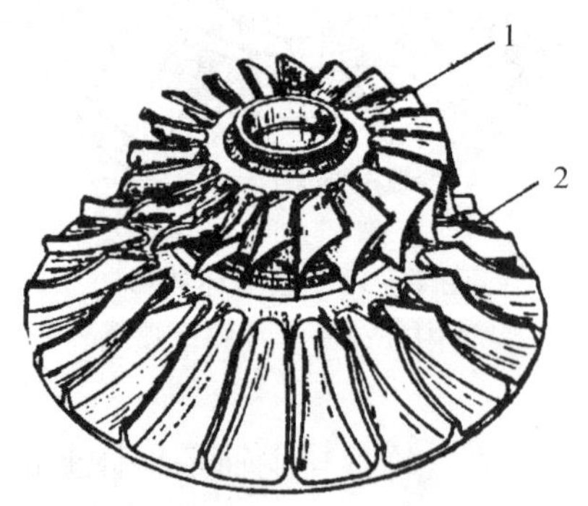

图 2-1-15　**压气机叶轮**

1—导风轮；2—压气机叶片

(3)扩压器

扩压器是空气增压器的一个重要组成部分。它是由一个金属环状平板和许多叶片所组成的,其外形如图 2-1-16 所示。这些叶片等距离焊在圆环上。它们之间形成流动通道,每个通道沿着空气的流出方向逐渐扩大,其目的也是把速度能变成压力能。

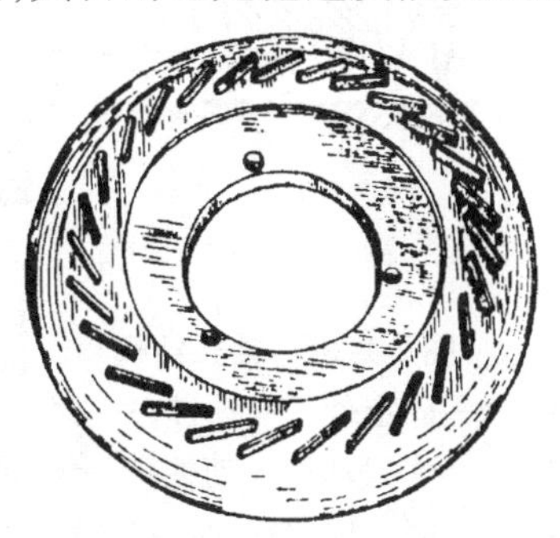

图 2-1-16 扩压器外形

3. 转子、轴承和密封

(1)转子

转子是由废气涡轮、压气机、隔热墙和转轴所组成。它是一个高速回转部件。它的转速通常是每分钟几千转以上,如图 2-1-17 所示。图中右面的叶轮是废气涡轮,中间是隔热墙,左面的是增压器叶轮。隔热墙装在排气壳上,它把废气涡轮增压器分成废气涡轮和压气机两个独立空间,防止废气热量传给增压空气,在隔热墙空腔内装有绝缘材料石棉。

图 2-1-17 废气涡轮增压器的转子

(2)轴承

废气涡轮增压器的转子通过支承轴承安装在进、出气涡壳和废气涡壳上。增压器通常采用滑动轴承或滚动轴承。滑动轴承以压力润滑,使用寿命长、承载能力大,对润滑要求较高;滚动轴承摩擦损失小,有良好的加速性能,润滑系统简单,润滑油耗量较少。

(3)轴的密封

为了防止压气机的高压空气向低压漏泄和废气涡轮的燃气向外漏气,还需要设置密封装置。密封的形式很多,常见的有三种形式,如图 2-1-18 所示。

图 2-1-18(a)中为在动件 2 上车成槽,在槽中放置铜片 3,然后用钢丝压入槽内固定。铜片与固定件之间(即进气涡壳和废气涡壳之间)留有一定间隙,由几道铜片密封环组成曲径密封,通常用于气封。图 2-1-18(b)中为在静止件环座 1 内侧车制数道牙齿槽 3,它与动件 2 之间保持一定间隙,它可作气封或油封。图 2-1-18(c)中为在静止密封环座 1 内侧,车制螺纹与

动件 2 保持一定间隙，通常用作油封。

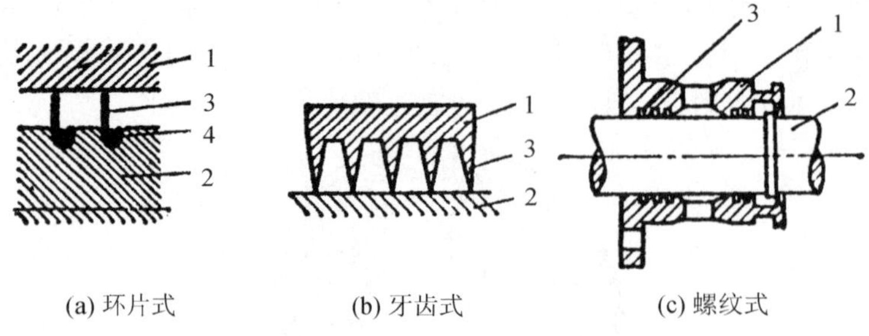

图 2-1-18 轴封结构

(a)环片式 1—固定件;2—动件;3—铜片;4—钢丝

(b)牙齿式 1—密封环;2—动件;3—牙齿槽

(c)螺纹式 1—固定件;2—动件;3—螺纹

密封原理:具有一定压力的气体和滑油，经密封环和轴之间的极小间隙流过，由于节流作用使流过的气体或滑油的压力下降;再经过下一道密封环压力又进一步下降。这样经过几次，气体或油的压力就接近于低压，达到压力平衡，也就起到密封的作用。

四、涡轮增压器的维护与管理

1. 日常管理

(1)在柴油机运行前必须检查增压器的油、水、气各个系统是否有漏泄，增压器润滑油池的油位是否处于正常位置。

(2)运行中对增压器转速、涡轮的进气压力和温度、涡轮的排出压力、增压器出口压力和温度要经常检查。若发现转速过高，涡轮出口温度过高等，必须减速甚至停车检查。

(3)增压器是高速回转机械，轴承润滑必须始终处于正常状态。因此，在运行中必须定时检查油池油位，及时补油。

(4)涡轮的进、排气蜗壳的冷却水必须流畅。水夹层中的水垢厚度不得超过 2 mm，否则会影响冷却效果。清除水垢可用 5% 的盐酸溶液清洗。为加速清洗可敲击外壳。浸泡时间一般为 3 ~6 h，视水垢厚度而定。倒出酸液之后可用 1.5% 苛性钠溶液清洗中和。

2. 增压器损坏的应急处理

在航行中发现增压器损坏时，如果条件允许柴油机暂时停车，可以用增压器专用工具将转子锁住，使柴油机在无增压情况下运行。

另一种方法是把涡轮进气口的旁通闸板打开，使柴油机废气直通烟道而不到废气涡轮，为防止柴油机扫气箱内的空气回窜到增压器中从消音器排出，在停用增压器时必须把压气机出口蜗壳封住。停用增压器后柴油机必须降速运行，排烟温度不应超过标定负荷的数值，防止冒黑烟。

[四]柴油机的性能指标

柴油机的性能通常可以从动力性、经济性、运转性(冷车起动、排放性、加速性与加载性等)、可靠性和耐久性等方面加以衡量。

动力性和经济性指标可以分成指示指标和有效指标两类。

指示指标是以气缸内示功图所表示的工作循环指示功为基础的,它只考虑缸内燃烧不完全及传热等方面的热损失,没有考虑各运动副间所存在的摩擦损失,主要用来评定缸内工作循环的完善程度。

有效指标是以在柴油机输出轴上所得到的有效功为基础的,它既考虑热损失也考虑机械损失,它是评定柴油机工作性能的最终指标。

一、指示指标

1. 平均指示压力 p_i

假定一个数值不变的压力作用在活塞上,在一个膨胀行程内所做的功与一个工作循环的指示功 L_i 相等,这个假想的压力就称为平均指示压力。

$$L_i = p_i \cdot F \cdot S \quad \text{N·m 或 J}$$

$$p_i = \frac{L_i}{F \cdot S} = \frac{L_i}{V_s} \quad \text{N/m}^2 \text{ 或 Pa}$$

式中,p_i——平均指示压力,Pa;

F——活塞面积,m^2;

S——活塞行程,m;

V_s——气缸工作容积,m^3。

2. 指示功率 P_i

指示功率是指柴油机气缸内的工质在单位时间内所做的指示功。柴油机的每个气缸工作循环工质所做的指示功为:$W_i = p_i \cdot V_s$　J

柴油机一个气缸的指示功率为:

$$P_i = \frac{p_i V_s n m}{60} \quad \text{N·m/s}$$

$$P_i = \frac{p_i V_s n m}{60} \quad \text{W}$$

$$P'_i = \frac{p_i V_s n m}{60\ 000} \quad \text{kW}$$

整台柴油机的指示功率为:$P_i = \dfrac{p_i V_s n m i}{60\ 000}$　kW

式中,p_i——平均指示压力,Pa;

n——柴油机转速,r/min;

m——每转工作行程数,四冲程机 $m = 1/2$,二冲程机 $m = 1$;

V_s——气缸工作容积,m^3;

i—— 气缸数。

3. 指示热效率 η_i 和指示油耗率 b_i

柴油机的指示热效率为指示功的热当量与相应消耗的燃料热量之比值,即

$$\eta_i = \frac{W_i}{Q_{吸入}} = \frac{3\ 600P_i}{BH_u}$$

式中，W_i——平均指示功，J；

B——柴油机每小时油耗量，kg/h；

H_u——所用燃料的低热值，通常取 $H_u = 142\ 700$ kJ/kg；

V_s——气缸工作容积，m^3；

P_i—— 指示功，kW；

$Q_{吸入}$——为得到指示功 W_i而加入气缸内的总热量，J。

指示油耗率 b_i以一千瓦指示功率每小时消耗的燃油量表示，即 $b_i = B/P_i$[kg/(kW · h)]。

η_i和 b_i是评定柴油机实际工作循环经济性的重要指标，两者之间的关系为：

$$\eta_i = \frac{3600}{b_i \cdot H_u}$$

二、有效指标

1. 有效功率 P_e 和机械效率 η_m

从柴油机曲轴飞轮端传出的功率称为有效功率，用 P_e表示。即指示功率减去机械损失功率 P_m所剩的功率称为有效功率，$P_e = P_i - P_m$

$$P_e = \frac{M_e}{9\ 550} \quad \text{kW}$$

式中，M_e——柴油机输出的有效扭矩，N · m；

n——柴油机转速，r/min。

机械效率是有用功率 P_e与指示功率 P_i之比值，即

$$\eta_m = \frac{P_e}{P_i} = \frac{P_i - P_m}{P_i} = 1 - \frac{P_m}{P_i}$$

2. 有效燃油消耗率 b_e和有效热效率 η_e

有效燃油消耗率是指每一千瓦有效功率每小时所消耗的燃油量，即

$$b_e = \frac{B}{P_e} \text{或} \ b_e = \frac{b_i}{\eta_m} \quad \text{kg/(kW · h)}$$

式中，B———柴油机每小时油耗量，kg/h；

P_e——柴油机有效功率，kW。

有效热效率 η_e是指曲轴有效功与所消耗的热量之比，即

$$\eta_e = \frac{W_e}{Q_{吸入}} = \frac{W_i}{Q_{吸入}} \cdot \frac{W_e}{W_i} = \eta_i \cdot \eta_m$$

$$\eta_e = \frac{3\ 600P_e}{B \cdot H_u}$$

$$\eta_e = \frac{3\ 600}{b_e \cdot H_u}$$

3. 平均有效压力 p_e

平均有效压力 p_e是柴油机在每一工作循环每单位气缸工作容积所做的有效功，即

$$p_e = \frac{p_e 60\ 000}{V_s mni} = \frac{p_e}{Cni}$$

同理,平均机械损失夺力 p_m 为:$p_m = \frac{p_m 60\ 000}{V_s mni} = \frac{p_m}{Cni}$

三、其他常用参数

1. 最高爆炸压力 p_z

燃烧过程中气缸内工质的最高压力称最高爆发压力 p_z。它是柴油机周期性变化的机械负荷的主要外力,它引起各受力部件的应力和变形,造成疲劳破坏、磨损和振动。

2. 排气温度 t_r

非增压柴油机的排气温度指排气管内的平均温度,增压柴油机的排气温度指气缸盖排气道出口处废气的平均温度。排气温度是柴油机运转管理中重要的监测参数。通常船用柴油机排气温度的最高值应低于 550 ℃。

此外还有活塞平均速度、行程缸径比、强化系数、压缩比等柴油机结构参数,它们的影响主要表现在经济性、燃烧与起动及机械负荷等方面。

3. 滑油消耗率

柴油机在标定工况下每千瓦小时所消耗滑油量的克数,一般在0.5 ~4 g/(kW · h)。柴油机的滑油是在机内不断循环使用的,其消耗的主要原因是柴油机在运转时滑油经活塞窜入燃烧室内,或由气阀导管流入气缸内烧掉,未烧掉的则随废气排出;另外有一部分滑油由于在曲轴箱内雾化或蒸发,而由曲轴箱抽风口排出。

4. 重量指标

比重量(又称单位功率重量):柴油机净重量与标定功率的比值。

$$g_w = \frac{G_w}{N_e} \quad kg/kW$$

式中,G_w——柴油机的净重量;

N_e——标定功率。

净重量:不包括燃油、滑油、冷却水以及其他未直接装在柴油机本体上的附属设备与辅助系统的重量。比重量的大小与柴油机类型、结构、附件的大小和所用材料及制造技术有关。

5. 外形尺寸指标

外形尺寸指标是紧凑性指标,是指柴油机总体布置紧凑程度的指标。通常以柴油机单位体积功率来衡量。单位体积功率:柴油机的标定功率与柴油机外廓体积的比值。

$$N_v = \frac{N_e}{V} \quad kg/m^3$$

式中,N_e——标定功率;

V——柴油机的外廓体积。

6. 排气污染指标

柴油机排放气体中的有害物质含量限制指标,包括有害物质、一氧化碳(CO)、碳氢化合物

(HC)、一氧化氮(NO)、二氧化硫(SO_2)等的含量。

[五]现代船用柴油机提高有效功率和经济性的主要途径

一、当前柴油机的发展和今后的研究趋势

当前柴油机的发展可以概括为:以节能为中心,充分兼顾到排放与可靠性的要求,全面提高柴油机性能。

今后的研究趋势大致为:提高经济性的研究,包括燃烧、增压、低摩擦、低磨损等的研究;降低柴油机排放的研究,排放是现代柴油机面临的严重挑战,随着对船舶柴油机排放控制的限制,使得经济性的提高更加困难,这也是船舶柴油机发展中的新课题;提高可靠性与耐久性的研究;电子控制技术的研究;代用燃料的研究。

二、现代船用柴油机提高有效功率和经济性的十种主要措施

(1)采用定压涡轮增压系统和高效率废气涡轮增压器。

(2)增大行程缸径比 S/D。

(3)提高最高爆发压力 p_z 与平均有效压 p_e 之比 p_z/p_e。

(4)增大压缩比 ε。

(5)采用可变喷油定时(VIT)机构。

(6)降低摩擦损失功,提高机械效率 η_m。

(7)采用动力涡轮系统(TCS)。

(8)轴带发电机(PTO)。

(9)柴油机废热再利用。

(10)改进喷射与燃烧技术。

第二节　四冲程柴油机的结构和主要部件

在我们讨论柴油机结构和性能之前,有必要把柴油机的主要部件和主要系统做一简略介绍。

1. 固定机件

固定机件是柴油机的骨架,构成柴油机外型。如机座 1、主轴承 3、机体 4、缸套 6 和气缸盖 7,如图 2-2-1 所示为四冲程柴油机主要部件。

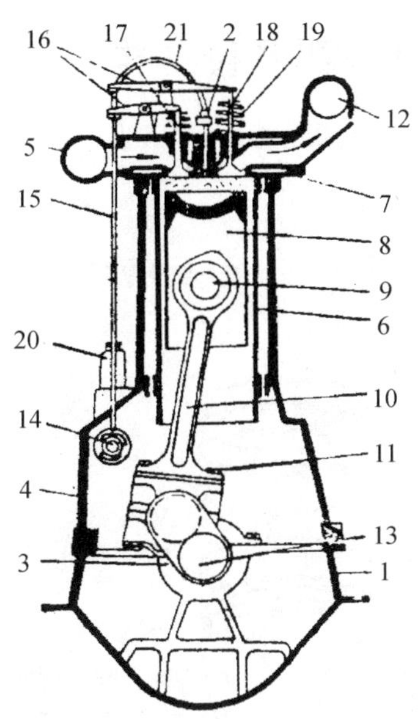

图 2-2-1　四冲程柴油机主要部件

1—机座；2—喷油器；3—主轴承；4—机体；5—进气管；6—缸套；7—气缸盖；8—活塞；9—活塞销；10—连杆；11—连杆螺栓；12—排气管；13—曲轴；14—凸轮轴；15—顶杆；16—摇臂；17—进气阀；18—排气阀；19—气阀弹簧；20—喷油泵；21—高压油管

2. 运动部件

运动部件是发动机产生动力的部件，如活塞 8、活塞销 9、连杆 10、连杆螺栓 11 和曲轴 13 等。

3. 配气机构

配气机构是实现柴油机进气和排气功能的机构，如进气管 5 和排气管 12、凸轮轴 14、顶杆 15、摇臂 16、进气阀 17、排气阀 18、气阀弹簧 19 等。

4. 冷却系统

冷却系统在柴油机工作期间对各受热件如缸盖和缸套提供足够数量的有合适温度和压力的冷却水，以保证柴油机受热件的工作可靠性。

5. 润滑系统

润滑系统是保证各运动副组件在工作时得到有足够压力和温度的润滑油，以避免各运动部件发生干摩擦。

6. 增压系统

增压系统是利用柴油机的废气能量使空气增压后再进入气缸以提高柴油机功率的设备组合。

7. 操纵系统

操纵系统是使柴油机实现起动、换向、调速性能的设备组合。

[一]活塞组件的作用、要求和结构特点

一、活塞

活塞组件包括活塞本体、活塞环、活塞销和卡簧等零件。活塞是把热能转变为机械能的主要零件之一,如图 2-2-2 所示。

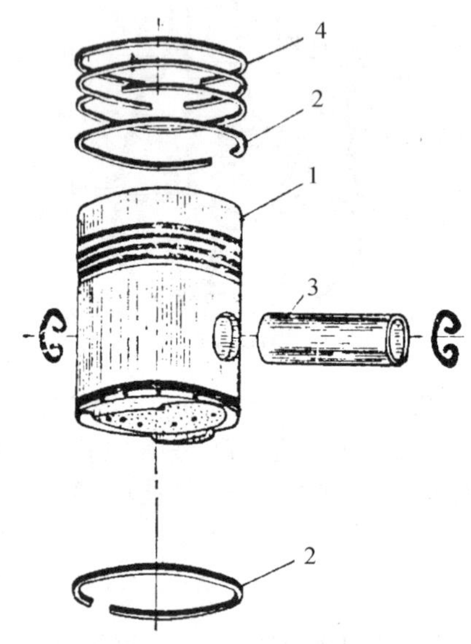

图 2-2-2　筒状活塞组件

1—活塞;2—刮油环;3—活塞销;4—气环

1. 活塞的功用

(1)活塞组件同气缸、缸盖共同组成密封的工作空间。当活塞在上止点时构成燃烧室空间。

(2)活塞往复运动把燃气的热能转变成机械能,并通过连杆传给曲柄,使曲轴回转对外做功。

(3)筒状活塞在往复运动时还起导向作用并承受侧推力。

2. 活塞的工作条件

(1)它受燃气压力、往复运动惯性力和侧推力作用,承受很大的机械负荷。

(2)活塞顶直接与高温燃气接触,活塞承受很大的热负荷,同时因温度变化和活塞顶结构的原因,使活塞各部分温度分布不均而产生热应力。

(3)活塞与缸套要发生摩擦,而且润滑不良,容易磨损。

(4)在工作期间还要承受燃气的腐蚀作用。

3. 对活塞的要求

(1)要求活塞具有足够的强度和刚度,而且要有较轻的重量。

(2)在保证燃烧室密封的条件下,要有最小的摩擦损失和良好的润滑。

(3)活塞顶要有足够的散热能力,能尽快散热使活塞顶温度控制在允许的范围之内。

(4)在保证活塞与缸套间隙要求的条件下,要求活塞材料膨胀系数要小,采取恰当措施控制活塞热变形。

4. 活塞材料结构

中小型柴油机大多采用整体式活塞,通常用铸铁和铸铝制成,而且不采取冷却措施。这种活塞结构分为头部和裙部两部分。头部一般是指活塞顶至最下一道活塞环槽之间的长度;裙部是指头部以下的圆柱部分,在裙部制有活塞销座。有的活塞在裙部设有刮油环。活塞顶直接与高温高压燃气接触。

如图 2-2-3 所示为活塞顶呈浅盂形,用以构成合适的燃烧室形状。头部缺口为落阀坑,用来防止当活塞在上止点位置进、排气阀重叠开启时和活塞顶相撞。活塞裙部要有足够的长度以减少侧推力比压。活塞顶板需要较厚以确保足够强度。活塞头部有 3 ~4 道气环以保证燃烧室气密性。活塞头部的热量是通过活塞环传给气缸壁,再由缸套冷却水带走。

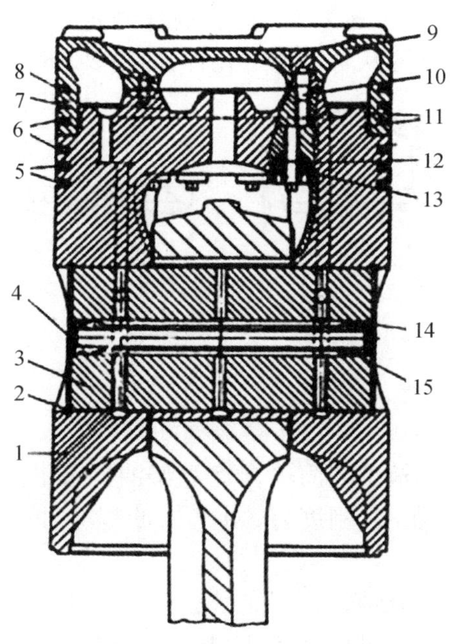

图 2-2-3　筒状活塞

1—活塞裙;2—卡簧;3—活塞销;4—衬套;5—刮油环;6、7、8—压缩环;9—活塞头;10—柔性螺栓;11—密封圈;12—垫块;13—螺母;14—衬管端盖;15—密封圈

由于大多数筒状活塞不冷却,所以也称为非冷却活塞。它在结构上有两个部位需要考虑热膨胀问题:一是活塞头部,因为活塞头部直接同高温燃气接触,它的热膨胀要比裙部大得多。为了解决活塞头部的热胀问题,通常把活塞头部切削成一定锥度,如图 2-2-4 所示。采用这种结构后可以使活塞头部和裙部的膨胀量趋于一致。另一处是在活塞裙部的活塞销座附近。为了加强活塞裙部销孔处的强度必须加厚销孔座的尺寸,这就导致受热膨胀量的增加,同时在侧推力作用下使在活塞销轴线方向的变形量增大,如图 2-2-5(a)、(b)、(c)所示。为了解决这个部位的热变形,通常把活塞销座附近的裙部制成椭圆形,或将销座处的裙部制成方形的凹陷

坑，以消除因热胀而出现的失圆。

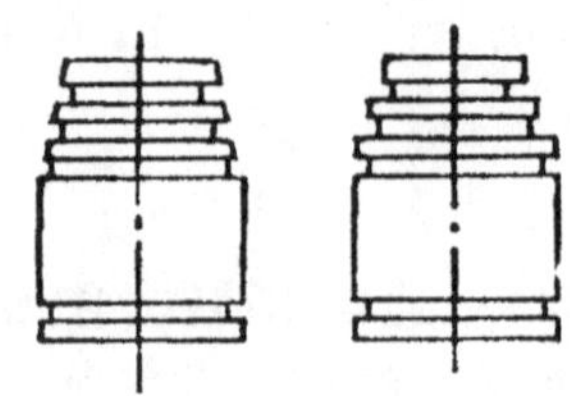

图 2-2-4　防止热膨胀的活塞头部结构

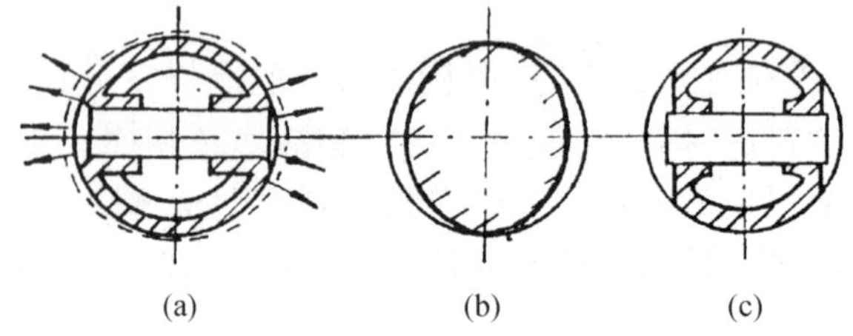

图 2-2-5　防止热膨胀活塞

对于中小型柴油机，活塞顶形状常有如下几种，如图 2-2-6 所示。

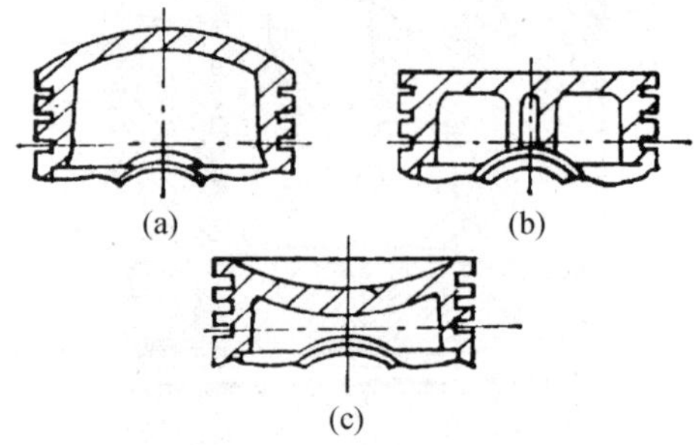

图 2-2-6　活塞顶形状

平顶活塞顶部受热面小，制造工艺简单，105 型柴油机采用。

凸顶活塞顶部受热面大，强度、刚度好，对于二冲程柴油机可以改变缸内的扫气效果，8E350 型柴油机采用这种结构。

凹顶活塞顶部受热面比平顶活塞大，它能增加空气扰动，在压缩时产生空气涡动，能使雾化的燃油与空气良好混合，有利于燃烧，135 型、160 型和 6-300 型柴油机采用这种结构。

二、活塞环

1. 活塞环的功用与要求

活塞环是活塞组件之一，它的工作性能直接影响柴油机的工作性能。根据它的作用不同，其可分为密封环(俗称气环)和刮油环(俗称油环)两种。

活塞环的作用是密封、传热、支承和布油(刮油)。

对于气环，它依靠环的自身弹力和环后背隙的气体压力作用实现密封；对于非冷却活塞，活塞头部的热量是通过活塞环传给缸套水的；由于非十字头柴油机的活塞主要是通过活塞环支承并保持活塞与气缸对中，所以它对活塞也起支承作用；对于采用飞溅润滑的四冲程柴油机，活塞环（气环）在做往复运动时也起布油作用。为防止润滑油被活塞环的泵油运动带到燃烧室（这一方面要增加润滑油的消耗量，同时在活塞头部产生结炭），通常在四冲程柴油机的活塞上加设一道或两道刮油环。

活塞环的工作条件十分苛刻，尤其是第一道环直接受到高温高压的燃气作用。对其他环，由于存在切口，燃气经搭口、气缸壁和环槽漏泄到各道活塞环槽，所以也不同程度地承受压力和高温作用，并且活塞环在工作时随活塞往复运动与气缸壁产生摩擦。活塞环在环槽中的运动十分复杂，其中有轴向运动、径向运动、回转运动和扭曲运动。此外，由于气缸套失圆和存在锥度，活塞环在本身弹力作用下还会产生张合的交变运动。活塞环在高温高压条件下工作，润滑条件恶劣。这些都会导致环的裂纹、折断和失去密封作用，造成燃烧室窜气，活塞窜气致使活塞环损坏。因此，要求活塞环具有足够的弹力以提高密封性能，要求环有一定的耐磨性，要有足够的强度和热稳定性，其表面硬度要高于缸套的硬度。

2. 活塞环的结构

活塞环是具有一定的直径、高度、厚度和开口尺寸的圆环。这些尺寸就决定了它安装在活塞上时的各处间隙。而这个间隙的大小又决定活塞环的工作性能。不同的柴油机，环的尺寸各不相同，各个间隙也就不同。环的各部分尺寸如图 2-2-7 所示，图中 D 为公称直径，H 为环高，T 为径向厚度，Δ 为环的自由开口间隙。

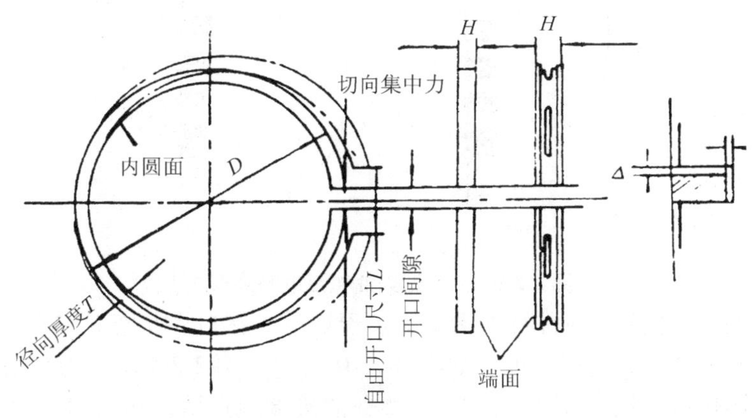

图 2-2-7　活塞环结构

环的断面形状如图 2-2-8 所示。图 2-2-8 中（a）为矩形环，它容易制造，得到广泛应用。（b）为梯形环，这种断面可促进磨合，可以在弹缩中清除环槽结炭，两锥面配合精度要求高。（c）为倒角环，它在工作初期承压面积小，容易磨合，适用于缸壁硬度较高的柴油机，其倒角有利于环与缸壁油楔的形成，但不宜作第一、二道活塞环。（d）、（e）为扭曲环，这种气环在我国中小型柴油机上得到广泛使用。它在矩形截面上切去一部分，使截面成为不对称形状。当它装入气缸后由于弯曲作用使外圆产生拉应力，而环的内圆产生压应力，使环产生扭曲变形。环与气缸和环槽之间出现一定的倾斜角，有利于磨合密封。扭曲环在装配时存在着方向性问题，若是内切槽，安装时把斜槽朝上装；外切槽安装时把切槽朝下，这样安装可加强刮油作用。

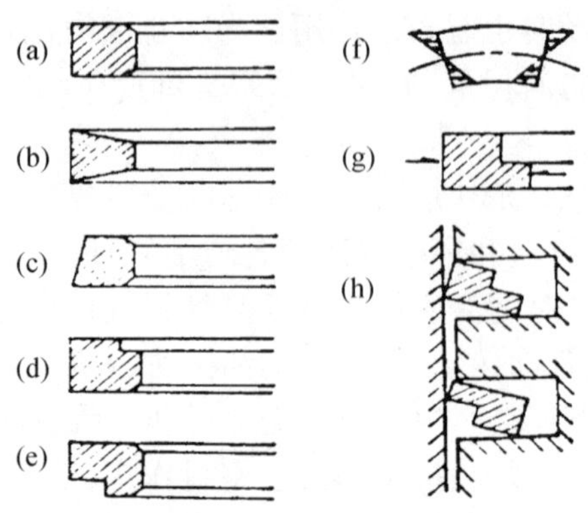

图 2-2-8　活塞环断面结构

135 型柴油机活塞环如图 2-2-9 所示。

图 2-2-9(a)中第一道环为多孔性镀铬矩形截面环;第二、三道环为内测角的扭曲环,装配时倒角应朝上;第四道环为大倒角油环。图 2-2-9(b)为改进型的配置方式。第一道环为镀铬桶形环,第二道为普通矩形环,第三道为鼻形环(装配时切口应朝下),第四道为普通油环。

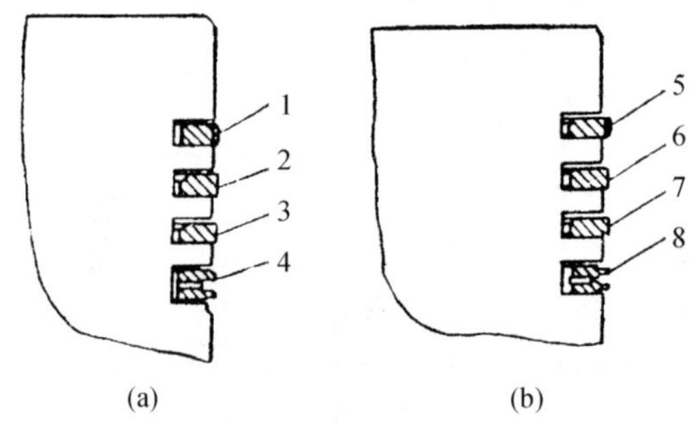

图 2-2-9　135 型柴油机活塞环装配方式

活塞环的弹性大小除环的材料外主要决定于切口。在自由状态时它有一段自由开口间隙(俗称搭口)。环的搭口形式有三种。如图 2-2-10 所示。图 2-2-10(a)为直切口;图 2-2-10(b)为斜切口;图 2-2-10(c)为阶梯切口。中、小型柴油机常用直切口和斜切口两种。

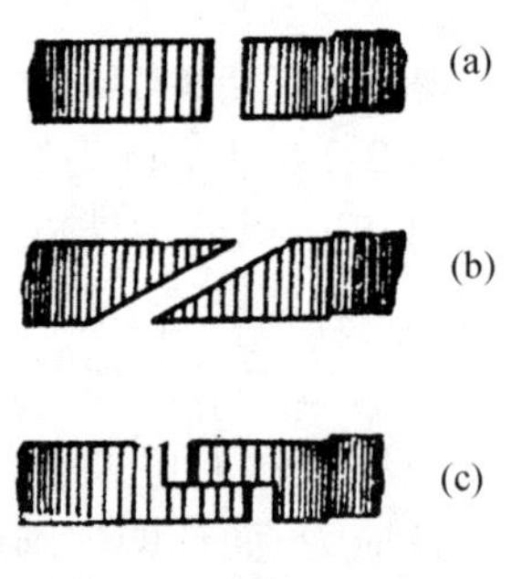

图 2-2-10　环的切口形状

当环安装在活塞上时,环与环槽平面间存在有间隙,这个间隙称为平面间隙(俗称天地间隙)。这个间隙过小时,在工作中会使环咬死在环槽中而失去密封作用;当间隙过大时,容易发生泵油现象和环的跳动。

环的内圆与环槽底面之间应有一定间隙,这个间隙称为背隙。这个间隙为槽深减去环的厚度,通常这个间隙为0.5～1.0 mm。若背隙小时可修锉环的内表面(绝不能修锉环的外表面)。若没有背隙环不易装入气缸。即使装入,环受热膨胀会使环卡死在槽中,严重时容易发生拉缸。

同时背隙对环的密封性有一定作用。这是因为高压的燃气通过平面间隙和切口进入背隙,由第一道环相继窜入各道环槽中,作用在环的内圆面上使环紧贴气缸壁形成所谓第二次密封。

当环冷态装入气缸后,各环搭口应有一定间隙,此时的间隙值称为环的搭口间隙。这是为了满足环的热膨胀需要。该间隙值的大小在各种机型的说明书中都有具体规定。若间隙过大会造成漏气;间隙过小当活塞受热膨胀时,会导致环卡死或断环。对于中小型柴油机,气环的数量一般为四至六道。装入环槽时,各道环的切口应相互错开一定角度,不可装在同一方向上,以免漏气影响密封性。

3. 环的间隙测量

在吊缸检查或更换活塞环时,将活塞吊出,用活塞环装卸器或用手工取下活塞,按原次序摆好。清洗后观察环的外表面是否有裂纹、砂眼或金属疏松等现象。再测量环的各个间隙以决定是否继续使用。

(1)检查环与环槽的平面间隙

将环插入槽中,使外圆面贴紧环槽底面并使环的一个平面和环槽平面压紧,用塞尺测量环与环槽的平面间隙。用塞尺测量时手感应松紧适度,在测量时要转动活塞环多测几个点以求精确,如图2-2-11所示。若所测间隙超过规定值,应予换新。如果间隙太小可修整环的端面。

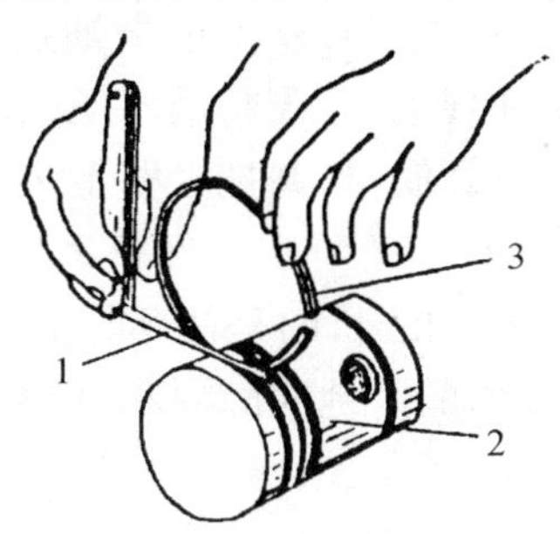

图2-2-11　活塞环平面间隙测量

1—塞尺;2—活塞;3—活塞环

(2)活塞环切口间隙的检查

把活塞环平放入气缸中的直径最小部位用厚薄规进行测量。若搭口间隙过大容易漏气降低气缸的密封性,使柴油机功率降低;还会使压缩压力降低,压缩终点温度也低,致使柴油机起动困难和燃烧不良。若间隙过小,会增加环与缸套的磨损,容易使活塞环折断,严重时还会导致拉缸或咬缸。

(3)活塞环背隙检查

尤其是换新环时必须测量背隙,它的大小是环槽深度与环的厚度之差,一般控制在0.5～1.0 mm之间。

4.活塞环泵油现象

当活塞装上活塞环后,它保证了气缸的气密,也带走了活塞头部的一部分热量。但是活塞环在工作时环在环槽内往复运动,由于环与缸壁之间有刮油作用和环在槽中挤压而出现所谓泵油现象。现以四冲程柴油机为例来说明泵油现象,如图 2-2-12 所示。

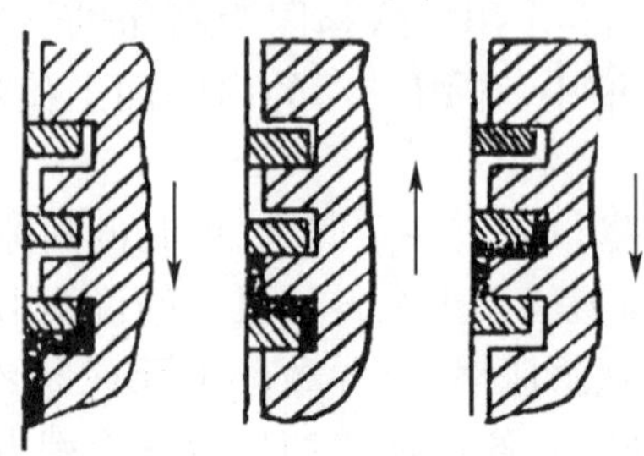

图 2-2-12　活塞环泵油现象

当活塞下行时,环受惯性和摩擦力作用,环紧紧贴在环槽的上平面。于是环把缸壁的滑油刮到环的下面和背隙。当活塞上行时,环又贴紧在环槽下面,于是环下面和背隙中的滑油都挤压在上面一道环的下面。当活塞再次下行时滑油就被压到上一道环的下面和背隙。这样就使滑油从最下面第一道环移到另一道环,逐渐泵上去,最后由最上面一道环把滑油泵入燃烧室。这种泵油现象会导致滑油消耗量增加。进入燃烧室的滑油因高温而裂化或燃烧生成结炭和胶状物质,这将导致活塞环与缸套的磨料磨损增加;在环与环槽之间因胶质的增加而使环失去弹力。

筒状活塞式发动机在运行时从曲柄销轴承把滑油飞溅到气缸壁上,完成活塞和气缸壁的润滑。因此,这称为飞溅润滑。由于飞溅在缸壁上的滑油过多,因气环的泵油作用,要增加滑油消耗量。为了防止或减少这种泵油现象,在筒状活塞压缩环下方装有一道或两道刮油环,以调节气缸壁上的润滑油量保证气缸良好润滑,并把缸壁上多余的滑油刮下,回流到曲柄箱。

刮油环有三种结构形式,如图 2-2-13 所示。图 2-2-13(a)为单刃刮油环,2-2-13(b)、2-2-13(c)为双刃刮油环。采用这种结构的目的是使环与缸壁接触面积减小,增加环与缸壁的压力,以提高刮油效果。刮油环与环槽的天地间隙要小,以减少泵油现象。在刮油环槽上都开有泄油孔。

刮油环的工作原理如图 2-2-13(d)所示。

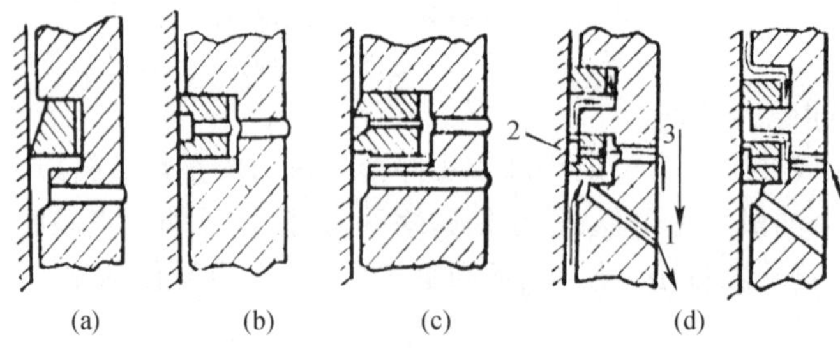

图 2-2-13　刮油环的结构及工作原理

刮油环随活塞往复运动,刮下的滑油通过刮油环槽上的泄油孔流回曲柄箱。对于双刃刮油环,在活塞上行和下行时都有刮油作用。

应注意的是,在安装刮油环时(对于有锥面形刃口)应把刃口的尖端放在下方,以实现下行时刮油、上行时布油;否则就会出现上行刮油,使大量滑油进入燃烧室,失去刮油作用。

三、活塞销

1. 活塞销的工作条件及要求

在筒状活塞柴油机中,活塞销是活塞和连杆的连接件。在柴油机工作时,作用在活塞上的气体力和往复惯性力通过活塞销传给连杆再传给曲轴。由于活塞销工作位置的限制,活塞销的尺寸不大,但它所承受的机械应力最大。由于气体力和活塞的往复惯性力都是随曲柄转角变化的,因而它所承受的是脉动冲击的机械应力。使活塞销产生弯曲和剪切变形。连杆小端和活塞销、活塞销和活塞销座都是做摆动运动,因此,两者的滑动速度不大,所以润滑条件较差。由此可见活塞销是柴油机中工作条件最恶劣的摩擦副之一。根据活塞销的装配条件,要求活塞销应具有足够的强度和刚度,且有良好的耐冲击性和良好的耐磨性。为了满足上述要求,活塞销的材料一般都采用优质低碳钢和合金钢制成,同时要对活塞销表面进行渗碳和淬火处理。

2. 活塞销的结构及连接形式

为减轻活塞销重量,活塞销通常制成中空的圆柱体。为了提高活塞销的表面硬度,在机械加工后,还要进行金属表面热处理,如渗碳、淬火等,它可提高活塞销表面硬度和耐磨性。

活塞销和活塞、连杆小端的连接有三种形式:固定式、半浮动式和浮动式。

固定式是把活塞销固定在活塞销孔座内,在活塞工作时,连杆小端绕活塞销摆动。这种连接方式使工作冲击减少,但活塞销单边磨损严重。

半浮动式是把活塞销固定在连杆小端上,只是活塞销两端与销座有相对运动。这种连接方式因润滑困难,目前极少采用。

浮动式:活塞销既可相对于连杆小端衬套转动,又可实现相对于活塞销座孔转动。它的表面相对速度低,磨损均匀,拆装方便。其要求配合精度较高,否则在工作中会产生冲击。这种连接方式目前被高中速柴油机广泛采用。

如果柴油机的活塞是铝合金活塞。它的热膨胀系数及工作温度都大于活塞销。为保证在热状态下有合适的工作间隙,装配时活塞销与活塞销座孔应有一定的过盈量,所以对于铝合金活塞应加热到 90 ~ 100 ℃,再把活塞销推入销座中。值得注意的是,在装配铝合金活塞销时切忌用硬物敲击,以防破坏销与销座的配合。

活塞销的轴向定位是为了防止活塞销从销座中窜出刮伤气缸。活塞销轴向定位广泛采用的方法是在活塞销两端安装卡簧。如图 2-2-14 所示为几种活塞销的轴向固定方式。

图 2-2-14 中(a)为矩形截面卡簧,(b)为圆形截面卡簧,(c)为尺寸较大的活塞用螺杆拉紧两端盖内侧来限制活塞销的轴向移动。

在安装活塞销卡簧时应把卡簧开口朝上安装,这样可以避免卡簧因受热失去弹性时从槽内跳出。

浮动式活塞销和销座的配合精度要求高。若间隙过大会导致冲击,间隙过小又不利于润滑导致销与销座咬死。

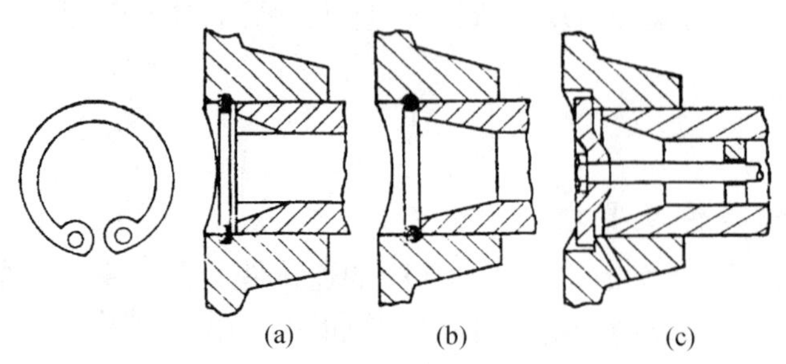

图 2-2-14　浮动式活塞销轴向定位方式

四、活塞组件常见故障

1. 活塞裂纹和烧蚀

活塞裂纹常发生在活塞顶部或活塞销座处。产生裂纹的主要原因是:柴油机长期超负荷运行使机械负荷和热负荷过大;由于冷却水温过高造成柴油机过热;活塞与气缸的配合间隙过小,活塞受热膨胀后发生咬缸;气缸内漏水或落入金属杂物产生撞击而形成裂纹。

活塞裂纹的初期往往是发裂,在冷态时不易发现。因此,在检修时应仔细检查活塞顶和销座附近有无裂纹,如发现裂纹应修理或更换。

活塞的烧损常发生在活塞顶部,由于喷油器工作不正常,没有被雾化的燃油滴在活塞上,燃烧时产生局部高温引起活塞顶局部过热而烧蚀。严重烧损必须更换活塞。

2. 活塞外表面擦伤

在吊缸检查中发现活塞裙部表面有擦伤,在气缸内表面也有拉伤痕迹。发生这种现象的可能原因是:空气滤器失去作用,使硬质固体颗粒进入气缸致使活塞外表面擦伤;活塞环折断、活塞环槽崩裂的碎块,活塞卡簧脱出等原因造成裙部擦伤;连杆弯曲或活塞变形在某方向产生明显擦伤。为了减少这种故障,在拆修装复时应在平台上对活塞连杆作校正检查;由于缸套的水密橡皮圈尺寸不对(尺寸太厚)在压入缸套时产生显著的径向变形,会导致活塞拉伤,严重时可能发生咬缸。

在柴油机运行使用和检修时,应注意检查活塞各处是否有裂纹,及时排除折断和崩裂的隐患;加强空气滤器和滑油滤器清洗等管理保养工作,可减少和避免活塞表面的擦伤。

3. 活塞环槽的平面磨损

长期运行的柴油机缸套因磨损会产生锥度。当活塞环随活塞往复运动时环会在槽内产生弹缩作用,同时由于侧推力作用使活塞在横向产生摆动,使环与环槽的上下平面发生摩擦。环槽的磨损会使环的天地间隙增大。当燃烧室中的燃气和滑油进入间隙后形成结炭,严重时发生黏环,使活塞环失去弹性,造成严重漏气。

4. 活塞环折断

断环现象时有发生,产生的原因是:

(1)活塞环的搭口间隙过小。在间隙正常时搭口间隙越小越有利于密封。但是由于各道活塞环处的温度各不相同,要求第一、二道环的搭口间隙略大。如这两道环的间隙过小时,活塞环受热膨胀,使搭口间隙消除,使环的两个端面顶住,导致环在开口对面处折断,也可能导致拉缸和咬缸。

(2)在环槽内存在局部坚硬积炭也会导致断环。结炭初期质地较软还能使环有一定活动量能保持气密。逐渐地,环在结炭的牵制下活动迟缓,滑油与磨损金属末混合,在高温高压的燃气作用下逐渐形成质地坚硬的结炭。环受高压燃气作用时,结炭形成支点,使环产生交变的弯曲应力,如图 2-2-15 所示。

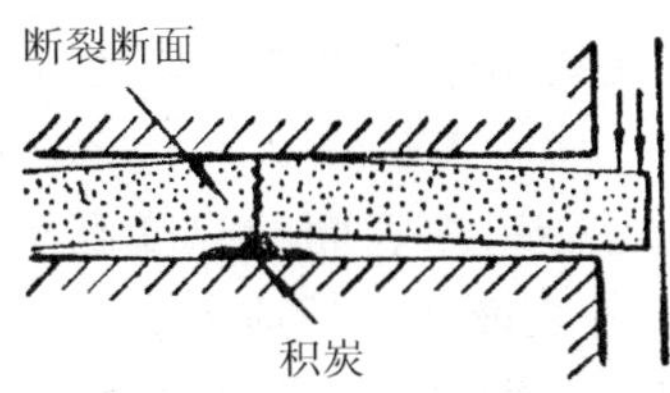

图 2-2-15　积炭与活塞的折裂

若在槽内有好几处硬质结炭,会导致环有几处折断。由此可见,在检修时清除槽内结炭和环表面结炭何等重要。

5. 活塞环弹力丧失

活塞长时间工作使活塞环和缸套都要磨损。实验证明,如缸套因磨损直径增大 1 mm,活塞环的搭口间隙就要加大 3 mm。这将导致活塞环的弹力下降,在搭口处也会有更大的漏气,同时破坏缸壁油膜使磨损进一步加剧。所以要定期拆检活塞环,测量各处间隙以保证活塞环处于正常技术状态。活塞环丧失弹力的另一个原因是,在活塞拆装时用手工拆卸,强迫环的搭口间隙增大使环发生永久变形。正确的装环是使用活塞环装卸器进行的,如图 2-2-16 所示。

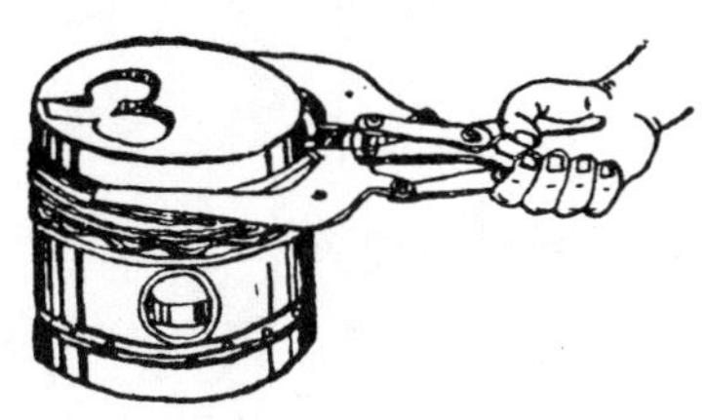

图 2-2-16　活塞环装卸

在拆卸活塞环时,如发现活塞环黏结在环槽内,应该使用汽油或四氯化碳把积炭清洗干净,再用木锤轻轻敲击使环在槽内活动,然后拆下活塞环。

若用手工拆卸活塞环,搭口间隙拉开的大小不应大于八倍环的厚度。

[二]气缸套的作用、要求和结构特点

一、缸套的作用

柴油机的气缸是由气缸体和气缸套两部分组成。

气缸套的功用是:

(1)气缸套和活塞组件、气缸盖共同组成柴油机燃烧室。

(2)气缸套和气缸体之间构成冷却水腔,实现对活塞和缸套的冷却作用。

(3)对于四冲程柴油机它还引导活塞做直线往复运动,并承受活塞的侧推力。

(4)对于二冲程柴油机,在气缸套中部开有进气口和排气口,它与活塞配合共同完成换气过程。

二、缸套的工作条件

(1)当柴油机在运行时气缸套始终承受着周期变化的气体压力作用,使缸套内、外表面都承受拉应力。

(2)由于缸套内、外表面存在着温差,内表面的温度高于外表面,缸套内壁的膨胀量必然大于外壁,所以在内壁产生压应力,外表面产生拉应力。

(3)气缸内表面和活塞环之间还发生强烈的机械摩擦。

(4)缸套的内表面直接和燃气相接触,所以缸套内表面承受燃气的化学腐蚀,外表面承受冷却水腐蚀。

(5)对于筒状活塞发动机,缸壁还要承受活塞的侧推力,当活塞改变运动方向时对缸壁要产生撞击。这种交变振动将使缸套冷却水侧发生穴蚀。

三、对缸套的要求

(1)缸套要具有足够的强度和刚度。

(2)缸套内表面应具有较高的精度和光洁度,要有耐腐蚀性和抗磨性。

(3)气缸套与气缸体、缸盖之间要有良好的气封和水封。

四、缸套结构

柴油机的气缸套常用的有干式和湿式两种。

1. 干式气缸套

所谓干式气缸套,就是气缸套不和冷却水直接接触,热量通过缸套外圆与机体内孔之间的接触面积传给冷却水。冷却水在机体的封闭空间内流动,可以省去冷却水密封装置,也可避免缸套外表面的腐蚀,这种缸套如图 2-2-17(a)所示。

2. 湿式气缸套

湿式气缸套的外壁直接与冷却水接触,它的散热条件好,有利于降低第一道活塞环、活塞槽和气缸套自身的温度。湿式气缸套的更换比较方便。因此,湿式气缸套在船用柴油机中得到广泛应用。湿式缸套外部直接与冷却水接触,它是靠上部凸缘置于机体气缸孔中,下部可以自由膨胀。湿式缸套的冷却腔密封困难,冷却水对缸套外壁有腐蚀作用。为了防止水外泄,其上端凸缘与机体配合处常加一个铜质水密压环。在缸套下端处需要安装 1 ~2 个橡胶密封环。如图 2-2-17(b)所示。

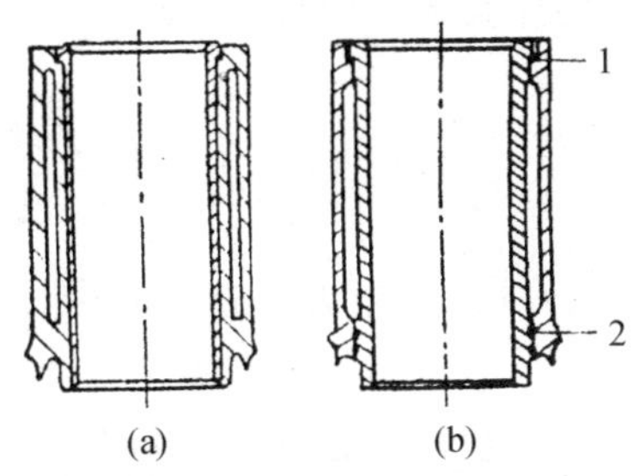

图 2-2-17　四冲程柴油机气缸套

1—水封压环;2—密封橡胶圈

五、气缸套的磨损与测量

气缸套的磨损可分为磨料磨损、腐蚀磨损和熔着磨损三种:

磨料磨损是由于柴油机进气系统、燃油系统和润滑系统在运行时带入的灰尘、机械杂质和燃烧产物,在活塞与气缸套做相对运动时,这些杂质成为两者之间的磨料。这种磨损会使气缸套内表面产生线状拉痕。

腐蚀磨损是由于在燃料中含有硫分,燃烧后生成二氧化硫和三氧化硫,它们和燃气中的水蒸气生成硫酸对气缸内壁进行腐蚀。当柴油机在低负荷及冷车起动时,燃气中的水蒸气因低于露点温度,在气缸壁凝结。尤其在润滑油不足时硫酸与金属接触,大大加速腐蚀进程。腐蚀表面产生疏松的细小洞穴,使得磨损加剧,同时,腐蚀产物又是磨料,从而又加剧了磨料磨损。

熔着磨损是柴油机在运行时由于滑油不足使摩擦面间出现干摩擦或半干摩擦状态,气缸套与活塞工作面上产生局部高温。当温度达到或超过金属材料的熔点时,即发生金属黏结。使其一个表面被撕裂并黏附在另一个运动表面上。从而在缸套内表面产生不均匀和不规则的拉痕。这些凸凹不平的点被加热到焊接温度,随后又快速冷却,使它们的表面形成硬化层,如图 2-2-18 所示。

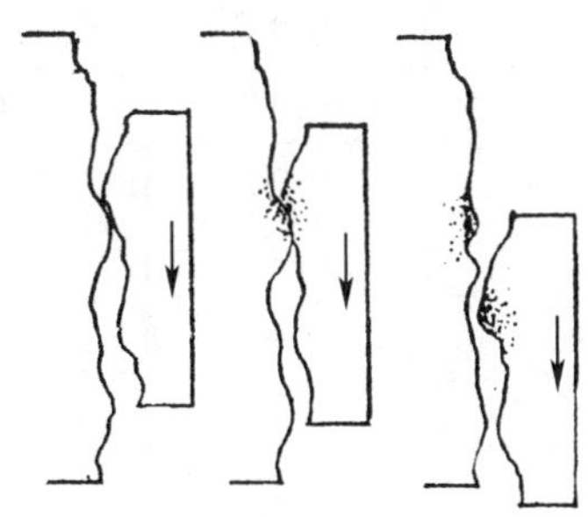

图 2-2-18　气缸套的的熔着磨损

以上三种磨损形式,一般情况下是同时存在并且相互影响的,但是在一定条件下总有一种磨损为主要形式。

气缸套的磨损是不均匀的,沿气缸套的轴向方向上磨损成圆锥形,在垂直轴线的横截面上磨成椭圆形。在柴油机检测中常用锥度和椭圆度来表示，如图 2-2-19 所示。

所谓锥度(也称为圆柱度)，是在气缸轴向(上下方向)的最大尺寸与最小尺寸之差。

所谓椭圆度(也称为圆度)是指在同一截面上左右尺寸与前后尺寸之差。

同一位置截面内 $x-y$ 方向的测量尺寸差值即为该位置的椭圆度。而沿图 2-2-20 所示的 1 至 4 方向各位置测得的尺寸差值就是锥度。通常称测量出的最大值与标准直径(或上次镗缸直径)之差为气缸最大增量。对筒形活塞柴油机来说，过大的椭圆度使活塞环与气缸套接触不紧密导致漏气，使柴油机功率下降。而锥度过大或直径增大量过大会使活塞环在气缸套的上部位置的开口间隙过大。所以椭圆度和锥度超过规范(如表 2-2-1 所示)规定时必须镗缸和换新缸套。

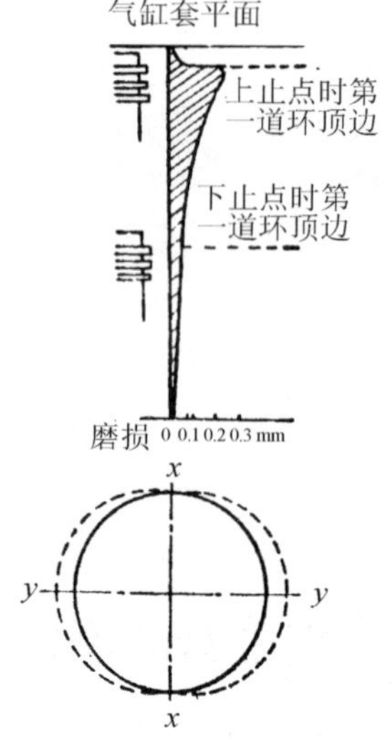

图 2-2-19 气缸套的磨损

表 2-2-1 气缸套内孔的磨损极限表(mm)

直径(mm)	>750(r/min)		500～750(r/min)		250～500(r/min)	
	磨损极限椭圆度或锥度	直径最大增量	磨损极限椭圆度或锥度	直径最大增量	磨损极限椭圆度或锥度	直径最大增量
100 以下	0.10	1.30				
100～125	0.12	1.37				
125～150	0.15	1.45				
150～175	0.15	1.50	0.22	1.70		
175～200	0.20	1.60	0.25	1.80		
200～225	0.22	1.68	0.27	1.88	0.35	2.30
225～250	0.25	1.75	0.30	1.95	0.37	2.45
250～275	0.27	1.83	0.32	2.00	0.40	2.55
275～300	0.30	1.90	0.35	2.10	0.42	2.70
300～325			0.37	2.18	0.45	2.80
325～350			0.40	2.25	0.47	2.95
350～375			0.42	2.32	0.50	3.05
375～400			0.45	2.40	0.52	3.0
400～425			0.47	2.47	0.55	3.30
425～450			0.50	2.55	0.57	3.45
450～475					0.60	3.58
475～500					0.62	3.70

气缸磨损应定期进行测量，并作为技术资料保存，以便了解气缸的磨损情况。通常使用内径千分表(也称为量缸表)或内径千分尺进行测量。对于中小型柴油机通常测量四个位置。

如图 2-2-20 所示。

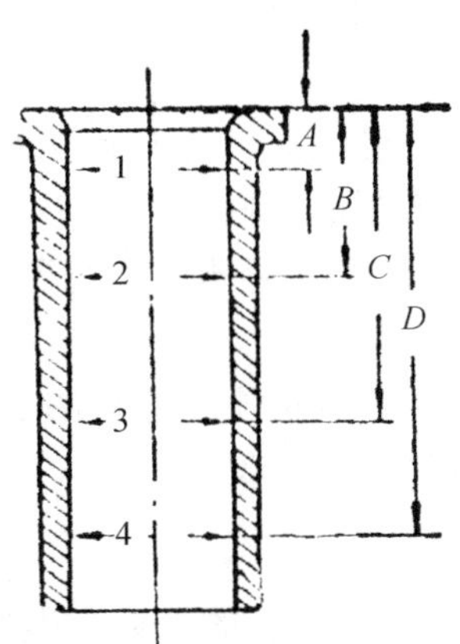

图 2-2-20　测量气缸直径的定位样板

A 点是活塞在上止点时第一道压缩环所对应的气缸位置；B 点是活塞在行程中点时第一道活塞环所对应的位置；C 点是活塞在行程中点时最末一道刮油环所对应的位置；D 点是活塞在下止点时最末一道刮油环所对应的位置。

在每个部位进行测量时先把内径千分尺的一端插入样板孔中定位，使另一端在水平方向摆动找最大值（即找直径位置），在上下方向摆动找最小值（即水平位置）。找准位置后把千分尺摆正，读数。对测量结果要复查核对，并做记录。根据测量数据可计算出锥度和椭圆度。

六、气缸套常见故障

1. 气缸穴蚀

柴油机运行时，由于活塞侧推力作用使活塞在气缸套左右方向发生撞击，使缸壁产生横向振动。气缸套外壁的冷却水因振动而产生瞬时高压和高真空，在局部高真空区冷却水蒸发成汽泡，汽泡又在高压下爆破，就在破坏区附近产生压力冲击波。在冲击波的反复作用下，缸壁外侧表面的石墨首先剥落，形成微观裂纹或小孔，长期的冲击使缸套发生穴蚀。

为了防止穴蚀可减少活塞与气缸壁的装配间隙，以减少缸套的振动；增加缸壁厚度；在气缸套外壁镀保护层；使冷却水空间畅通，水流平衡等。

2. 磨台

由于活塞环对气缸壁的摩擦，使气缸套在活塞环的工作区域内产生磨损，故在气缸套上各活塞环工作界线的上部形成磨台。活塞在上止点处所对应的缸套内壁处磨台最为明显。磨台的修理可用手工刮削、镗削或用砂轮打磨。

3. 刮痕和擦伤

活塞环与气缸套是相对往复运动的偶件，当两者的材料硬度不适当或在两运动件表面间有硬粒杂质，就会出现刮伤和擦痕。当出现刮痕和擦伤时，可用油石细磨或用刮刀将刮痕的锐边除去即可。

4. 缸套裂纹及其应急处理

在航行时若发现冷却水压力表指针发生左右强烈摆动和膨胀水箱中水位上下波动，就可初步断定缸套和缸盖有裂纹存在。为了更准确地判断可采用如下方法:打开放气阀放掉冷却系统中的空气,调整好后,又会重复出现上述现象;冷却水温度升高超过规定范围;淡水耗量增加,淡水中有油渍。

为了进一步确定哪一个缸有裂纹,可以逐个打开示功阀查看排气情况。若某缸有冒白烟或燃烧不良现象,则可确定裂纹就发生在这个缸。

应急措施:若裂纹发生在外部,可在裂纹两端钻止裂孔,用环氧树脂黏结剂胶补,再用铁板或钢板覆盖在上面,并用螺钉固紧。

若在气缸凸缘处和内部产生裂纹,只有更换缸套。如果没有条件更换,把该缸活塞吊出关闭该缸的冷却水调节阀,切断燃油供给,减缸运行。

5. 拉缸及应急处理

所谓拉缸是活塞在气缸中往复运动时发生的一种激烈的金属表面擦伤。即使活塞和气缸各个凹面之间存有足够的润滑油,当两个运动面产生激烈摩擦时,两运动表面间的凸起部分也会发生局部熔化和黏着。在金属熔化部分会发生黏着,会发生金属撕裂。在撕裂过程中形成表面硬化层和硬质颗粒,这会助长运动表面的磨损。在短时间内如有相当大的熔化和黏着就要发生拉缸现象。

拉缸的一般征象是发生拉缸的活塞和活塞环被其他缸的活塞强行拉动,柴油机转速明显下降,同时柴油机发出沉闷的声音,曲柄箱冒烟或发出油焦气味。

拉缸的应急处理:

在发生拉缸时,应根据事故的严重程度和海面情况,采取如下措施:

(1)减少燃油供给量,降速航行。

(2)用专用工具把发生拉缸事故的那个缸的喷油泵做单缸停油处理。

(3)打开发生拉缸气缸的示功阀,释压并放出气缸内气体和污物。

(4)在可能时要加强活塞冷却,防止活塞和气缸咬死,但切不可加强气缸冷却。

确认是拉缸并采取上述应急措施排除故障产生的原因后,可恢复供油继续工作,但在运行中应加强管理注意观察,直到一切正常时,方可正常航行。如果不能查明故障原因,则不能恢复正常航行,必要时需进行吊缸检查。

当海面或航道情况不允许停车时,只能减缸航行。

在减缸航行时,必须降低负荷,通常以50% ~60% 的标定负荷功率和转速运转。对于增压柴油机还应观察增压器的工作情况。

[三]气缸盖的作用、要求和结构特点

一、气缸盖的作用

气缸盖位于缸套之上,用气缸螺栓与气缸体固紧在一起,在它们之间还装有气缸垫或者安装密封圈,用以保持气密和水密良好。其作用是:

(1)同气缸、活塞共同组成燃烧室和工作空间。

(2)安装进、排气阀,喷油器、起动阀、示功阀和安全阀等附件。

(3)在气缸盖内还铸有冷却水通道和进、排气通道。

二、气缸盖的工作条件

(1)气缸盖底板承受周期性高温、高压气体作用,它一方面要承受机械应力,还会因各处金属受热不均而承受热应力。

(2)由于缸盖上装有各种阀件,孔道繁多致使各处温度不同、水流速度不同,容易产生腐蚀。

(3)气缸盖在装配时还承受螺栓的预紧力。

三、对气缸盖的要求

(1)要求缸盖有足够的刚度和强度,以保证缸盖可靠工作,不会发生破坏和变形。

(2)要求缸盖内的进、排气通道光滑、通畅以便减少气体流动阻力。

(3)要求缸盖底平面有良好的密封性,以保证缸盖与气缸套良好密封。

(4)安装在缸盖的附件要求拆装和维修方便,并易于清除冷却水道中的水垢。

四、缸盖的结构

对于中速柴油机通常采用单体式缸盖,小型柴油机通常采用整体式缸盖。

整体式缸盖可以减少两缸之间的水腔壁,进排气通道的引出和布置也比较方便。

如图 2-2-21 所示为 135 系列整体式缸盖结构。如图 2-2-22 所示为单体式气缸盖结构。6-160型、6-250 型机均采用单体式缸盖。

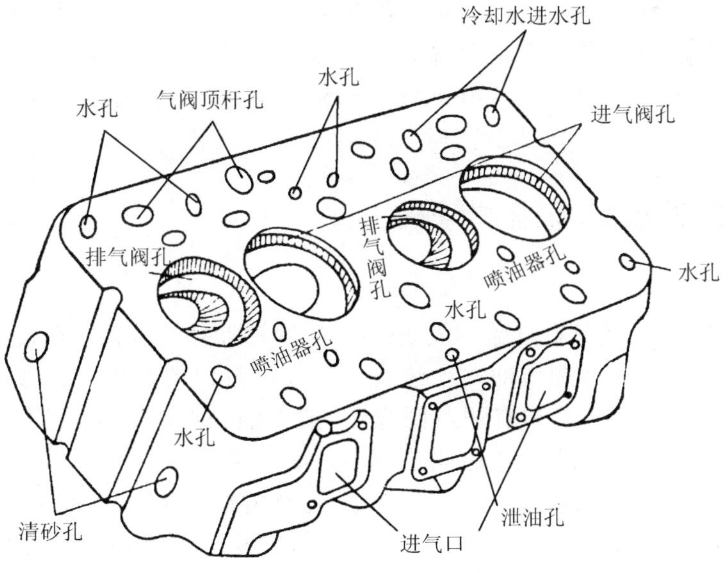

图 2-2-21　135 系列整体式缸盖结构

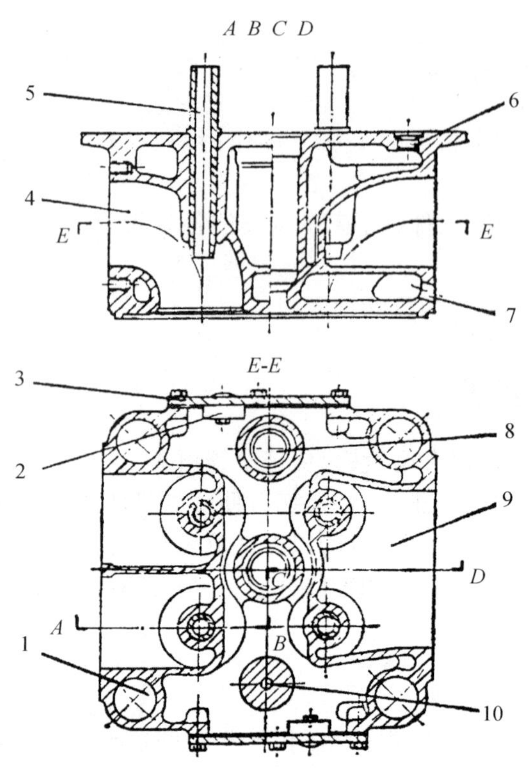

图 2-2-22　单体式气缸盖结构

1—缸盖螺栓孔;2—防腐锌块;3—冷却水腔盖板;4—进气腔;5—气阀导套;6—冷却水进口;7—冷却水腔;8—示功阀孔;9—气缸盖本体;10—起动阀孔

整体式缸盖也称为合铸式缸盖,它可以把两个或两个以上缸盖铸成一体。采用这种结构就可以缩短相邻两缸的距离,可以缩短柴油机长度。它适用于高速小型柴油机,如 2-105 型、135 型是两个缸盖合铸在一起的。4-100 型、4-125 型是四个缸盖合铸在一起的。合铸式缸盖不能进行单独修理,当某一个缸的缸盖损坏时,必须整个换新。

五、缸盖常见故障与维护管理

1. 缸盖裂纹

缸盖裂纹时有发生,尤其在缸盖下表面的阀孔、喷油器孔处常见。在裂纹发生的初期不容易用肉眼发现。检查时通常用煤油白粉法找出裂纹位置以便修理。其方法是用柴油(或煤油)擦洗缸盖需要检查的部位,如有裂纹则煤油(或柴油)便渗入其内;再把缸盖表面油渍擦干,涂上白粉,如有裂纹,在白粉层上便会出现一条褐色油线。

裂纹的修理方法有电焊焊补法、气焊焊补法、环氧树脂黏补法、镶套法和盖板法。

产生裂纹的原因很多,除缸盖在制造时的先天性缺陷外,在使用管理中应注意如下问题:

(1)在固紧缸盖或喷油器以及各种附件时,按要求的力矩上紧并按规定次序上紧。

(2)要定期检查缸盖冷却水通道内的水垢情况并及时消除,以防热应力过大而产生裂纹。

(3)要严格遵守操作规程,要逐渐增加负荷,不可加速过急。尤其是在冬季,未经充分暖缸而突然增大负荷是产生裂纹的主要原因。

(4)在冬季若柴油机停车时间较长,必须放掉冷却水。

2. 缸盖结合面漏气

缸盖结合面漏气这种故障,将使柴油机功率下降,排气温度降低,起动困难。对于新安装的柴油机在气缸盖接合处产生漏气,可用均匀紧固缸盖螺栓来消除。当采用这种方法无效时应停车检修。

有时是由于缸垫和密封圈不平,或有折痕,安装不正,造成缸垫或密封圈漏气。此时应更换缸垫或密封圈。

对于整体式缸盖,由于螺栓过多,当不按规则上紧时将会造成整体缸盖翘曲变形而漏气,对于轻微的翘曲变形,可用铲刮工艺修复。

3. 缸盖的维护与管理

对缸盖维护管理要注意"三漏",即漏水、漏气和漏油,同时对缸盖各垫片要做到"三对齐",即管口和缸盖口对齐,垫口与管口对齐,垫口螺栓孔与缸盖上螺栓孔对齐。

要经常观察冷却水温度和压力,使其都保持在规定数值,它是判断故障的依据。

要防止或禁止在缸垫发生漏气情况下连续工作。

要定期清除缸盖冷却腔内的水垢和铁锈。

要定期检查气阀的密封状态。

要按规定的力矩和顺序上紧缸盖螺栓。

在更换缸垫时要考虑到压缩容积(即气缸余隙)的变化会使压缩比发生变化。

[四]燃烧室部件的管理要点及故障的处理

一、燃烧室部件的常见损伤形式

1. 裂纹

由于燃烧室部件受到前面已分析过的机械应力和热应力的共同作用,产生裂纹是较为常见的。如图2-2-23所示为在活塞头上经常出现裂纹的部位和裂纹形态。一般来说,燃烧室部件裂纹以触火面占多数,特别是应力集中及金属堆积的地方,如图中的1～5以及气缸盖底面的各种阀孔处,四冲程机气缸盖底面阀间区域(俗称鼻梁处),气缸套缸口圆角处,气口边缘,注油孔边缘等。触火面裂纹主要是由低频热应力引起的。另外,由于高频热应力能使触火面很薄的一层金属加速蠕变,使触火面产生皱折,加速壁面损坏。

除了触火面外,冷却侧特别是冷却侧的某些应力集中处,气缸盖底板以及活塞顶板和它们的支撑交界处,气缸套外圆柱面和缸套凸肩交界处等,有时也产生裂纹。这些地方的裂纹主要是由气体力和热应力共同作用引起的。因为冷却侧受到的气体产生的机械应力和热应力都是拉应力,互相叠加,数值较大。

同理,缸套的裂纹多见于缸套上部凸肩处、过渡圆角处、水套加强筋处以及气口附近。其产生原因与上述活塞裂纹大致相同。在裂纹故障中气缸盖的裂纹较为多见,而且多发生在触火面阀孔间的鼻梁区。其主要由热疲劳及应力集中现象引起。在气缸盖水冷面产生的裂纹主要是由高频机械应力引起的疲劳裂纹,同时在水冷面上的热应力与机械应力叠加(同为拉应力)也加速其裂纹发展,此种裂纹仅有一条主裂纹。在水冷面还可能产生由腐蚀疲劳与应力腐蚀产生的裂纹。前者是由交变气体力与电化学腐蚀同时作用引起的,其裂纹有两条以上,但每条裂纹没有分支。后者因氢脆化过程使金属材料变脆而自动裂开,同时存在应力分布不均而形成裂纹,该种裂纹有许多分支。

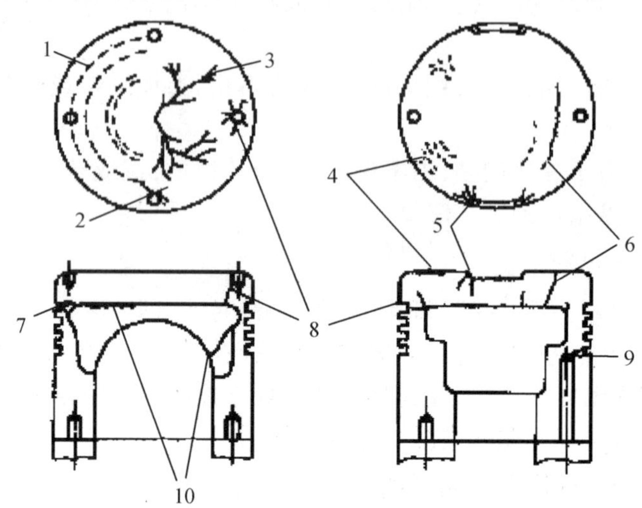

图 2-2-23 活塞头的裂纹

1—触火面处裂纹;2—触火面起吊螺钉孔裂纹;3—触火面放射状树枝形裂纹;4—触火面材料缺陷裂纹;5—触火面阀坑处裂纹;6—冷却侧材料缺陷裂纹;7—活塞环槽圆角处裂纹;8—冷却侧周边圆角处裂纹;9—冷却液入口端部裂纹;10—冷却侧支承肋

2. 活塞顶烧损

活塞顶金属材料有时会逐渐被烧蚀,使活塞顶越来越薄,强度越来越差。若喷油器喷出的油束直接到达活塞顶面,活塞的冷却腔太脏使冷却不良、导热不好、局部过热等会使烧损速度加快。活塞顶烧损在直流扫气及油冷柴油机活塞上出现得较多,因为这种柴油机的两只喷油器分别装在气缸盖排气阀的两侧,它喷出的油束在气缸中分布不均匀,且容易喷在活塞顶上。此外,活塞用滑油冷却,冷却效果较差,又易形成积炭,使活塞顶表面温度升高。

3. 活塞环的异常磨损、黏着和折断

(1)活塞环的异常磨损

在正常情况下,若活塞环得到良好的润滑,则它的磨损速度通常不超过0.3~0.5 mm/kh,活塞环的厚度也基本上均匀,这样的磨损是正常磨损。若活塞环磨损后厚度极不均匀(往往开口的对侧磨损更严重),或者磨损速度很快,这样的磨损称异常磨损。

活塞环异常磨损和设计、材质、热处理等因素有关,也和管理状况有很大关系。若柴油机磨合不良、运行中超负荷、润滑不好、滑油品质不合要求、燃烧不良、冷却不佳、摩擦表面有硬质颗粒等,都会使活塞环产生异常磨损。

如图 2-2-24 所示为活塞环正常磨损和异常磨损外观状态的示意图。

其中图 2-2-24(a)为正常磨损。活塞环外表面光滑无毛刺,较清洁,无硬化层,外表面的外形呈鼓形。

图 2-2-24(b)为被硬质颗粒划伤。在活塞环外表面有较均匀的划痕,无光泽,表面无硬化层。

图 2-2-24(c)为由于缺油异常磨损仍在继续。环的外表面平直(不呈鼓形),棱边锐利且有毛刺,表面有不规则的斑点,表面有硬化层。

图 2-2-24(d)为状态正在变好的过度磨损。弧形的棱边已经出现,沿棱边已经出现了平滑且较软的带状区,但中心环带尚有磨痕和硬化层。若继续加强润滑,运转一个阶段就会转变为正常磨损状态。

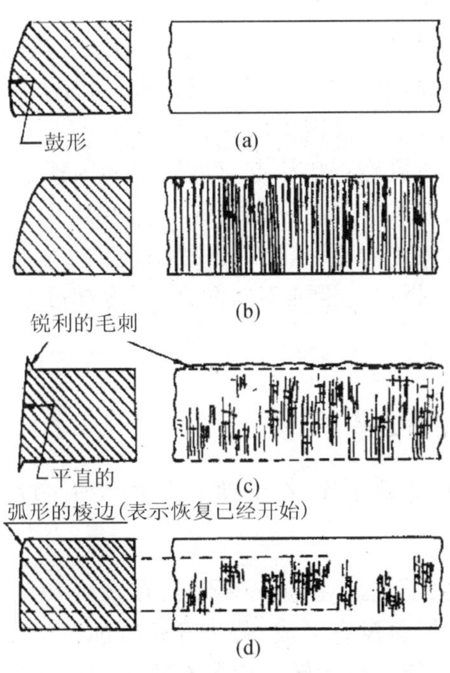

图 2-2-24　活塞环磨损情况示意图

(2)活塞环的黏着

在正常情况下,由于活塞的往复运动和横向振动,活塞环在环槽中是做上下运动、径向运动和圆周向转动的。假如活塞环区形成沉积物,并压进了活塞环槽的间隙中,沉积物就可能固化,阻止活塞环在环槽中运动。活塞环在环槽中不能自由运动称为活塞环黏着。

活塞环的黏着大多是由于活塞或气缸过热、滑油过多、滑油不净、燃烧不良等原因造成的。活塞或气缸过热可使过多的滑油变成油漆附着在环槽内,产生使活塞环黏着的沉积物。当燃烧不良生成的炭粒、活塞上的承磨环磨损产生的颗粒也积存在环槽中时,就会使黏着在活塞环的沉积物加速生成和固化。通常活塞环的黏着首先发生在活塞环的一部分,然后逐渐扩大使整个环被固定住。活塞环黏着,将导致气缸漏气、活塞环断裂,严重时形成拉缸。

(3)活塞环的折断及折断的原因

活塞环的折断多出现在上面几道活塞环中,有的从环端附近断裂,有的断成几段甚至断成小碎块。环断后不但影响燃烧室的密封性,而且碎块也容易进入增压器,使增压器损伤。活塞环折断的原因有:搭口间隙过小,活塞环工作时没有充分膨胀的余地,在搭口的对侧折成两段;环槽内积炭,在活塞环的下面有坚硬的积炭时,环就会在交变的弯曲作用力下发生折断。又由于活塞在气缸中的横向振动会使环在环槽中移动位置,使环在杠杆作用下逐段折断,最后断成许多小段,此时环槽往往磨损成波形。活塞环压入时,若活塞环的工作面不能与气缸壁很好贴合,高压气体将从贴合不好处“楔入”而作用在环的外工作面上,把环压入槽内。当气缸内气体压力降低时,原来被压入的环可能靠本身的弹力重新弹出。这样重复作用时间久了就会使环由于疲劳而断裂。近年来发现,活塞环压入是造成断环的主要因素。

此外,气缸套失圆、环端挂气口、环槽过度磨损使环受到扭转和弯曲,活塞头部由于热膨胀变形使环槽缩小且向下倾斜以及环和气缸套上的磨台撞击等,也会造成活塞环断裂。

4. 气缸套过度磨损的管理因素

在气缸套构造部分中曾分析了气缸套的三种磨损形式。这三种磨损虽然在柴油机的正常工作中总是难以避免,但缸套总的磨损速度仍然是比较缓慢的,一般铸铁缸套每千小时的磨损量为 0.1 mm 左右。若这三种磨损或其中的 1 ~2 种磨损由于某些原因而加重时,将使磨损速度远远超过正常值,即产生了过度磨损。引起过度磨损的因素很多,除和结构设计、材料选用、加工装配质量等因素有关外,还和管理有密切关系。这些管理因素主要有:气缸或活塞过热,活塞环密封性不好,刮油环装得不对或刮油性能下降;燃油、滑油或进气中含硬质颗粒过多,磨合不良;气缸油量过多或过少,燃油与滑油不匹配,气缸冷却过度,扫气中有水或有清洗空冷器的洗涤剂等。

二、燃烧室部件的管理要点

为了使燃烧室部件安全可靠地工作,在管理工作中必须注意以下几个方面。

1. 磨合

在柴油机制造完工或新换了气缸套与活塞环时,在运转初期由于新的摩擦表面尚未获得所需的形状和粗糙度,耐磨表层也没有形成,若一开始就加载至使用负荷将会因漏气等原因使工作表面遭到严重损伤甚至不能继续运转。因此在投入正常运转以前必须经过一个逐渐加负荷达到互相贴合的过程,这个逐渐加负荷的过程称为磨合(或跑合)。磨合分冷磨合与热磨合,船用柴油机使用热磨合。

磨合是通过磨损的方法达到的,用尽量少的时间达到使燃烧室获得良好密封是组织磨合过程时所追求的目标。由于磨合过程的复杂性,现在尚无法定出一个公认合理的标准方法。但是各柴油机制造厂都有在自己机型上进行磨合所积累的经验,因此在说明书中都给出了各自机型的磨合程序,其基本特点是逐加负荷连续运转并需定时检查。轮机管理人员应严格按规定程序进行磨合。如图 2-2-25 所示为 PC1-6 型柴油机的磨合程序。

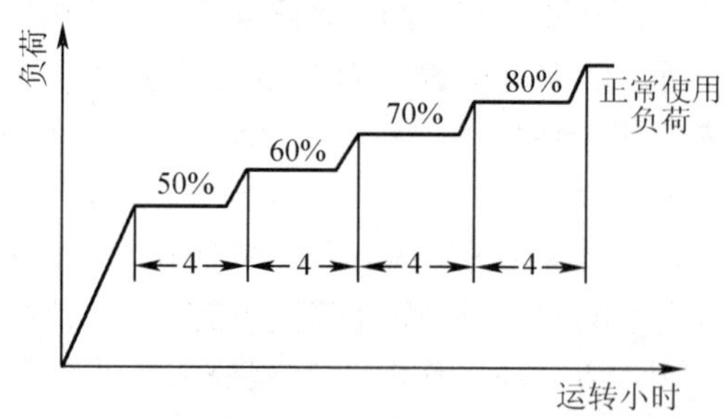

图 2-2-25 PC1-6 型柴油机磨合程序

另外,磨合时所使用的滑油品质和数量也有严格要求。在磨合时气缸润滑应使用纯矿物油或低碱性气缸油,以便获得一定的腐蚀磨损,加快磨合过程的进行。在磨合过程应增加气缸油供应量，需要补充滑油量来密封燃烧室。如 L-MC/MCE 柴油机说明书中规定，磨合的前 20～24 h内，应将气缸注油器调节手柄放至最大供油位置，并在最初运转的 1 000～2 000 h 内，建议提供比正常供油量多50%的供油量。

2. 运行中的监视

(1)注意监视各运行参数

与燃烧室部件工作直接有关的参数很多，主要有气缸冷却水压力及进、出口温度，活塞冷却水(油)压力及进、出口温度，排烟温度等。对这些参数要严格控制在要求范围内，特别是在靠离码头机动航行时柴油机负荷经常变化，要及时对冷却水温进行调节。水温太高、太低、突变对燃烧室部件都是不利的。排烟温度应严格控制在规定的最高允许温度以下，不但注意参数的绝对数值大小，还要注意参数本身的变化和各缸间的同名参数间的差异。参数的骤变或各缸数值相差变大往往是故障的先兆。

(2)确保气缸的润滑

气缸润滑很重要，若气缸油中断不能及时发现，在很短时间内就会出现拉缸甚至扫气箱着火等重大事故。运行中除要保证气缸油总的供应量和油的品质合乎要求外，还要注意每个注油点上的供油情况，要求各点供油量应相同。

(3)注意倾听运转声响

柴油机在运转时，在不同部位、不同负荷下所发出的声响虽然不同，但在强度、周期和音色上各有其规律性，应注意倾听和掌握这些规律，从而能分清正常声响和异常声响。若出现异常声响应仔细查找原因。运行中需要监视的项目很多，其他内容在以后各章中将陆续介绍。

3. 观察孔(扫气口)检查

为了确保燃烧室部件正常工作，一定要抓住停航时机定期对气缸进行观察检查。有时为了寻找故障原因，在海面情况允许时，也可临时停车对气缸内部进行检查。通过观察孔检查可在较短的时间内获得有关气缸活塞组的多方面资料，这些资料主要有：

(1)活塞环工作状况

通过观察孔观察，可以与图 2-2-24 所示的活塞环几种磨损情况进行对比，从而可判断活塞环的磨损情况。若向上、向下盘车时分别在环的上、下出现间隙，说明环在槽中无黏着现象。若用小木棍推压环时环无张力，说明环已断裂。若环工作表面有黑色无润滑油的区域，说明环的密封性不好，黑色区为漏气区。

(2)气缸润滑状况

在观察中若发现活塞头上有白色、微黄色的沉积物(来自气缸油中的碱性添加剂)，而且沉积物较厚但环槽中黏着物并不太多，则说明所用滑油碱值太高。若气缸套表面上有白色或微带褐色的区域，这是由于腐蚀磨损形成，可能是滑油碱值太低。如果第一道活塞环表面有半干半湿的润滑油膜存在，活塞环与缸壁表面油膜干净，则说明注油量适中。如果发现活塞与活塞环槽内结炭黏着现象较重，活塞与缸壁表面油膜污染变黑，气口因结炭堵塞较重，则说明注油量过多。如果第一道活塞环表面干燥而环与缸壁均出现磨痕，则说明注油量过少。根据需要进行油量调节时，切勿一次调整太大，应逐步调整，若要减少油量更应如此。

(3)冷却腔密封状况

在进行观察孔观察时把气缸冷却水泵、活塞冷却水(油)泵开起来，若气缸套外表面有水漏下,说明气缸套外侧密封圈可能失效。若气缸套内表面有水漏出,说明气缸套或气缸盖可能有贯穿性裂纹或气缸注油器接头处漏水。对水冷活塞也可能是活塞头柔性固紧螺栓松动、活塞冷却腔密封圈失效或活塞顶有贯穿性裂纹。对于油冷活塞,在这种情况下会有油从气缸套内壁漏出。

4. 吊缸检查

为了加强对柴油机的管理,应根据说明书规定,定期把活塞从气缸内拉出(俗称吊缸)进行检查。吊缸检查除比观察孔检查可得到更多的有关资料外,还可对燃烧室部件进行较为彻底的清洁。如果有必要还可拉出气缸套,把活塞解体,把气缸盖清洁孔盖取下对冷却腔进行清洗(有的说明书规定水腔内锈垢、油脂层厚度超过 0.2 mm 就应进行清洗)。另外,在吊缸时还可进行一系列测量工作,从而获得磨损及间隙的准确数据。

[五]连杆的作用和结构特点

一、连杆的功用和工作条件

1. 功用

连杆的功用是把作用在活塞上的气体力和惯性力传给曲轴,使活塞的往复运动变成曲轴的回转运动。

2. 工作条件

连杆的运动较为复杂,小端通过活塞销与活塞相连,所以小端做往复运动。大端与曲轴相连做回转运动。杆身连接大端和小端,所以它做摆动运动。

连杆不但运动复杂,受力也复杂:连杆承受周期性变化的气体力和活塞杆惯性力作用。尤其是在膨胀冲程时气体压力有冲击性,四冲程柴油机的连杆在进气冲程承受拉力,在其他三个冲程中都是承受压力。

对连杆的基本要求是耐疲劳、抗冲击、具有足够的强度和刚度。连杆大端轴承要求工作可靠。对于筒状活塞式柴油机的连杆根据转速高低和强载程度,常采用优质碳钢或合金钢制造。

二、连杆结构

连杆在结构上是大同小异的,它是由三部分组成,即连杆小端、杆身和连杆大端。

连杆小端与活塞销相连,通过活塞销与活塞相连,把作用在活塞上的气体力和往复惯性力传给连杆。工作时连杆小端绕活塞销摆动。在小端装有青铜或锡青铜衬套,以减少小端和活塞销的摩擦。

连杆杆身是大端和小端的连接部分。在满足强度和刚度的条件下,应尽可能减低连杆的重量。其截面形状通常是工字形或圆形。在杆身的中心部位钻有润滑孔。

连杆大端是与曲柄销连接的部分。船用柴油机连杆大端都制成剖分式。连杆大端常由连杆叉形端和连杆大端轴承盖两部分组成。这两部分用 2 ~4 个连杆螺栓连接成一个整体,以便于连杆从曲轴上拆装。

现代柴油机的连杆大体上有两种结构形式:

1. 大端平剖分式连杆

大端平剖分式连杆如图 2-2-26 所示。它在小端中装入青铜套并开有油孔和油槽。在工字形杆身中心钻有润滑孔。大端为平剖分,其中装有两片轴瓦。大端的叉形端和大端盖用 2 ~4 个连杆螺栓固紧。

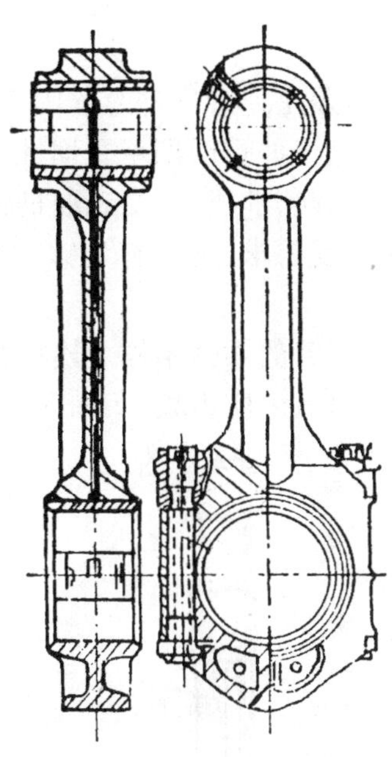

图 2-2-26　大端平剖分式连杆

2. 大端斜剖分式连杆

大端斜剖分式连杆大端剖分面与连杆中心线呈 30° ~60°的夹角。这种结构是考虑在加大曲柄销尺寸的同时,还便于把连杆从气缸中吊出。这样斜剖式连杆大端宽度要比平剖分式小,便于把连杆从气缸中吊出,如图 2-2-27 所示。

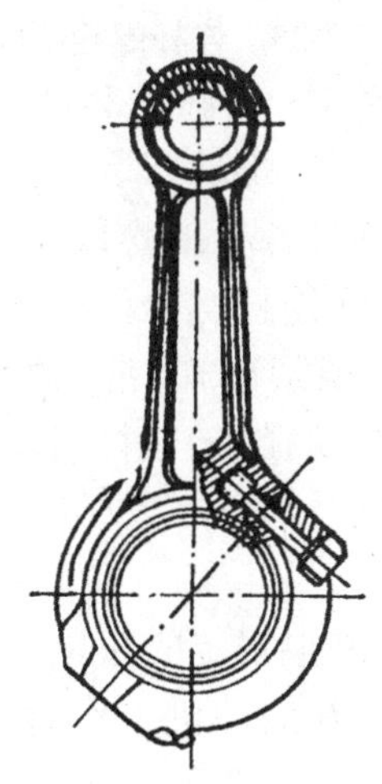

图 2-2-27　大端斜剖分式连杆

连杆大端装有轴瓦,轴瓦分为厚壁瓦和薄壁瓦两种。厚壁瓦在瓦衬上浇铸 1 ~1.5 mm 厚的巴氏合金。薄壁瓦在薄的钢质瓦衬上浇铸或烧结一层 1 mm 以下的巴氏合金。

在厚壁瓦的上、下瓦之间装有调整间隙的垫片,加减垫片的厚度可改变轴承和轴颈之间的间隙。薄壁瓦尺寸小,互换性好,不需刮研,当间隙超过规定时只要换新薄壁瓦即可。

三、连杆螺栓

连杆的叉形端和连杆大端的轴承盖是通过连杆螺栓固紧在一起的。四冲程机的连杆螺栓除受预紧力外,还在排气冲程后期和进气冲程前期承受惯性力作用。此外,还受到连杆大端变形所产生的附加弯曲作用。对于四冲程柴油机,因受到曲柄销尺寸和大端尺寸的限制,连杆螺栓外径尺寸将受到限制。为了满足强度要求,选择有足够韧性和高强度的优质碳钢或合金钢材料。

连杆螺栓在结构设计上,采用抗疲劳的柔性结构。连接螺纹采用细牙螺纹,定位环带与螺杆杆身连接处采用大圆弧平滑过渡,以减少应力集中,如图 2-2-28 所示。

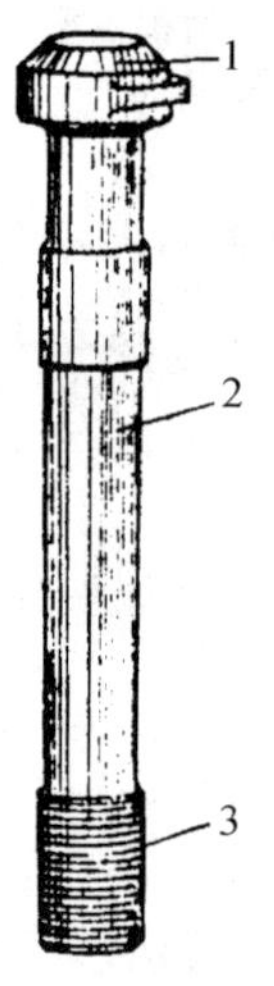

图 2-2-28　连杆螺栓结构

1—头部;2—中间圆柱体;3—螺纹

连杆螺栓在螺栓头部铣出一个平面,在螺栓安装时使该平面与大端瓦盖处的凸台靠紧,以防止上紧螺母时连杆螺栓随之转动。连杆螺栓的螺纹是一级细牙螺纹,这种螺纹具有自锁能力,但是上紧螺母必须对正以防乱扣。在连杆螺栓(母)上应设有防松装置,常用的有开口销、锁紧螺母、串联钢丝和螺纹表面镀铜等锁紧形式,常见的锁紧装置如图 2-2-29 所示。连杆螺栓两端的圆柱体直径要比螺纹内柱体螺纹径小,这样可增加螺栓的柔度。中间圆柱体部分即定位面,它的直径要比螺纹外径大,形成凸肩。在安装时可把连杆叉形端和连杆大端盖定位对齐。它起紧配定位作用。

连杆螺栓装配时,应根据使用说明书中规定的扭矩上紧(通常用扭力扳手上紧)。扭紧力矩过小,连杆大端结合处不能紧密结合,在柴油机工作时使螺栓承受很大的附加拉力,使螺栓产生疲劳断裂。扭紧力矩过大,使螺栓拉伸变形过大,当超过材料屈服极限时螺栓便失去作用。6-135 型柴油机对连杆螺栓专设一个检验卡规,若连杆螺栓长度超过卡规尺寸,必须换新。

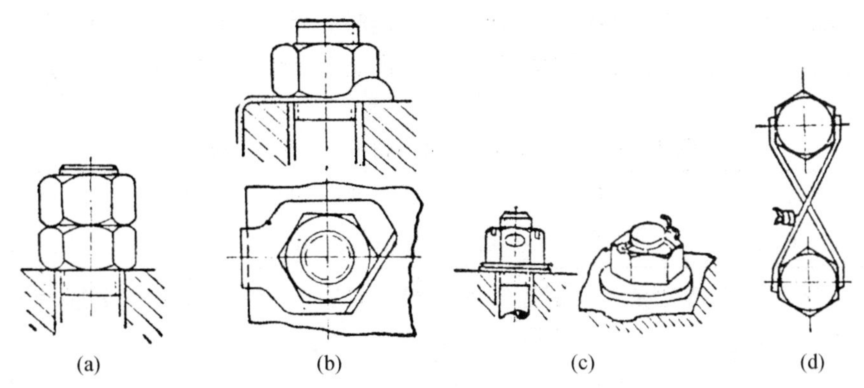

图 2-2-29　连杆螺栓锁紧装置

四、连杆轴承的检修

在柴油机运行时,连杆小端铜套因磨损而成椭圆,从而使配合间隙增大。由于铜套和活塞销配合不当,使活塞在缸内位置不正,影响活塞头部传热,且在柴油机工作时在连杆小端处产生冲击,导致铜套加剧磨损。

小型柴油机连杆铜套与活塞销的间隙值及铜套与连杆小端孔的过盈值,列于表 2-2-2 中。

装配时铜套先用木锤打入连杆小端孔中,然后用虎钳缓慢压入;也可用铜锤垫木板打入。要特别注意,在压入或打入铜套时,必须使铜套两端面与连杆孔两端面平正,铜套上的油孔必须和连杆上油孔对正。

表 2-2-2　国产柴油机连杆各间隙与过盈值　(mm)

机型 名称	135 系列柴油机		160 系列柴油机		300 系列柴油机	
	装配间隙	极限	装配间隙	极限	装配间隙	极限
铜套与活塞销间隙	0.035 ~ 0.063	0.15	0.032 ~ 0.142	0.15	0.160 ~ 0.20	0.40
铜套与连杆小端过盈	0.05 ~ 0.10		0.015 ~ 0.065		0.05 ~ 0.06	

活塞销与连杆铜套是用铰刀进行铰配的。为了保证连杆铜套轴线与杆身中心线垂直,一般以铜套下面为基准不刮削,只刮削铜套的两侧及上面。铜套的圆度和圆柱度不应超过表 2-2-3所示数值。

连杆大端瓦常用巴氏合金浇铸。在检修中经检查认为合金厚度足够(同新瓦比较)在合金表面不存在不可修理的缺陷,则可用轴瓦收紧和刮研轴瓦或通过调整垫片等方法来达到要求。间隙的测量方法与主轴承相同。

表 2-2-3　铜套内孔圆度和圆柱度　(mm)

铜套内径直径	<50	50 ~ 80	80 ~ 120	120 ~ 180	>180
圆度、圆柱度	0.05	0.10	0.015	0.20	0.025

薄壁瓦轴承没有调整垫片,间隙超过规定时要更换新瓦。在条件不允许时可应急处理即在轴瓦的外圆垫上黄铜皮和紫铜皮。铜皮的厚度根据间隙要求而定,但不得超过 0.4 mm;否则轴瓦不易压紧。如超过 0.4 mm 则必须换新。值得注意的是,在轴瓦外圆垫铜皮时,轴瓦的

剖分面要高出轴承座，当以规定的扭力上紧连杆螺栓时必然引起轴瓦变形，轴瓦向内鼓起使轴瓦外圆不能和轴承座压紧，所以必须把轴瓦的剖分面适当磨低。轴瓦剖分面的合理高出量如表 2-2-4 所示。

表 2-2-4 薄壁瓦剖分面高出轴承座高度 (mm)

曲柄销轴承 d	40 ~ 60	60 ~ 80	80 ~ 100	100 ~ 140	140 ~ 200
轴瓦剖分面高度 δ	0.02	0.02 ~ 0.03	0.03 ~ 0.04	0.04 ~ 0.05	0.05 ~ 0.06

对薄壁瓦，这个凸出高度在上紧螺栓时使薄壁瓦具有一定的弹力而能和轴承座紧密贴合，如图 2-2-30 所示。

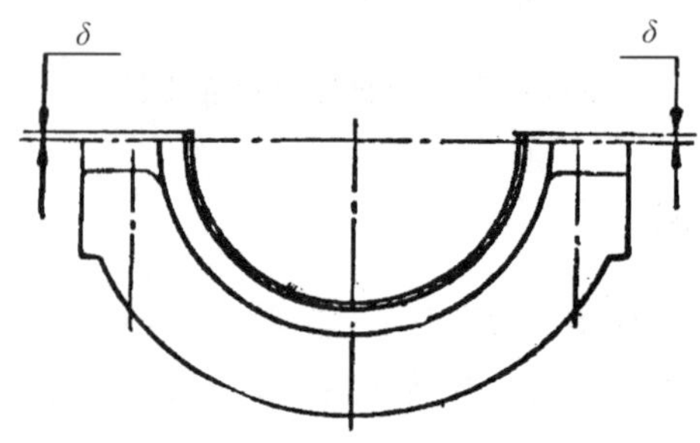

图 2-2-30 薄壁瓦剖分面凸出高度

测量轴瓦剖分面的凸出高度 δ 值如图 2-2-31 所示。在操作时先把轴瓦擦净放入轴承座内，装上螺栓用手上紧螺母使轴瓦压贴轴承座即可。然后用塞尺在轴承座两端测量，如图 2-2-31所示。松紧合适的塞尺厚度即为上下轴瓦两边的总凸出高度。当凸出高度太大时可用平锉修锉使达到要求。

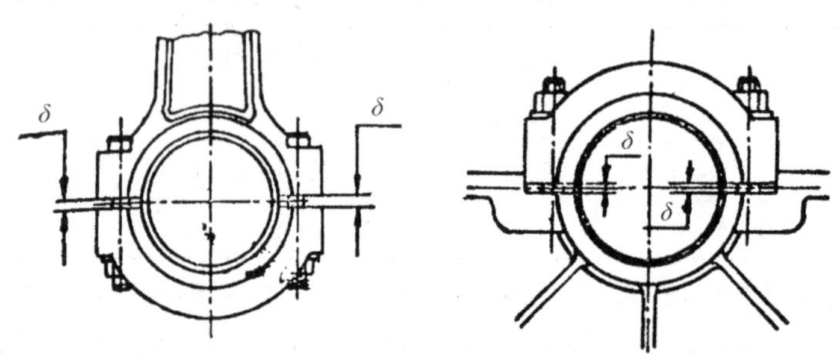

图 2-2-31 薄壁瓦剖分面凸出高度测量

五、连杆组件常见故障与检修

连杆在运转中小端承受交变冲击载荷和半干摩擦作用，所以小端铜套会产生圆度和圆柱度。在检修时应注意检查铜套的裂纹和烧损情况及时测量圆度和圆柱度（见表 2-2-3），一旦超限应换新。

在检修时要着重检查大端瓦的磨损及调整间隙，检查轴瓦的变形，巴氏合金的腐蚀、烧熔、脱壳、裂纹等缺陷；对于薄壁瓦着重检查巴氏合金的磨损。若已经磨损漏出瓦底应及时换新，在换新瓦时要注意换新瓦的操作过程。

连杆长期工作后，杆身可能有三种变形，如图 2-2-32 所示。

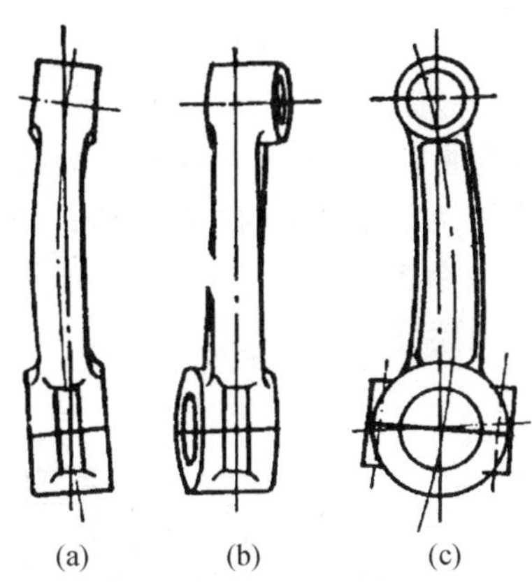

图 2-2-32　连杆的变形

第一种变形是在连杆大、小端孔中心线平面内弯曲。在小端铜套和活塞销出现单侧接触，导致活塞在缸内也出现上下单侧接触，如图 2-2-32(a)所示。

第二种变形是杆身的扭曲变形，如图 2-2-32(b)所示，在小端与活塞销没有单侧接触，但活塞销与曲柄销轴线不平行。这两种变形使柴油机正常运行受到影响，虽然变形很小也会破坏小端铜套与活塞销、大端轴瓦与曲柄销的正确配合。会导致轴瓦和铜套偏磨。严重时会出现轴瓦烧熔，活塞在缸中的偏斜，会导致拉缸现象。

第三种变形是杆身在连杆摆动平面内发生弯曲，如图中 2-2-32(c)所示。这种变形也会导致上述故障。当这种弯曲严重时会使压缩比变化，尤其是对高速柴油机。

连杆螺栓始终受拉伸，会发生永久变形。尤其在上紧连杆螺栓时没有按规定扭矩上紧更容易发生永久变形，使螺栓强度受到损害。一旦连杆螺栓长度超过允许值必须换新。连杆螺母的支承面必须平整，使得与连杆大端轴承盖紧密接触，确保受力均匀。

连杆螺栓的螺纹都是细牙螺纹，在使用时防止轧伤和乱扣，一旦有表面损伤应更新。

[六]曲轴和主轴承的结构特点

一、曲轴的功用和要求

1. 曲轴的功用

(1)把柴油机各缸发出的功率汇集起来，并以回转运动形式输出。

(2)驱动柴油机的附属设备如定时齿轮、凸轮轴、滑油泵、燃油泵、冷却水泵和空压机等。

(3)曲轴上各曲柄排列顺序决定了柴油机的发火次序和转向。

2. 工作条件及要求

曲轴在工作时受力十分复杂，各曲柄要承受周期性变化的燃气作用，同时还承受往复惯性力作用和曲柄销的离心惯性力作用。曲轴的轴颈还承受着扭矩作用。由于曲轴自身结构限制，在拉力、压力、扭力和弯曲作用下，曲轴容易发生疲劳破坏和振动。

因此，要求曲轴具有足够的疲劳强度，而不易产生疲劳破坏；要求具有足够刚度，使曲轴在运行时变形小，保证轴承正常工作；要求轴颈表面耐磨且有足够的硬度和光洁度；要求曲轴有良好的平衡性。

3. 曲轴的结构

中小型柴油机曲轴采用整体式曲轴,整体式曲轴的结构如图 2-2-33 所示。

曲轴由若干个单位曲柄组成,比如六缸柴油机的曲轴是由六个单位曲柄组成。所谓单位曲柄是由主轴颈 8、曲柄臂 2 和曲柄销 3 组成。主轴颈 8 安装在主轴承中,曲轴的各道主轴颈应同心;曲柄销 3 与连杆大端轴承相配合。

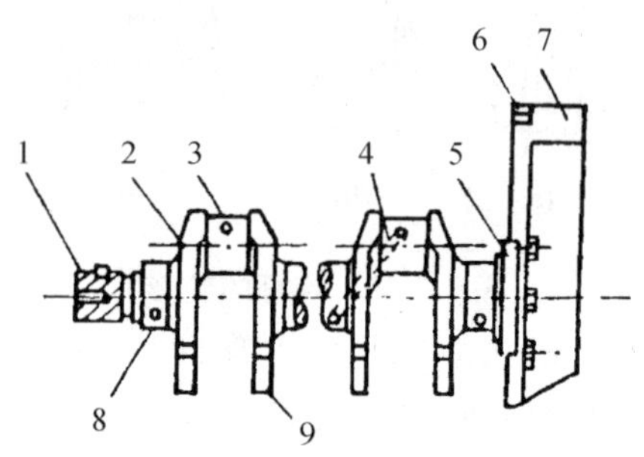

图 2-2-33 整体式曲轴

1—自由端;2—曲柄臂;3—曲柄销;4—油孔;5—输出端;
6—盘车齿圈;7—飞轮;8—主轴颈;9—平衡重块

曲柄臂是主轴颈和曲柄销的连接件。曲轴不和输出轴相连的一端称为自由端。曲轴和输出轴相连的一端称为输出端,也称为飞轮端。在自由端通常安装有定时齿轮,还传动柴油机的辅助设备如冷却水泵、油泵、发电机等。在输出端装有飞轮,在飞轮的周边上铣有盘车齿圈以供盘车使用。在飞轮后面安装有联轴器和输出轴。在主轴颈上钻有油孔通过斜孔和曲柄销上油孔相通。主轴承中的滑油通过斜孔引到曲柄销润滑连杆大端轴承,滑油再通过连杆杆身的中心油孔到连杆小端进行润滑。由于曲柄臂和曲柄销的重心都不在主轴颈中心线上,当曲轴以高速回转时曲柄臂、曲柄销和连杆大端都产生一个向外的离心力。它将使曲轴产生振动,使轴承负荷增加、磨损加剧。为了平衡曲柄在回转时产生的离心力,在某一曲柄的曲柄臂上加装一个平衡重块,以平衡曲柄臂和曲柄销在回转中所产生的离心力。

由于柴油机发火是有间隔的,这种间隔会引起转速和扭矩起伏不均匀。为使柴油机运转平稳,通常在曲轴输出端安装一个飞轮。由于它是一个质量较大的圆盘,在回转时有一定惯性。对于单缸柴油机,当处于动力冲程时它可以吸收能量,而在其他三个冲程中又可放出能量,从而可使柴油机在一个工作循环内回转均匀。对于多缸柴油机也是如此。

二、曲柄排列与发火次序

对于多缸柴油机,曲轴都有一个最佳的曲柄排列方案,但它必须遵守柴油机的转向和气缸编号的规定。

我国规定:在判断柴油机转向时,观察者站在曲轴输出端朝自由端观看,凡输出端顺时针方向回转者称为右旋;反之称左旋。气缸的编号从自由端起始作第一缸,依次向输出端排列。

国外规定:观察者面对自由端朝输出端看,顺时针方向回转者为左旋,反之为右旋。气缸编号从输出端起始作第一缸,依次向自由端排列。

在实际管理中必须以本机规定为主,防止把两种规定混淆而造成事故。

多缸柴油机的曲柄排列取决于柴油机的冲程数、气缸数和轴承负荷。对于既定柴油机的曲轴它的曲柄排列已定。在设计时选择曲柄排列和发火次序要考虑如下原则:

(1)使柴油机输出功率均匀,运转平稳,要求各缸发火间隔角相同。

二冲程柴油机曲柄间隔角为:

$$\theta=\frac{360°}{i}$$

四冲程柴油机曲柄间隔角为:

$$\theta=\frac{720°}{i}$$

式中,i 为柴油机气缸数。

(2)为减轻主轴承负荷,应尽力避免相邻两缸连续发火。

(3)要考虑到柴油机的平衡和曲轴扭振问题。

(4)要考虑到增压柴油机废气能量利用问题。

上述四项原则,往往相互矛盾不能同时得到满足。通常是根据柴油机具体情况,在解决主要矛盾的基础上兼顾其他原则选择最佳方案。

例如,六缸柴油机,目前常用的发火次序是:

二冲程:1—6—2—4—3—5

四冲程:1—5—3—6—2—4

但有的柴油机为了解决轴系扭振问题,宁可放弃 1—5—3—6—2—4 的排列方案,改为 1—2—4—6—5—3。1、2 两缸和 5、6 两缸都是连续发火,这对两缸之间的主轴承显然是不利的。但从扭振观点来讨论,对于轴系扭振是有利的,而主轴承问题可通过轴承结构尺寸的改变得到较好的解决。

三、曲轴轴线测量与分析

1. 关于曲轴臂距差(拐挡差)的概念

曲轴装在主轴承上以后,各主轴颈的轴线应是平直的。实际上,由于轴线和机体等长,曲轴刚性较差,加上主轴承和主轴颈的磨损不均或者轴瓦刮研不符合要求,使曲轴轴线局部下沉从而导致曲轴轴线发生挠曲变形。在中型柴油机检修中,要定期测量曲轴臂距差以检查曲轴轴线的挠曲状态和主轴承的磨损情况。

臂距差的定义可由图 2-2-34 来加以说明。

当某缸曲拐的两个主轴承低于相邻两主轴承时,该曲拐的两段主轴颈便弯曲成塌腰形,如图 2-2-34(a)所示。当曲柄销转到上止点时,该曲拐两个曲柄臂向外张开,使两曲柄臂之间的距离增大,用 $L_{上}$ 表示;当曲柄销转到下止点时,两曲柄臂向内收拢,两臂距间距离缩小,用 $L_{下}$ 表示。当曲柄销转到左平和右平时,同样也存在臂距差,分别用 $L_{左}$ 和 $L_{右}$ 表示。

同理,当某曲拐的两个主轴承高于相邻两主轴承时,主轴颈的轴线弯曲成拱腰形,如图 2-2-34(b)所示。当曲柄销在上止点时,两个曲柄臂收拢用 $L_{上}$ 表示;当曲柄销在下止点时,两个曲柄臂张开用 $L_{下}$ 表示;同样也存在 $L_{左}$ 和 $L_{右}$。

根据上述分析,所谓拐挡差就是曲柄臂在上、下止点位置或左平、右平时的臂距值之差。值得指出的是这里的 $L_{上}$、$L_{下}$、$L_{左}$和 $L_{右}$是在测量时拐挡表的读数,称为臂距值。

通常用 Δ 表示拐挡差。即

$\Delta_{垂直} = L_{上} - L_{下}$

$\Delta_{水平} = L_{左} - L_{右}$

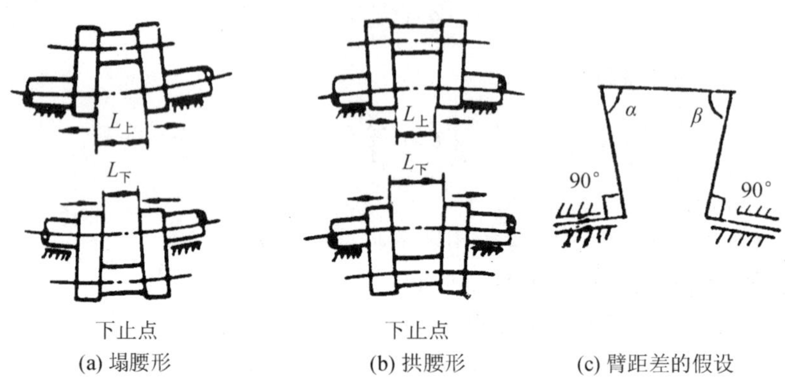

图 2-2-34　臂距差的定义示意图

从图 2-2-34 中可以看出当轴线呈塌腰时:

$$L_{上} > L_{下}$$
$$\Delta_{垂直} = L_{上} - L_{下} > 0$$

规定为正值,称为下叉口

当轴线呈拱腰时:

$$L_{上} < L_{下}$$
$$\Delta_{垂直} = L_{上} - L_{下} < 0$$

规定为负值,称为上叉口。

曲拐在水平位置时,$L_{左} > L_{右}$规定为正值;$L_{左} < L_{右}$时规定为负值。

不难想象,垂直方向的拐挡差反映主轴线上下弯曲,左右方向的拐挡差反映主轴线在水平方向的弯曲。

曲轴轴线的弯曲形状极为复杂,为了便于讨论,上述分析是在下列假定条件下进行的,这样的假设和实际情况很接近:

(1)假定主轴颈和曲柄臂之间的夹角为 90°。

(2)轴颈和曲柄臂在弯曲时都不改变原来的形状。

(3)曲柄臂在闭拢或张开时只改变曲柄销和曲柄之间的夹角 α 和 β。

这样在曲轴回转时,α 和 β 变大或变小,如图 2-2-34(c)所示。这样就会在曲柄销与曲柄臂交接处发生拉、压变形。这种交变应力长期作用会导致该处金属发生疲劳破坏,致使该处产生裂纹或折断。所以在安装柴油机、更换主轴瓦和装载之后都必须测量拐挡差,把它控制在规定范围内。

2. 拐挡差测量

拐挡差测量是用特制的拐挡表进行的。拐挡表必须安装在统一的规定位置上。目前国内外关于拐挡差的技术标准中，都规定了拐挡差的测量点，它距曲柄销中心为$\frac{S+D}{2}$处。其中 S 为活塞行程。D 为主轴颈直径，如图 2-2-35 所示。

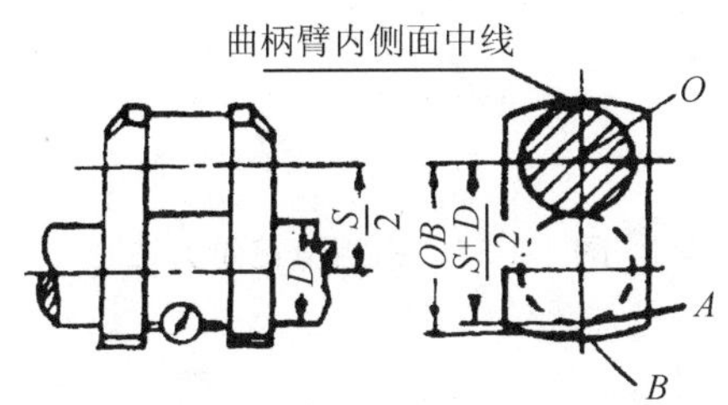

图 2-2-35　拐挡表安装位置

在柴油机出厂时，已经在曲柄臂内侧打好测量冲眼，在测量时只需把拐挡表安装在记号处即可。

拐挡表的一端带有磁性吸盘放在曲柄臂上吸住，另一端是可调的。在调整时不能过紧，以防把拐挡表挤坏。也不能过松，以防测不出拐挡值。另外在读数时要注意正、负值。

3. 测量方法

对于每一个曲柄都要测出上、下、左、右四个臂距值。通过四个臂距值可计算出垂直和水平的拐挡差。

通常是在连杆不拆除的情况下测量拐挡差的，但连杆要妨碍盘车，所以在这种情况下要测量五个位置即 0°、90°、165°、195°和 270°，如 2-2-36 所示。

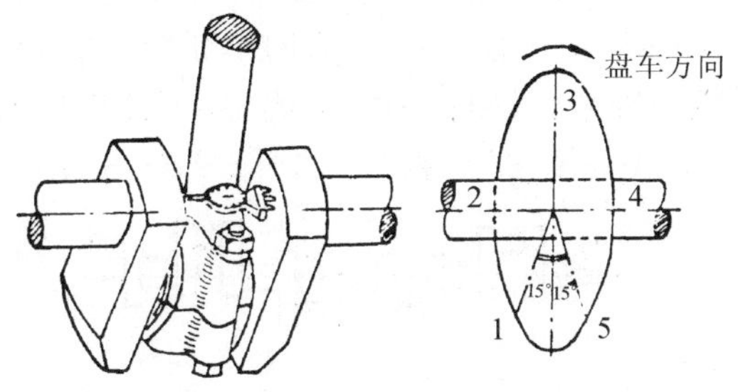

图 2-2-36　拐挡差测量位置

按图中箭头方向盘车，使曲柄销转到 1 的位置，装上拐挡表再把表盘上的 0°刻度对准指针作为始点读数。再转车到 2 位置，读拐挡表数值。依次转到 3、4、5 位置，测出各点臂距值并做记录。

记录方法通常用销位法，如图 2-2-37 所示。

曲柄销在上止点时的拐挡值就记录在上止点位置，曲柄销在下止点时有两个读数记在下止点处，如图 2-2-37 所示，左平、右平同样。

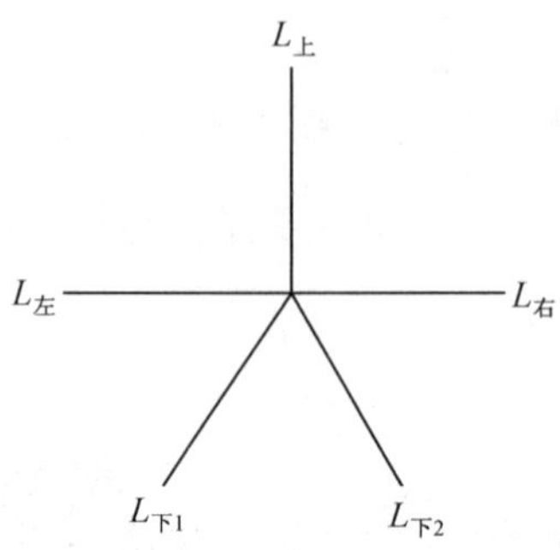

图 2-2-37　拐挡值记录方法

拐挡差计算:

$$\Delta_{垂直}=L_{左}-\frac{L_{下1}+L_{下2}}{2}$$

$$\Delta_{水平}=L_{左}-L_{右}$$

若所测拐挡差在说明书给定范围内即为合格,若超过规定值必须重新调整。

一般拐挡差不得超过 0.000 1S,其中 S 为冲程。

四、曲轴的检修

1. 曲轴轴颈的磨损及损伤

通常一根曲轴的造价为整台柴油机造价的 10% 左右。因此在可能的条件下对于轴颈的磨损和局部损伤都要尽可能地修复。

曲轴轴颈磨损和损伤的主要形式有轴颈的圆度、圆柱度、磨台、划痕、擦伤和腐蚀。

轴颈的磨损是由于在每一循环中受到大小、方向不断变化的力的作用而产生不均匀磨损。对于中小型四冲程柴油机的曲轴来说,曲柄销的内侧(靠近曲轴中心线一侧)的磨损量要大于曲柄销的外侧(远离曲轴中心线一侧)的磨损量,如图 2-2-38 所示。

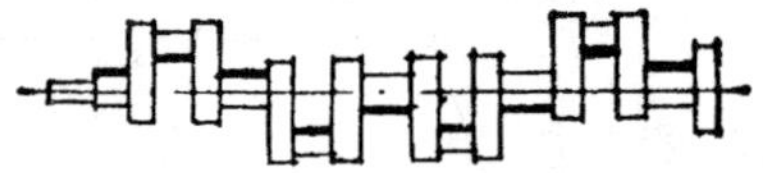

图 2-2-38　四冲程柴油机曲轴的的磨损

因为四冲程柴油机在运转时,曲轴在一个工作循环中只有在做功冲程中曲柄销外侧才承受力的作用使之磨损。在其他三个冲程中,由于连杆离心惯性力作用,迫使连杆大端轴承有脱离曲柄销的倾向,使得大端经常压在曲柄销内侧。在这种不等速运动部件的惯性力作用下,主轴颈受力方向与曲柄销相反,通常在靠近曲柄销中心线一侧的主轴颈磨损量较大。

在主轴颈和曲柄销的磨损中,主轴颈的磨损情况比曲柄销的磨损要复杂,因为每道主轴颈的磨损受其相邻曲柄的综合影响。在轴颈磨损中,轴承磨损较多,轴颈磨损要比轴承小;曲轴两端的轴颈要比中间各轴颈的磨损量要小。这是由于中间各道轴承要承受较大负荷;靠近飞轮端的轴承和轴颈往往磨损较大。

现以曲柄销为例来说明轴颈产生圆柱度的原因,如图 2-2-39 所示。

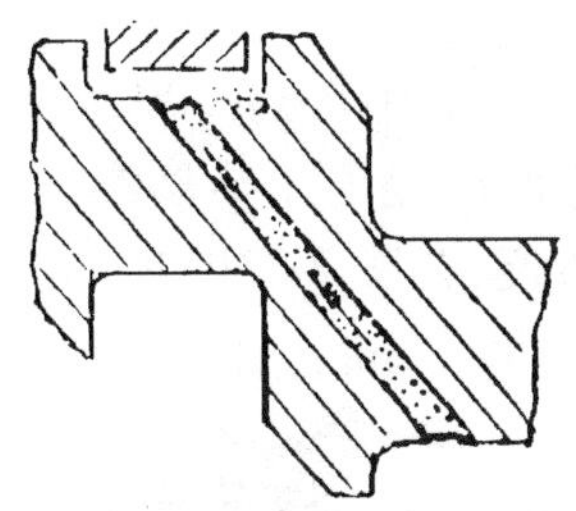

图 2-2-39　曲柄销产生圆柱度的原因

连杆杆身发生弯曲和扭曲变形、曲柄销发生弯曲和扭曲变形、气缸中心线偏斜、连杆大端瓦刮偏，这些都会导致连杆大端瓦在曲柄销全长上产生受力不均；曲柄销的润滑是靠主轴颈至曲柄销的斜油孔中的滑油进行的，而在曲轴回转时滑油在油压和离心力作用下油中质地较硬的杂质聚在轴颈的一端，故使曲柄销全长磨损不均。

同理，在主轴颈处也会产生圆柱度，只是程度和部位不同而已。

2. 轴颈的划痕或擦伤

轴颈的划痕是由于滑油中含有硬质颗粒所造成。因此在柴油机运行时滤器必须定时清洗和更换。在装轴瓦时要注意清洗轴颈和轴瓦表面，如有细小杂质留在轴瓦和轴颈之间也会造成轴颈擦伤。当轴瓦因某种原因烧熔时可能发生轴颈和瓦底壳接触，导致轴颈严重擦伤。

3. 裂纹

曲轴裂纹常发生在轴颈过渡圆角处、油孔四周，主轴颈、曲柄销与曲柄臂交接处，产生裂纹的原因有：除材质本身缺陷外还有加工工艺不当。对于已经装机的曲轴往往因管理不当造成裂纹。例如，在使用过程中轴颈与轴瓦之间的间隙过大而没有及时处理和调整，导致在运转中产生严重冲击；轴瓦磨损不均或由于机座变形使曲轴的拐挡差超限，在各交接处产生过大的附加应力；在运行中因滑油污染使轴颈发生腐蚀，因滑油中含有硬质颗粒使轴颈产生深度划伤都是导致裂纹的隐患。尤其对高速柴油机更为突出。

4. 对曲轴轴颈磨损的修理

为了判断轴颈的磨损程度，通常用外径千分尺进行测量。对于中小型柴油机的轴颈测量两个部位就已足够。在各道轴颈前后端离圆角 10 mm 处，等距离地测量两个部位的两个方向尺寸。每个部位的水下和垂直尺寸的差值为圆度；两个部位的同一方向尺寸差值为圆柱度。所测量数值不应超过说明书中规定。

圆度和圆柱度都不能超过允许范围，因为轴颈的圆度过大，在短直径方向与轴承的间隙变大，滑油从轴承两端必然外漏使油压降低。圆度和圆柱度都会导致轴承的加剧磨损。

当轴颈表面磨损、腐蚀但斑点不严重以及圆度、圆柱度均未超过极限时，一般可不必进行机械加工，可用手工拂锉、研磨进行修理。当圆度和圆柱度超过允许范围，对中小型曲轴必须进行机械加工修理。

中小型曲轴常按直径分级尺寸进行修理。一般直径每减小 0.25 mm 或 0.5 mm 为一级。在修理时应以磨损最重的轴颈为基准，看它接近哪个分级修理尺寸，把它修理到相应的修复尺寸。再换上统一尺寸的相应厚度的新轴瓦。这种方法最适用于薄壁瓦。当轴瓦为厚壁瓦时，只要把轴颈的圆度或圆柱度消除即可，因为它可以通过刮研轴瓦的巴氏合金（白合金）和增减轴承垫片达到轴承的安装间隙要求。

当轴颈表面有轻微刮伤或划伤时,可用 0 号或 00 号细砂布条绕在轴颈上,再用棉布绕两三圈,用手往复拉动进行光磨。在光磨时也可用柴油浸砂布进行。光磨一段时间之后应取下砂布再进行光磨,以防把轴颈磨出条痕,如图 2-2-40 所示。

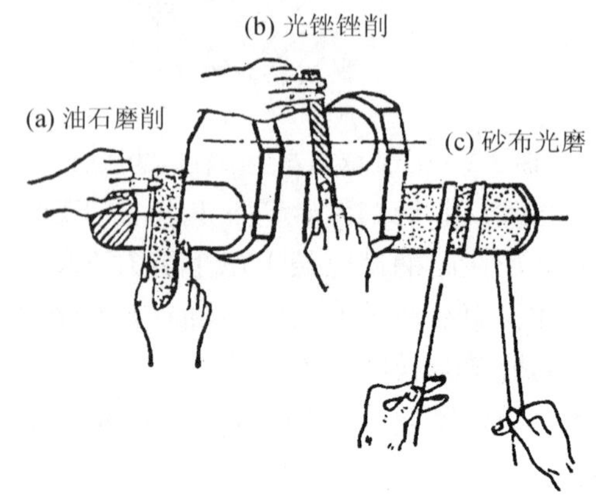

图 2-2-40 轴颈表面缺陷的修理方法

轴颈表面发生浅度条痕可用油石顺着轴颈线方向轻轻磨光。

对于较深的擦伤,可用油光锉轻轻锉削,最后一道工序都需要光磨。为了进一步降低轴颈表面粗糙度,可以用帆布涂上抛光蜡和汽油绕在轴颈上来回拉动抛光。无论是锉削、光磨或抛光之前,都应把曲轴上的油孔用黄油堵上以防脏物进入。

5. 曲轴裂纹的修理

对轴颈圆角处和曲柄臂上油孔附近的裂纹要用裂纹检查剂或煤油白粉法判明裂纹的长度,并用凿削工艺凿去裂纹金属,以判明裂纹深度,确定修理方案。

在轴颈表面上平行于轴线方向的裂纹,一般情况下不影响曲轴的使用寿命。这种裂纹如果深度不大,不会影响曲轴强度。可在裂纹两端各钻一个小直径的止裂孔,再把裂纹处的金属凿去。

采用这种修理工艺,必须把裂纹凿除干净。并使凿出的沟槽各处过渡圆滑,以减少应力集中。

对于深度裂纹,必须进厂修理。采用焊补工艺修复。

6. 曲柄连杆机构的故障分析及管理

(1)连杆

十字头式柴油机连杆由于主要承受压应力,柴油机转速低,对连杆的重量和尺寸限制不像筒形活塞式柴油机连杆那样严格,因此连杆杆身一般很少出现故障,只是轴承容易发生各种故障和连杆螺栓有时会断裂。而筒形活塞式柴油机连杆受拉、压交变压力,尺寸要求严格,转速高,除轴承外连杆杆身还易出现疲劳裂纹和弯曲。

(2)曲轴疲劳破坏的种类、发生的部位、时间及原因

疲劳损坏是机件在交变负荷作用下产生裂纹并逐渐扩展,随着裂纹的逐渐发展,截面逐渐减小,最后因截面尺寸不足而发生突然断裂。

疲劳损坏的形式可分为两种:弯曲疲劳损坏和扭转疲劳损坏,如图 2-2-41 所示。

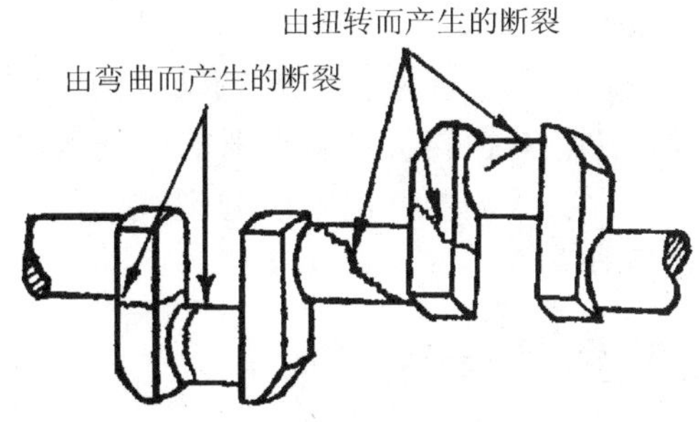

图 2-2-41　曲轴疲劳损坏的形式

曲轴的疲劳损坏究竟是由弯曲应力，还是由扭转应力或两者合成引起的，主要应根据断面纹理判断。疲劳损坏的断面可分为三个区域，即初始裂纹区、渐断纹理区、突断区。这三个区域体现了疲劳损坏过程发展的三个阶段。初始裂纹区是断面纹理的发源地。渐断纹理区是由于两断裂面间的摩擦形成的。断面纹理因为引起疲劳的原因不同有波浪线和螺旋线之分，如图 2-2-42(b)所示，在这个区域中，因有污物存在，颜色暗黑。突断区断开的截面具有冲击折断的特点，晶粒粗糙明亮，与暗的平滑纹理断面形成了明显的区别，如图 2-2-42(c) 所示。

①弯曲疲劳损坏：弯曲疲劳裂纹首先产生在曲柄销圆角或主轴颈圆角处，然后向曲柄臂发展。这是因为对于承受弯曲来说，曲柄臂比主轴颈和曲柄销弱。弯曲疲劳的断面是与轴线垂直的，裂纹线为波浪线，如图 2-2-42(a)所示。

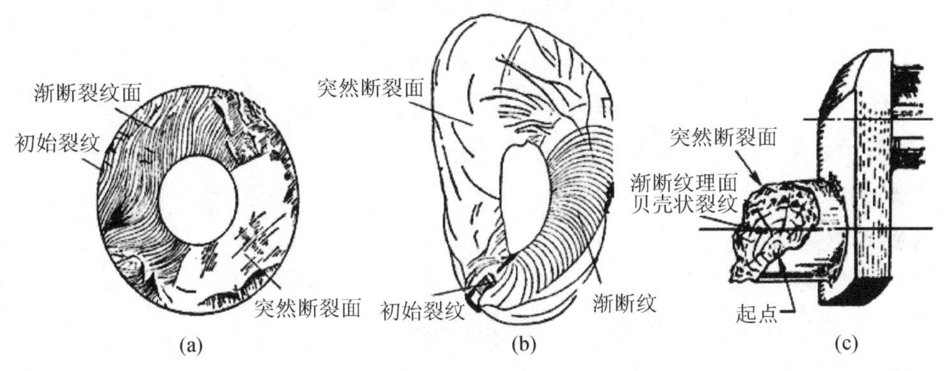

图 2-2-42　曲轴疲劳损坏断面示意图

曲轴弯曲疲劳破坏，通常是由于轴颈不均匀磨损所造成的主轴承不同轴度而引起的。特别是某个主轴承过低，当柴油机工作时，这段轴就会产生过大的变形和过大的交变弯曲应力。由于轴承的不均匀磨损要经过一定的运转时间才会发生，因此弯曲疲劳损坏很少发生在未经长期使用的柴油机上。

②扭转疲劳损坏：曲轴在驱动力矩作用下产生交变的扭转应力及曲轴的扭转振动产生的附加扭转应力，会引起曲轴发生扭转疲劳损坏。轴颈的疲劳裂纹多从油孔开始，然后向与轴线成 45°角的方向发展，所以往往出现两条对称裂纹。起始于过渡圆角处的扭转疲劳裂纹，由于轴颈的抗扭截面模数比曲柄臂的弱，因此裂纹多自圆角部位向轴颈发展，较少向曲柄臂上发展。图 2-2-43(c)为扭转疲劳断面示意图，断面是倾斜的，与轴线成 45°角，裂纹线近似为螺旋线。

曲轴材料的缺陷也是导致疲劳损坏的原因之一。

(3)防止或减少曲轴疲劳破坏的措施

为了防止曲轴疲劳损坏,在管理中要注意检查曲轴轴线的状态、轴颈与下瓦的贴合情况。在操车时要尽快越过转速禁区,注意对扭转振动减振器的检查和保养,要注意化验滑油和利用分油机分离滑油。如发现疲劳裂纹,要查明并消除引起裂纹的原因,并根据中国船级社《钢质海船入级规范》要求对裂纹进行处置。

[七]轴承的故障及维护管理

柴油机的主轴承、曲柄销轴承、十字头销轴承和活塞销轴承等均为滑动轴承。

滑动轴承是由轴承座、轴承盖和上及下轴瓦等构成的。轴瓦由瓦壳和瓦衬(耐磨合金层)组成,如图 2-2-43 所示为滑动轴承的结构。

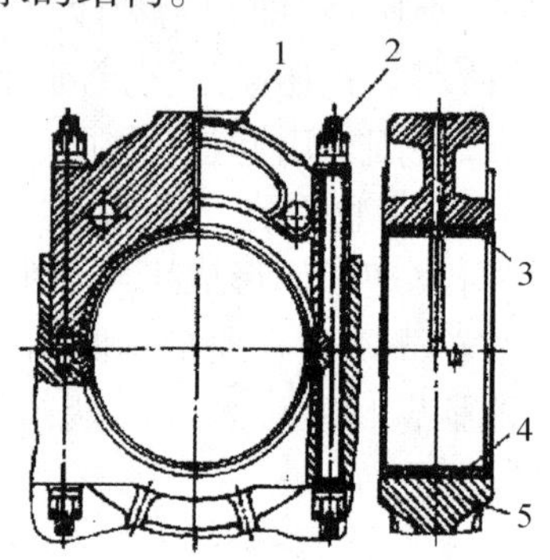

图 2-2-43　滑动轴承的结构

1—轴承上盖;2—螺栓;3—上瓦;4—下瓦;5—轴承座

常见的滑动轴承轴瓦的结构形式有以下三种:

(1)两半式厚壁轴瓦。

(2)两半式薄壁轴瓦。

(3)整体衬套式轴瓦。

轴瓦还按金属层数分为单层、双层、三层和四层轴瓦。

(1)两半式厚壁轴瓦

轴瓦厚度 t 较大,一般 $t \geq 0.065D$(D 为轴承直径,mm),合金层厚度为 3 ~6 mm。瓦壳材料选用青铜、黄铜或铸钢,目前广泛采用钢瓦壳。瓦衬的材料主要采用锡基或铅基巴氏合金。

此种轴瓦壁厚、刚度大,可保证轴承孔的尺寸和几何精度。有调整垫片,用以调整轴承间隙。轴瓦损坏后可以重浇合金或拂刮修复。厚壁轴瓦广泛应用于中、低速柴油机和一些辅机的轴承上。

(2)两半式薄壁轴瓦

轴瓦厚度 t 较小,一般 $t=(0.02 \sim 0.065)D$(D 为轴承直径,mm)各种材料的合金层厚度如表 2-2-5 所示。通常瓦壳的材料采用低碳钢,瓦衬的材料有铜铅合金、铝基轴承合金等。薄壁轴瓦广泛应用于中、高速柴油机、大型低速柴油机十字头轴承,甚至有的柴油机主轴承和曲柄销轴承也采用薄壁轴瓦。

薄壁轴瓦刚度低,容易变形。轴承孔的尺寸和几何精度由轴承座和瓦壁厚度加工精度来保证;轴瓦的互换性好,装入轴承座孔后不允许修刮,损坏后也不能修复,只能报废换新。

表 2-2-5　薄壁轴瓦合金层厚度　(mm) CB/T 3535——1994

合金层材料	合金层厚度
锡基、铅基轴承合金	0.25 ~ 0.5
铜基轴承合金	0.4 ~ 0.8（烧结） 0.4 ~ 0.8（连续浇注） 0.4 ~ 1.0（离心浇注）
铝基轴承合金	0.3 ~ 0.9

(3) 整体衬套式轴瓦

整体衬套式轴瓦通常采用青铜或低碳钢制成套筒式，或在衬套内表面上浇 0.4 ~ 1.0 mm 厚的耐磨合金层。中小型柴油机连杆小端轴承、摇臂轴承广泛采用锡青铜或铝青铜衬套式轴瓦。

单层轴瓦是由一种合金制成的整体衬套式。

双层轴瓦为钢瓦壳上浇注或压上减摩和抗咬合的轴承合金层。

三层轴瓦或称三合金轴瓦是在双层轴瓦上再镀覆一层极薄的表面镀层，以改善表面性能或抗疲劳性能。如镀覆 0.02 ~ 0.04 mm 的铅、锡、铟等。

四层轴瓦是由钢瓦壳、高疲劳强度的轴承合金，表面性能良好的轴承合金层和表面镀层组成的。

一、轴承的损坏形式

轴承损坏主要是轴瓦上的耐磨合金层的损坏，其主要损坏形式有：过度磨损、裂纹和剥落、腐蚀和烧熔。

1. 轴瓦的过度磨损

柴油机运转一段时间后使主轴承下瓦、十字头轴承下瓦和曲柄销轴承上瓦产生过度磨损。轴瓦的过度磨损将会使轴承间隙增大，引起冲击和加剧磨损。

造成轴瓦过度磨损的原因主要与维护管理不良有关，具体表现如下：

(1) 润滑油净化不良，含机械杂质和水分较多。

(2) 轴颈表面的粗糙度等级太低、几何形状误差过大和曲轴变形等。

(3) 柴油机起、停频繁和长时间超速、超负荷运转等。

(4) 其他日常维护不善，甚至违章操作等。

以上各点不是使得轴承润滑油膜不能建立，就是由于磨粒、轴颈表面状态不良或过大的轴承负荷破坏已形成的油膜，造成轴瓦的异常磨损。

2. 轴瓦的裂纹和剥落

裂纹和剥落主要发生在白合金厚壁轴瓦上。最初产生微小疲劳裂纹，随后裂纹扩展、延伸，轴瓦上的耐磨合金呈片状脱落，即剥落。造成轴瓦裂纹和剥落的原因主要与轴承受力、轴承合金性能及维护管理等因素有关。

(1) 白合金的疲劳强度低，在交变载荷作用下容易产生疲劳裂纹。

(2) 轴颈的几何形状误差过大和轴瓦过度磨损都会使轴瓦受到过大的冲击负荷，致使轴瓦产生裂纹。

(3)柴油机超负荷使轴承负荷过大造成轴瓦裂纹。

(4)轴瓦浇铸质量差,如合金层与瓦壳结合不良或二者之间嵌有异物等,在交变载荷作用下使轴瓦裂纹和合金层剥落。

(5)龟裂是白合金轴瓦容易产生的疲劳损坏,如十字头轴瓦的龟裂就较为严重,目前虽然对十字头轴承和连杆小端的结构进行了各种改进,但龟裂仍时有发生。

龟裂是由于柴油机运转时轴瓦受到周期性交变负荷作用,特别在轴承负荷过大和轴向负荷分布不均匀时,使轴与瓦之间难以建立连续又分布均匀的润滑油膜,以致局部产生金属直接接触,运转一段时间后,在轴瓦表面上局部产生细裂纹,称为发裂。发裂在柴油机台架试验时就可能产生。发裂后仍可继续使用很长时间,直至发展成龟裂报废。

轴瓦产生发裂后,继续运转时润滑油就会渗入裂缝中,在轴承负荷作用下润滑油无处逸出而形成油楔,使发裂扩展、延伸并彼此连接成封闭网状。

龟裂——是当轴瓦承受过大的轴承负荷或轴向负荷分布不均匀时,在油楔的作用下扩展成许多封闭的裂纹称为龟裂。当龟裂面积较大并扩展至轴瓦端面或合金剥落时,应报废换新。

3. 轴瓦腐蚀

轴瓦腐蚀包括电化学腐蚀和漏电引起的腐蚀。润滑油中含水或润滑油氧化、燃油或燃气的混合使滑油变质都会使轴瓦工作面产生宏观或微观电化学腐蚀麻点。船上的杂散电流是电器漏电引起的,它使轴瓦内外表面产生局部麻点的静电腐蚀。

4. 轴瓦烧熔

轴瓦合金烧熔是滑动轴承常见的严重损坏,主要由于轴承间隙过小、润滑油油压不足或失压使油膜不能建立、轴颈表面太粗糙或几何误差过大等破坏油膜。油膜不能建立或被破坏均使轴与瓦的金属直接接触、干摩擦产生高温使合金熔化。

二、轴承的检测

1. 滑动轴承的安装要求

为保证滑动轴承安全可靠地运转,轴承的安装质量和轴的配合最为重要。在安装过程中应符合下列要求:

(1)轴瓦与轴承座孔的配合面应贴合良好

安装轴瓦时以下瓦的安装最为关键。应使下瓦外圆面与轴承座孔内圆面贴合紧密和均匀接触,用0.05 mm塞尺插不进去。配合面贴合紧密,运转时轴瓦工作可靠,不会产生变形和裂纹。

①厚壁轴瓦下瓦的安装

下瓦装入轴承座内其配合贴合情况可用在瓦座面涂色油后与轴瓦互研进行检查。若瓦背沾点少,说明接触不良。采用铜锤敲击或修锉瓦背,但绝不允许修锉轴承座面。要求在25 mm × 25 mm面积内沾点不少于3点,即小型柴油机的瓦背与瓦座接触面积不少于85%,大中型柴油机不少于75%。

②薄壁轴瓦的安装

薄壁轴瓦与轴承的紧密贴合是通过轴瓦与轴承座孔的过盈配合来实现的,如图2-2-44

所示。

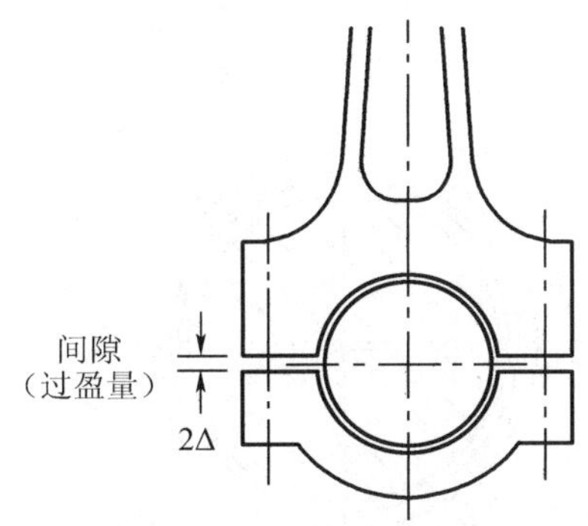

图 2-2-44　薄壁轴瓦与轴承座孔的过盈配合

由于轴瓦装入轴承座孔内上下瓦结合面均高出轴承座结合面 Δ,也就是轴瓦外圆周长较座孔周长大 4Δ。当螺栓上紧前,在轴承剖分面处有 2Δ 的间隙;当螺栓上紧后,间隙消失,借助薄壁轴瓦的弹性变形和过盈量使轴瓦紧压在轴承座孔中,二者配合面紧密贴合。薄壁轴瓦在自由状态下具有一定的弹性,所以在瓦口(结合面)处产生弹性变形,使瓦口处直径较轴瓦名义直径增大,二者之差为瓦口的扩张量。推荐的扩张量为:

无翻边瓦:0.3～1.0 mm;翻边瓦:0.1～0.4 mm。轴瓦内孔尺寸越大,轴瓦壁越薄,弹性越好,扩张量应取上限。

(2)轴颈与轴承下瓦应在一定角度内均匀接触

柴油机主轴颈与主轴承下瓦的接触角应在机体中心线两侧 40°～60°范围内均匀接触,如图 2-2-45 所示。

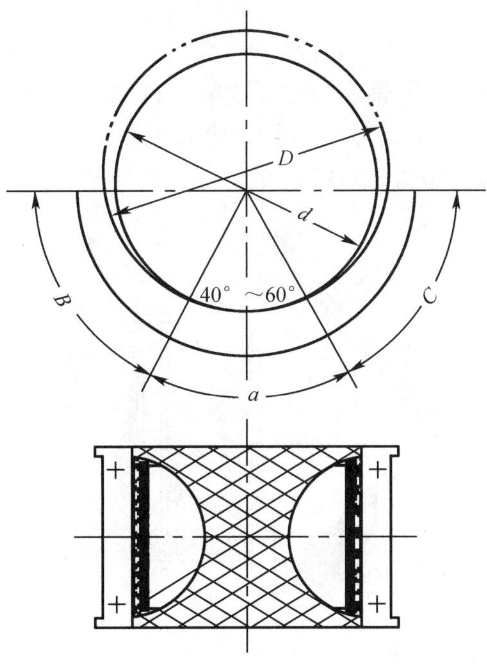

图 2-2-45　主轴颈与主轴瓦接触面

曲柄销颈与连杆大端轴承上瓦的接触角应在连杆中心线两侧 60° ~90°范围内均匀接触,如图 2-2-46 所示。

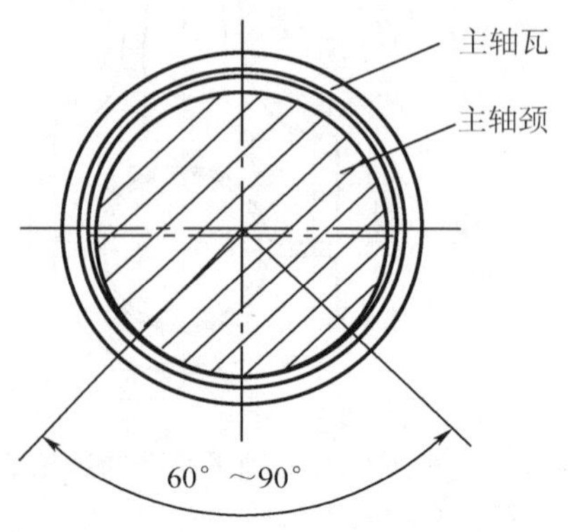

图 2-2-46 曲柄销颈与轴瓦接触面

(3)轴承间隙应符合要求

轴承间隙——轴与轴瓦之间的径向最大配合间隙称为轴承间隙。合适的轴承间隙是形成润滑油膜实现液体动压润滑的重要条件。轴承间隙小,油膜不能建立,轴与瓦的金属直接接触,产生大量热,以致合金熔化;间隙过大,润滑油流失和产生冲击,使轴瓦合金层裂纹、碎裂。所以要求轴与轴瓦之间的轴承间隙 Δ 在安装间隙 $\Delta_{安}$ 和极限间隙 $\Delta_{限}$ 之间即:$\Delta_{安} \leqslant \Delta < \Delta_{限}$

柴油机说明书和柴油机修理技术标准中对主轴颈与主轴承、曲柄销颈与连杆大端轴承的轴承间隙均有具体规定。

2. 轴承间隙测量

(1)塞尺法

用长塞尺自轴承端面直接插入轴颈与轴瓦之间进行测量。塞尺平直,而轴承间隙为弧形,使测量值小于实际间隙,所以轴承间隙应为测量值加上 0.05 mm 的修正值。此法简单,但精度不高且受限制,可作为粗检,如图 2-2-47 所示。

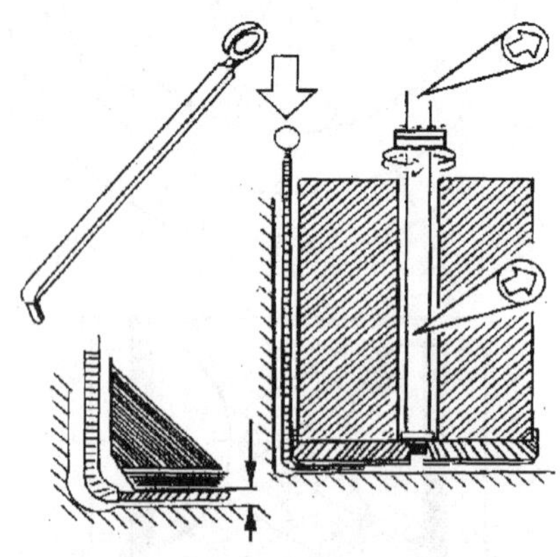

图 2-2-47 MAN-B&W 型柴油机专用塞尺测量主轴承间隙

(2)压铅法

压铅法是利用置于轴承间隙处的铅丝在轴承螺栓上紧后压扁的厚度来反映轴承间隙实际大小的测量方法。此法精度高,但操作麻烦,适用于厚壁轴瓦的轴承。

压铅法具体测量步骤如下:

①拆去主轴承上盖和上瓦或拆去连杆大端轴承的下盖和下瓦。

②选直径为(1.5 ~2.0)Δ(Δ 为轴承安装间隙),长度为 120° ~150°轴颈弧长的铅丝 2 ~3 条,沿轴颈首中尾轴向位置周向安放铅丝并用牛油黏住,如图 2-2-48 所示。铅丝的塑性和直径对测量精度有很大的影响。铅丝直径的选取甚为关键。

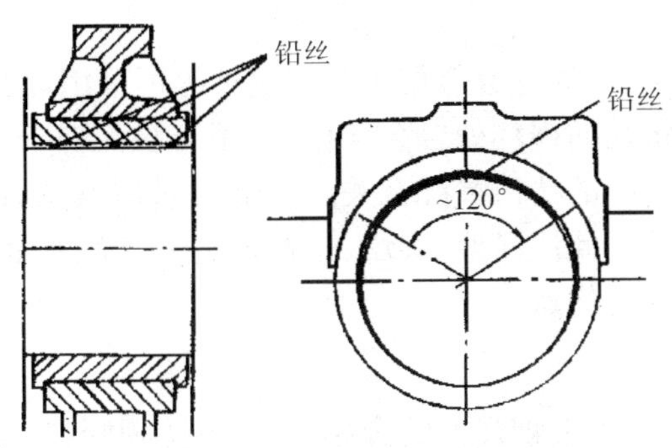

图 2-2-48　压铅法测量主轴承间隙

③装复主轴承上盖及上瓦,按要求上紧螺栓至规定位置,此时切勿盘车。

④打开轴承,取出铅丝,妥善保管并记下铅丝对轴承的位置。

⑤用外径千分尺测量铅丝两端和中间的厚度值并做记录。中间厚度值即为轴承间隙的实际大小,两端厚度值为轴承两侧间隙,应小于轴承间隙,且两侧间隙差应不超过 0.05 mm。

(3)比较法

中高速柴油机主轴承和连杆大端轴承多采用薄壁轴瓦。通常采用内外径千分尺分别测量轴孔的对应部位直径,此二直径之差为轴承间隙。一般应测量对应于曲柄销上下止点位置时的轴孔直径,且沿轴向首、中、尾三处测量并求平均值进行比较。

3. 轴瓦磨损量检测

主轴承厚壁瓦下瓦磨损量可用桥规测量主轴颈下沉量的方法或直接测量下瓦厚度与新瓦厚度比较来确定。连杆大端轴承上瓦的磨损量可采用直接测量法确定。

薄壁轴瓦当其轴承间隙超过说明书或标准时即表明其下瓦(或上瓦)磨损严重,无须测量磨损量,应报废换新。

4. 轴瓦合金层脱壳检查

轴瓦合金层浇铸质量不高就会使接合面局部有缝隙,运转后就会产生合金层脱落现象。为此对厚壁轴瓦备件可采用听响法或渗透探伤法进行检测。轴瓦工作表面可用放大镜或渗透探伤法检验有无裂纹。

三、轴瓦的修理

轴瓦修理主要是针对厚壁轴瓦,依损坏形式和程度不同采用局部修刮、焊补和重浇合金等方法。薄壁轴瓦的合金层损坏可采用喷涂工艺进行修复,要求涂层与瓦壳结合牢固。

1. 局部修刮

轴瓦工作表面上的小面积擦伤、腐蚀或早期发裂可用刮刀进行局部修刮,并使修刮面与周围瓦面圆滑过渡。滑油中含水量较多时会使瓦面上生成黑色氧化锡硬壳,也可用刮刀刮去。

2. 焊补

轴瓦工作面上较深的裂纹、局部合金层脱落或腐蚀等可采用焊补方法修理。

采用氢氧焰或焊烙铁将瓦面损坏处合金熔化,再用与轴瓦白合金牌号相同的焊条进行焊补。焊补质量与焊前损坏部位的清洁情况有关。一般要采用汽油或煤油清洗、擦干和修刮使露出金属光泽后再进行焊补。此法简便、实用,是常用的修理轴瓦裂纹的方法,此法还具有节约合金材料和节省修理工时的优点。

3. 重新浇瓦

具有下列情况之一者,应熔去轴瓦上的合金,重新浇铸相同牌号的白合金。

(1)轴瓦合金烧熔。

(2)轴瓦过度磨损后,合金层厚度小于 2 mm 时。

(3)轴瓦合金层脱壳或大面积剥落。

(4)轴瓦龟裂严重,扩展到轴瓦端面或裂纹深及瓦壳时。

[八]主轴承的作用、要求和结构特点

一、功用

(1)支承曲轴保持正确的轴线,并有定位和承受轴向推力的作用。

(2)当柴油机运转时,它将承受交变的燃气压力和惯性力作用。

(3)曲轴的主轴颈表面在主轴承轴瓦内回转并产生摩擦和磨损。

二、对主轴承的要求

为了提高柴油机工作的可靠性,要求主轴承应有足够的刚度和强度。主轴承中心线必须和气缸中心线垂直相交,因为它决定着主轴承、曲轴、连杆、活塞和气缸之间的正确位置关系;否则将会导致活塞、连杆失中,致使运动部件迅速磨损。轴瓦要有较高的承载能力和疲劳强度,在工作温度下要有足够的热强度和热硬度,轴瓦表面硬度要低,要有一定的塑性,以适应曲轴少许失中。

在轴瓦表面还要合理布置油槽,它可以使滑油在轴瓦整个工作表面均布。它既可以实现轴瓦的润滑,又可以带走因摩擦产生的热量。

轴瓦与轴颈之间应有适当的油隙,当柴油机运行时使轴瓦与轴颈之间形成液体摩擦。

三、轴承结构

中小型船用柴油机的主轴承大多采用滑动轴承,也有的柴油机使用滚动轴承。按照曲轴装入发动机的型式,滑动主轴承可分为正置式轴承和倒挂式轴承两种

1. 正置式轴承

正置式轴承其大多用在大中型柴油机上。它由上轴瓦和下轴瓦组成,在厚壁轴瓦内表面上浇有白合金(耐磨合金),如图 2-2-49 所示。

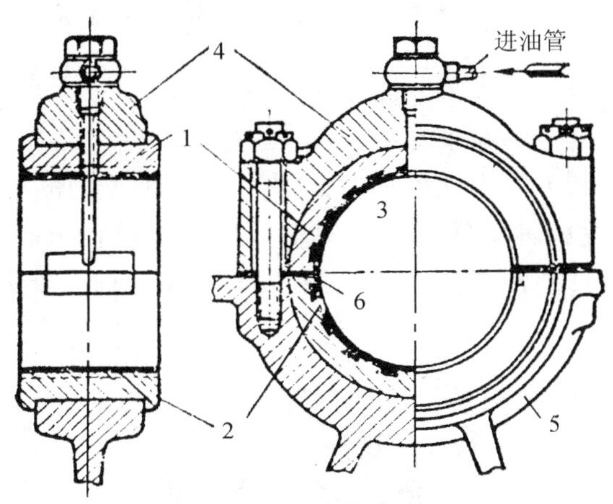

图 2-2-49　正置式主轴承

1—上轴瓦;2—下轴瓦;3—耐磨合金;4—轴承盖;5—轴承座;6—垫片

轴承盖紧紧压在上轴瓦上,用两个或四个螺栓固紧在机座上。在轴承盖上装有进油管,在上轴瓦上开有油槽,把滑油布满整个轴颈。在上下轴瓦接合面内侧铣有浅油槽,宽度约为轴瓦宽度的 2/3(距两端各留有约 1/6 的轴瓦宽度,以防止滑油从轴承中流出)。这个浅油槽的作用是储存滑油,使滑油在整个摩擦表面均匀分布以便建立油膜,它还可以容纳沉积下来的金属磨屑,因此这个浅油槽又称为“垃圾槽”。为了不减少下瓦的承压面积,通常下瓦不开设油槽。上、下轴瓦之间装有垫片用以调整主轴颈与轴瓦的间隙。

在主轴承中的轴瓦有厚壁轴瓦和薄壁轴瓦之分。

厚壁轴瓦的瓦底壳厚度在 6 mm 以上,瓦底壳常用 25 号或 30 号钢制成减磨合金。

在瓦底壳内表面浇铸有 2 ~ 5 mm 厚的减磨合金。

薄壁轴瓦的底壳厚度小于 6 mm。底壳用 10 号或 15 号钢制成。瓦底壳内表面浇铸 0.5 ~ 1.5 mm 厚的铅基、钼基铜合金。它具有较高的硬度和耐磨性。薄壁瓦有较大的弹性,能和轴颈很好贴合。在上下瓦之间不装垫片。6-160 型柴油机采用正置式厚壁瓦轴承。改进后的新型 6-160 柴油机采用正置式薄壁瓦轴承。

2. 倒挂式主轴承

倒挂式主轴承如图 2-2-50 所示。它的轴承盖是在下面,轴承座在机体的横隔壁上。轴承盖的定位是利用两个定位销钉来实现。采用这种结构的轴承曲轴是被吊挂在轴瓦上,致使轴承盖和轴承螺栓都要承受很大的力。但由于省去了机座而减轻了机器的重量。在机体下仅有一个薄薄的油底壳用以聚集滑油。这种结构常被中小型高速柴油机使用。

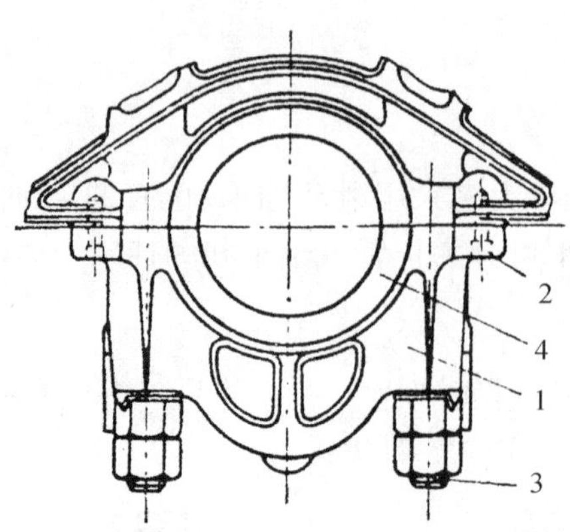

图 2-2-50　倒挂式主轴承

1—轴承盖;2—销钉;3—螺栓;4—轴瓦

在柴油机中除承受径向力的主轴承之外,还有承受轴向推力的推力轴承,它能起轴向定位作用,如图 2-2-51 所示。这种轴承常装在飞轮端的最后一道轴承座上。采用厚壁轴瓦时,在轴瓦的两侧制有翻边,并浇铸有减磨合金。利用翻边来承受轴向推力,由于它承受推力小,故它只能用于发电柴油机。

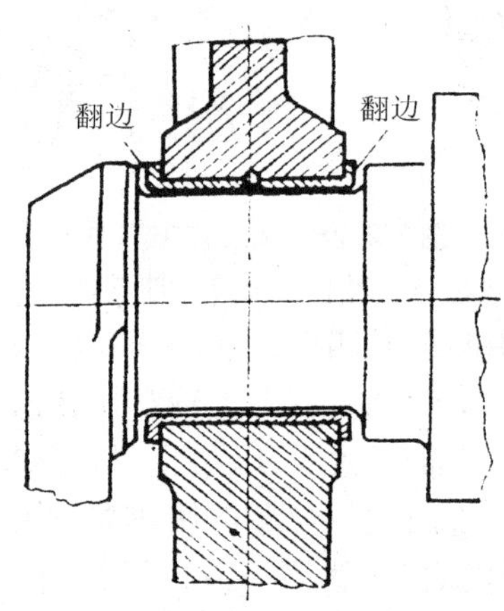

图 2-2-51　止推主轴承

四、主轴承检修

1. 主轴承的检查

拆卸主轴承前,首先要检查曲轴的轴向间隙并做好记录。应把各道主轴承锁紧螺母、轴承盖、垫片、轴瓦等按顺序、方位做好记号。主轴承主要检查的部位是主轴承螺栓、主轴承与机体定位面的过盈量、主轴承孔径和推力瓦面。

(1)主轴承螺栓的检查

主要检查螺纹部分的螺纹是否乱扣和明显松动或时紧时松,遇到这种情况必须把螺栓和螺母换新。

(2)主轴承盖与机体定位面过盈量的检查

在正常情况下，轴承盖定位面没有磨损，依靠这个定位面与机座定位，使各道轴承盖中心线保持在同一直线上。柴油机经多次检修后，由于反复拆装轴承盖，必然使定位面磨损、松动（个别修理人员违反操作规程甚至将此端面锉削以图安装方便），其结果必然使轴承盖中心线偏移而影响主轴承的研配。

轴承盖与机体定位端面的过盈量一般为 0.03 ~ 0.05 mm。若发生磨损可用焊补法修理。

(3) 主轴承孔径、主轴瓦和推力轴瓦的检查

船用中小型柴油机的主轴瓦大都采用薄壁瓦。当发现工作表面有严重烧痕、划痕、腐蚀麻点或合金剥落时，必须换新，不可勉强使用。

曲轴与推力轴瓦的轴向配合间隙，各种柴油机说明书均有明确规定。如小型高速柴油机的轴向装配间隙为 0.02 ~ 0.04 mm，极限值为 0.60 ~ 00.70 mm。中低速柴油机为 0.80 ~ 1.10 mm。推力轴瓦与曲轴间隙超过极限值和表面有严重损伤时，应换新零件。

主轴瓦装进主轴承盖和主轴承座之前，应检查机座孔中心线与机座上平面的平行度和座孔径的圆度。

检查主轴承中心线平行度时，把百分表装于表架上，沿机座上平面移动，记录各道轴承孔内的表盘读数，用最大差数除以长度即为平行度。按要求，主轴承座中心线与机座平面的平行度应小于 0.03 ~ 0.05 mm。若超过允许值，应进行修整。

主轴瓦在装轴承盖、座之前要测量轴瓦的厚度并记录。轴瓦装入轴承座和轴承盖之后，轴瓦的剖分面应高出轴承座和轴承盖的剖分面。这是因为主轴承盖用螺栓固紧在轴承座时瓦背就依靠这个凸出高度与主轴承孔保持过盈配合。轴瓦高出轴承座和轴承盖的值可按下式计算，也可参考表 2-2-6。

$$h = \frac{0.000\,6\lambda d}{4}\ \text{mm}$$

表 2-2-6　轴瓦剖分面高出轴承座（盖）的高度　(mm)

轴颈直径 d	凸出高度 h	轴颈直径 d	凸出高度 h
70	0.45	140	0.07
80	0.05	150	0.08
90	0.055	160	0.08
100	0.055	170	0.09
110	0.06	180	0.09
120	0.06	190	0.10
130	0.07	200	0.10

式中，h——轴瓦的凸出高度；d——轴颈直径。

在修理中绝对禁止用锉刀锉削主轴承盖剖分面的方法来改变主轴瓦剖分面凸出高度，因这样会损坏主轴承盖的基线。

当检查工作完毕后，应按规定扭矩上紧各道主轴承螺母。测量各道主轴承与轴颈的配合间隙（见表 2-2-7）。测量这个间隙可采用塞尺测量或用压铅丝办法测量。当配合间隙接近或超过极限时，可视主轴瓦合金层厚度和轴瓦的磨损程度来决定是否对主轴瓦背加垫或更换新瓦。

表 2-2-7 柴油机主轴承与主轴颈的配合间隙 (mm)

轴颈直径	<500(r/min)		>500(r/min)			
			白合金		铜铅合金	
	装配间隙	极限间隙	装配间隙	极限间隙	装配间隙	极限间隙
70 ~ 100			0.06 ~ 0.08	0.20	0.08 ~ 0.09	0.20
100 ~ 125			0.08 ~ 0.11	0.25	0.10 ~ 0.12	0.25
125 ~ 150			0.11 ~ 0.15	0.30	0.13 ~ 0.16	0.30
150 ~ 200	0.14 ~ 0.18	0.30	0.16 ~ 0.20	0.40	0.17 ~ 0.23	0.40
200 ~ 250	0.18 ~ 0.22	0.00	0.20 ~ 0.24	0.50	0.24 ~ 0.28	0.50

2. 刮研轴瓦应注意的几个问题

(1)轴承盖与轴承座的剖分面处没有调整垫片的主轴瓦,在刮研时要细心刮研。每次刮研量不宜过多;否则会因过多刮削而报废。

(2)在刮研中小型柴油机的下瓦时,通常瓦面沾油情况符合要求,也有个别瓦面沾油情况很差甚至有不沾油情况。此时,应采取如下对策:暂时停刮。对沾油很差的下轴瓦应测量轴瓦的厚度,并和沾油良好的其他道轴瓦做厚度比较。当该轴瓦厚度与其他各主轴瓦相差较大时,应换新瓦。厚度差在 0.07 mm 以内者,可在该道下轴瓦背处垫上相应厚度的薄黄铜片。加垫后还要重新检查在轴承剖分面处轴瓦的凸出高度并作修整。而后再刮研下瓦直到合适为准。

(3)在刮研轴瓦两端边缘部分时,切不可刮成弧形或斜坡状。因为具有一定压力的润滑油特别容易由此外流。在研配轴瓦时还要研配推力轴承,以防止曲轴发生窜动。

(4)轴瓦全部刮研完毕后,轴瓦工作面应与主轴颈均匀接触(每 $25 \times 25\ mm^2$ 面积上至少有三个油点)。由于轴瓦与主轴颈间有一定的配合间隙,所以轴瓦内孔与轴颈的直径有差值。故轴颈和轴瓦的接触角是小于 180°。在中低速柴油机中一般为 45° ~ 60°,高速机为60° ~ 90°。

3. 轴承的装配与间隙调整

在轴瓦刮削符合要求之后便要着手轴承的安装工作。

(1)用 800 号氧化铅粉与机油调成糊状涂在帆布上,用来抛光上下瓦面。

(2)对于中速柴油机,主轴瓦常采用厚壁瓦,轴承与主轴颈间的间隙通常用垫片来调整。调整垫片一般用镀锌白铁皮或黄铜皮制成,若干片为一组。每组垫片的厚度为 0.05、0.10、0.20、0.25、0.5 和 1.0 mm。为防止滑油从轴瓦剖分面的垫片中漏出,调整垫片的宽度要比瓦厚小,通常要小 0.25 ~ 0.30 mm。调整垫片与轴承座定位面靠紧,以免在轴承座上移位。为防止厚度较薄的调整垫片在安装中被轴瓦剖分面切断,应把 0.1 mm 以下垫片夹于调整垫片组中间。

在制垫片时,要求形状合理,符合轴承结构形状。垫片不得碰轴,不影响垃圾槽及油路畅通;在增减垫片时,应使轴瓦两边垫片增减数目和厚度相同,以免轴承上盖歪斜而使间隙变化。

主轴承和连杆大端轴承的配合间隙对于柴油机能否安全运转关系极大。若间隙过小,会导致轴承发热、合金熔化甚至咬死;间隙过大轴颈和轴瓦之间容易发生冲击,导致轴承合金裂纹和破碎。因此,在柴油机说明书中给出标准配合间隙和极限间隙。

五、推力轴承

船舶柴油机通过轴系(推力轴、中间轴和艉轴)带动螺旋桨旋转。旋转的螺旋桨桨叶给水以圆周向的和轴向的作用力。而水对螺旋桨桨叶也产生了圆周向的和轴向的反作用力。螺旋桨上圆周向所受到的力形成的扭矩,就是柴油机动力矩所要克服的阻力矩。而作用在螺旋桨上的轴向力就是使船舶前进的推力。螺旋桨的这个推力通过艉轴、中间轴和推力轴作用到推力轴承上,并经过推力轴承作用到机座、地脚螺栓,最终作用到船体上。当推力轴与曲轴直接连接起来时,曲轴还由推力轴承起轴向定位作用。

图 2-2-52 示出 L-MC 型柴油机推力轴承的构造。该机型的推力轴和曲轴锻为一体,推力环的外圆法兰固定传动凸轮轴的主动链轮。这种布置使柴油机轴向尺寸减小。推力轴承主要由正车推力块 8、倒车推力块 5、推力垫盘(调节圈)3、9 和其他一些部件等组成。正、倒车推力块各八块,沿圆周方向排列,排成约占 2/3 圆周的扇形面。柴油机正车运转时,螺旋桨的轴向推力通过艉轴和中间轴传到推力环,推力环通过正车推力块和推力垫盘将推力传给柴油机机座,又通过地脚螺栓传给船体,从而推动船舶前进。为了防止推力块跟随推力环转动,在正、倒车推力块的上方都设有止动器来定位。推力环与推力块之间由滑油润滑,滑油来自主轴承润滑系统。为了防止滑油从轴颈处漏出机外,在轴颈上设有轴封。推力轴在转动中,甩油环 2 利用离心力把溅到轴上的滑油甩出,未甩净的油由刮油环刮下。

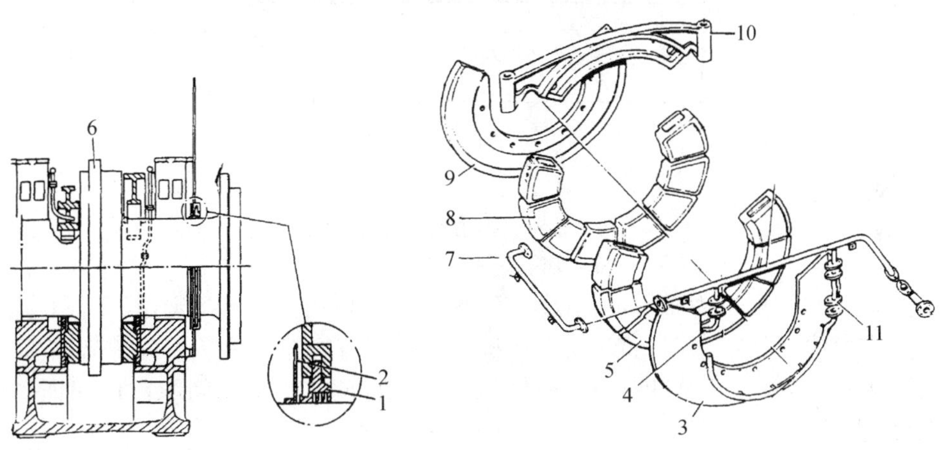

图 2-2-52　推力轴承

1—刮油环;2—甩油环;3—倒车推力垫盘;4、7、11—滑油管;5—倒车推力块;6—推力环;8—正车推力块;9—正车推力垫盘;10—止动器

推力轴承的关键部件是推力块。推力块结构随机型的不同而所有差别,但工作原理是一样的。图 2-2-53 示出一种推力块的立体图。推力块为一个扇形块,在靠近推力环的工作面上浇有白合金 5,并在进油边 2 处制有圆角或斜面,在靠调节圈一侧有高、低两个位面 3 和 1。高低面相交的棱边 *AB* 为工作时的支持刃,工作时它与调节圈工作面靠在一起。推力块两个侧面上都有凸台 4,起着推力块间支承的作用。

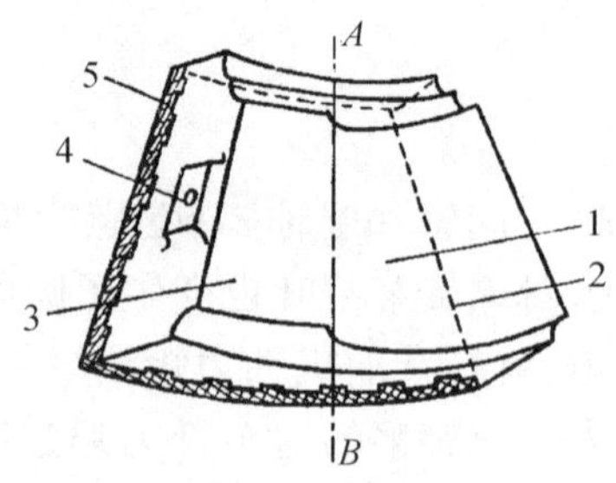

图 2-2-53　推力块

1—低位面;2—进油边;3—高位面;4—凸台;5—白合金

推力轴承在正常情况下是在液体动力润滑下工作的。在工作中,如图 2-2-54 所示,推力块 2 绕支持刃偏转一个小角度,使推力块 2 与推力环 3 的工作面间形成楔形空间,滑油被推力环带入楔形空间,产生了动力油压。推力环的推力通过动力油压传递到推力块上,再经过支持刃传递到调节圈 1 上。推力增大时,推力块与推力环间的楔形间隙减小,油的动压增加,传递的推力加大。转速过低时,动力油压变小,可能会因油压不足产生半液膜润滑。为了避免在这种情况下工作面间发生金属接触,工作面的粗糙度等级要很高,否则推力轴承很容易发生烧损事故。

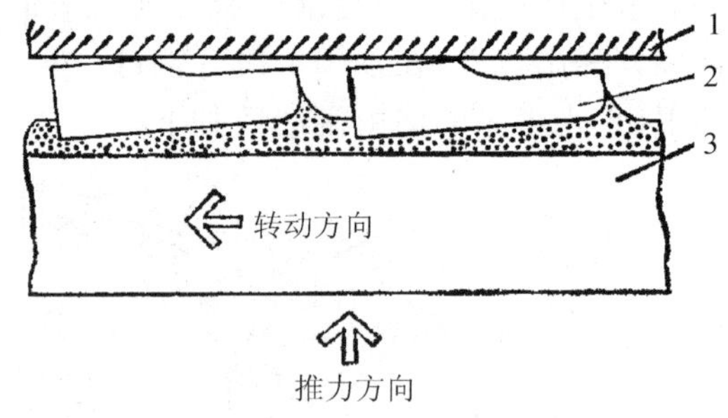

图 2-2-54　推力块的工作原理

1—调节圈;2—推力块;3—推力环

图 2-2-55 示出一般推力轴承的简图。正、倒车推力块用压板 6、7 定位,压板 6、7 装设在止动器上。当推力块互相紧靠在一起时,在压板 6、7 处留有间隙 i_1 和 i_2。间隙 i_1 和 i_2 之和要符合说明书的规定,其数值可通过增减压板处的垫片进行调节。这个间隙数值保证了推力块绕支持刃摆动的灵活性。

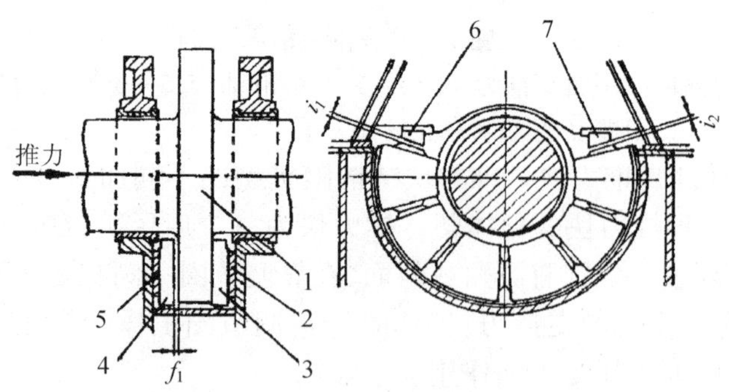

图 2-2-55　推力轴承简图

1—推力环;2、5—调节圈;3、4—推力块;6、7—压板(止动器)

正、倒车推力块 3、4 分别靠在正、倒车调节圈 2、5 上。正、倒车调节圈用来调整推力块推力环间的间隙 f_1 和曲轴与主轴承之间的轴向相对位置。间隙 f_2 是用力把推力环压紧在正车推力块上时，用厚薄规在倒车推力块与推力环间测量出来的间隙。此间隙也可使轴处在不受轴向力的自由状态下，用两个厚薄规在正、倒车推力环处同时测量，然后将这两个数值相加得出。这个间隙的大小要符合说明书的要求，否则要通过调节圈进行调节。作为临时性的调整措施，可在调节圈后加放垫片，在以后修船时再更换调节圈。在工厂安装两排推力块时，调节圈应按下述要求进行调整：当推力环与正、倒车推力块之间各为 1/2 装配间隙时，靠近推力轴承的最后一个曲柄的中心线应向推力轴承方向偏移一个规定的数值。这样做是为了补偿曲轴在运转中的热膨胀，以便尽可能地使各曲柄臂与主轴承之间的轴向间隙保持均等。

[九]机座的作用、要求和结构特点

一、机座的功用

机座固定于船体的基座上，位于柴油机的最底部，是柴油机的基础。它的功用是：

(1)承重

承受机体、缸套、缸盖、运动部件和其他附件的重量。

(2)受力

承受柴油机在工作时产生的爆炸压力和运动部件的惯性力，以及连接螺栓的预紧力。

(3)集油

构成柴油机的油底壳，它可以收集和储存由摩擦部件和轴承处漏出来的滑油。

二、对机座的要求

(1)要有足够的强度

所谓强度是指构件抵抗外力以免受力时遭到破坏的能力。

(2)要有足够刚度

所谓刚度是指构件受力后抵抗变形的能力。机座在纵向和横向都必须具有足够的刚度，使它的变形极小。因为机座变形对活塞、连杆和曲轴的安装位置有极大影响。运动件的精确位置和良好的配合是由机座的正确支承来保证的。如果机座发生了变形，柴油机运动部件就会失去正确的轴线位置，从而使柴油机运转不正常并加速机件的磨损。

三、机座的结构

机座的结构是以保证足够的强度和刚度为基点，它的左右两侧通常有两条带有加强筋的箱形或工字型纵梁，它是承受纵向弯曲的主要构件。纵梁之间由几道横梁连接，主轴承座就放置在横梁上。横梁把机座分隔成若干个空间(根据柴油机曲柄个数而定)，曲柄就在这个空间回转。各框形空间底部都是相互连通的，以保证船舶在任何情况下都能使滑油顺畅地流至滑油柜。机座与船体基座用地脚螺栓连接。

机座的横断面常有平底及凹底，如图 2-2-56(a)所示。平底机座可以很方便地安装在机舱的舱底板上,不需要特设基座。6-160 型柴油机就采用这种平底整体铸造机座。凹形机座可以减少机器高度,降低柴油机重心,但刚性比平底机座差得多。6-300 型柴油机采用凹形机座。

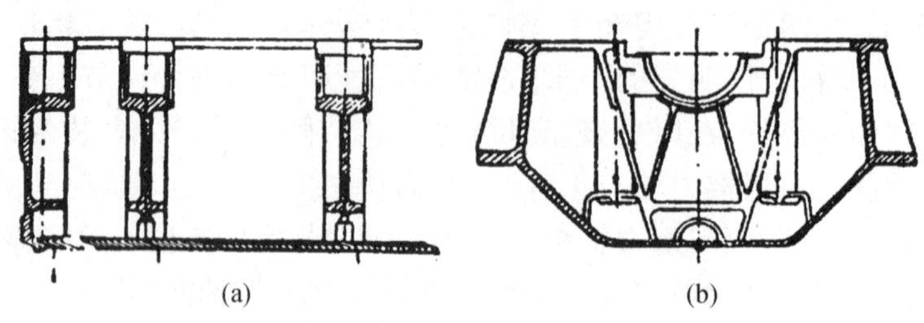

图 2-2-56　铸铁机座

四、机座的安装与检修

柴油机在运行中容易发生机座变形、垫片松动、地脚螺栓松动和变形。

机座变形的原因主要有:船体变形,它是引起机座变形的主要原因;安装机座的基础不良或机座垫块接触不良;机座自身刚性差。

柴油机振动和船舶摇摆会使地脚螺栓变形、松动或断裂,也会使垫片松动,最后导致机座发生移动。

1. 机座的定期检查

定期检查地脚螺栓的松动情况,用小铁锤敲击地脚螺栓,若声音不清脆、有浊音,说明螺栓已松动,必须及时固紧。

要经常检查机座油池是否漏油,滑油是否有集聚现象。如有少量漏油可能是由于机座有裂纹或机座与机体结合处的密封不严所造成。如果不能保证滑油畅通地从机座油池中流出,那么滑油就大量集中在油池中。当曲柄转过下止点时,油面会受到曲柄的打击。在船体倾斜或前后吃水不一样时,更有可能产生曲柄击油现象。如果不能及时排除油池流通不畅的故障,必须降低转速或停车检查。

2. 机座安装

机座是整台柴油机的基础,它的装配精度影响全机的安装质量。

在机座与船体基座支承面之间应有垫块,它的厚度在 10 ~ 70 mm 之间。小于 20 mm 的垫块可用钢板制成,大于 20 mm 的可用铸铁制成。垫块与基座的接触面,在地脚螺栓固紧后 0.05 mm的塞尺应不能塞进。为了防止机器振动和船舶摇摆时机座移动,在地脚螺栓中装配螺栓不得少于地脚螺栓总数的 15%,一般不得少于四个。地脚螺栓上紧后,螺栓头、螺母与机座、底座平面必须紧密接触,0.05 mm 塞尺不得塞入。

[十]机体的作用、要求和结构特点

一、机体的功用

柴油机机体是柴油机的骨架,它是气缸体和曲柄箱两者制成整体的总称。下部用螺栓固定在机座上。它的功用是：

（1）承受安装在上面的机件如气缸、缸盖和各种附件的重量。

（2）承受气体爆炸力、惯性力、活塞侧推力和各机件安装的预紧力。

（3）机架与机座共同组成曲柄箱作为曲轴的回转空间。

（4）机体的气缸体部分与气缸套之间构成缸套冷却水空间。

二、对机体的要求

（1）要求机体有足够的刚度和强度，避免机架发生变形，影响各运动部件的相互配合关系。

（2）为操作管理和检查修理方便，机体的结构要便于机件的拆装和检修。

（3）为防止柴油机漏气、漏水、漏油，机体与缸盖、气缸套、机座的结合面及检修道门等要有良好的密封。

三、机体的结构

船用柴油机的机体与机座组合结构的型式繁多，它们之间差别很大。按其结构特点基本可分为两类。直列式发动机采用正置式主轴承机体与机座结构，如图 2-2-57 所示为 MAK601 型柴油机机体与机座结构型式。机体是由气缸体和曲柄箱组成，气缸套装在气缸体内。气缸体、曲柄箱、机座都是用灰铸铁铸成，靠贯穿螺栓紧固，使机座和机架只承受压应力，所以可大大降低对铸件质量要求。只有拉杆螺栓和主轴承螺栓承受拉应力。凸轮轴从侧面装入，主轴承盖与机座单边定位。

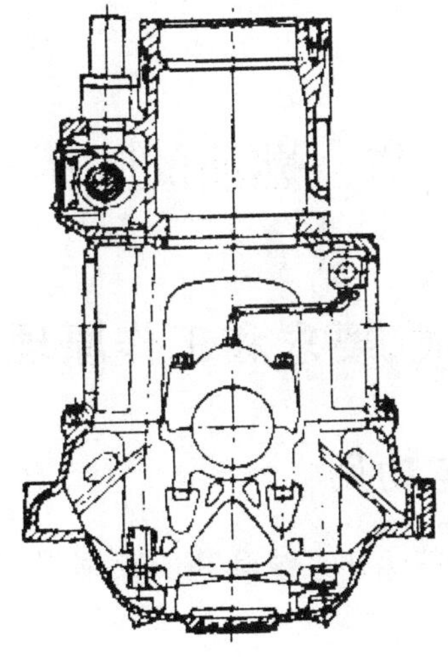

图 2-2-57　MAK601 型机体—机座图

如图 2-2-58 所示为 250 型机的机体—机架结构。它是采用铸铁铸成，呈箱形结构的整体机架。这种机架刚性好，便于拆装维修，为中小型柴油机普遍采用。有些中速柴油机为进一步简化制造工艺和提高机架的刚性，将机座、气缸体和机架三者制成一体。

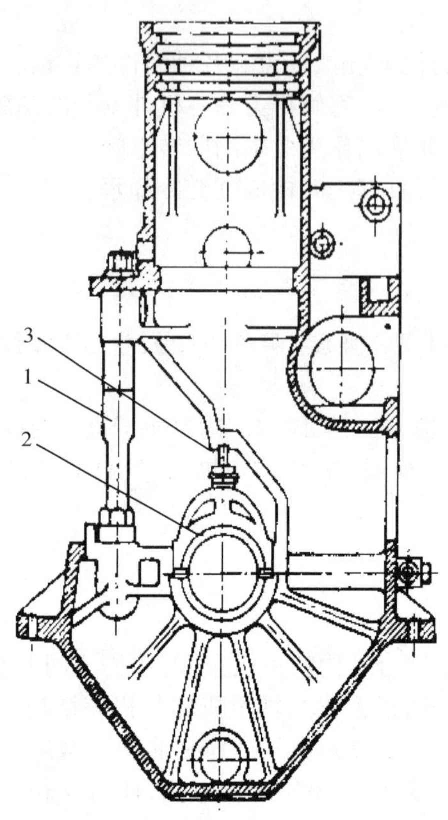

图 2-2-58　250 型机的箱形机架
1—支承螺栓;2—主轴承;3—顶压螺栓

第三节　燃油的喷射设备

[一]喷油设备的组成、要求和工作原理

一、燃油系统的组成与功用

船用柴油机燃油系统是由低压输送系统和高压喷射系统两部分组成,它的功用是连续供给充足、优质和清洁的柴油。

燃油系统是柴油机的重要组成那分。它的功用是根据柴油机运转工况的需要,将适量的清洁燃油,在一定的时间内,以适当的雾化状态喷入燃烧室,造成混合气形成与燃烧的有利条件。

根据柴油机结构型式和用途不同,发展了各种类型的燃油系统,其性能特点各有所侧重。现代柴油机主要采用机械喷射系统,其中以喷油泵与喷油器用高压油管连接,喷油泵柱塞行程一定，用溢流孔或节流调节的柱塞式喷油泵燃油系统应用最广。此外，也采用喷油泵与喷油嘴合为一体的泵——喷油器系统，近年来也出现了某些新型燃油系统，如电子控制的喷射系统等。

现代柴油机的燃油系统如图 2-3-1 所示。燃油在自身重力作用下从重力油柜 1 流过粗滤器 2 进入低压输油泵 3，以一定排出压力进入细滤器 4 再进入喷油泵 6。燃油在喷油泵中使压力升至要求的压力值，再通过高压油管 7 进入喷油器 8 喷入气缸。

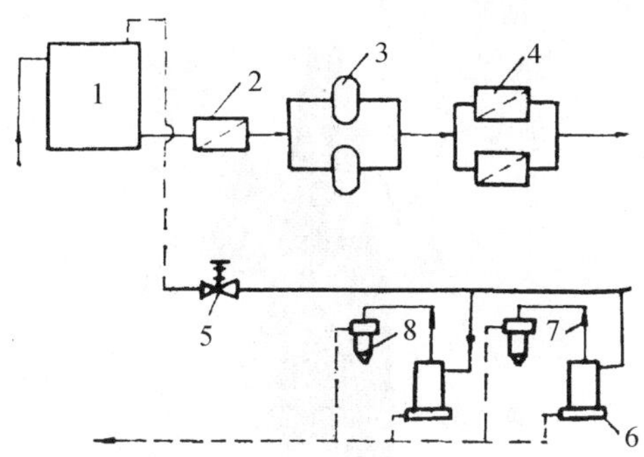

图 2-3-1　现代柴油机的燃油系统

1—重力油柜；2—粗滤器；3—低压输油泵；4—细滤器；5—限压旁通阀；
6—喷油泵；7—高压油管；8—喷油器

输油泵的功用是保证燃油在低压油路中克服管路、阀门、滤器、输油泵与喷油泵之间的位差；限压旁通阀 5 是当系统中油压超高时把燃油旁通到油柜以限定输油泵的排油压力；燃油滤器是保证喷油系统的燃油清洁，防止燃油中的机械杂质卡死和磨损高压油泵和喷油器的精密偶件。

二、对燃油喷射系统的要求

柴油机的喷射系统应满足下列要求：

1. 正确的喷油定时

任何一台柴油机在一定的负荷和转速下都有一个最佳的喷油时间即供油提前角。通常柴油机的最佳供油提前角是由柴油机制造厂在试验台上试验得到的。它是在标定工况和标定转速下进行试验，并将最佳提前角注明在柴油机说明书上。但是，当使用的燃油品质变更时，由于燃油的物理和化学性能不同，所要求的最佳提前角也不同。在多缸柴油机中，由于喷油泵和凸轮的制造和安装误差以及使用中磨损不同，因此要求柴油机各缸的供油定时能够单独调节。

2. 喷油量的随机调节

喷油量的调节分为总调和单调两种。所谓总调是根据柴油机负荷变化，统一调节各缸的供油量，使柴油机功率与负荷相平衡。所谓单独调节就是使各缸喷油量能个别调节，使各缸负荷均匀，运转平稳。

3. 良好的雾化质量

良好雾化是靠喷油泵和喷油器形成一定的喷射压力来保证的，必须使喷入气缸的油束形状、油滴粒度、贯穿度与燃烧室的形状相适应,使油雾能均匀地分布在燃烧室空间,扩大燃油与空气的接触面积,有利于燃油完全燃烧。

[二]回油孔式喷油泵的结构

船用中小型柴油机都采用柱塞—回油孔式喷油泵,也称为布许式喷油泵。从每台喷油泵所包含的柱塞数目分,喷油泵可分为单体泵和组合式泵两种,单体泵结构如图 2-3-2 所示。

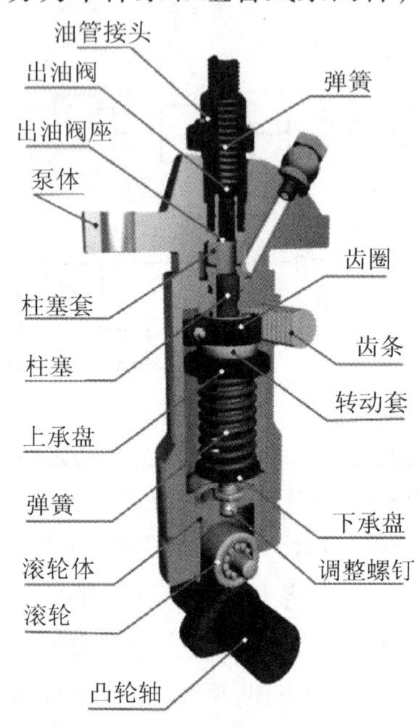

图 2-3-2 单体式高压油泵

一、单体式高压油泵

如图 2-3-3 所示是一个典型的回油孔式喷油泵。以它为例,解剖它的结构,进而分析它的工作原理、油量调节和定时调整方法。

这种喷油泵由两组精密偶件构成喷油泵的核心,一个是柱塞偶件,一个是出油阀偶件。柱塞偶件由柱塞 11 和套筒 10 组成。在柱塞头部铣有螺旋线槽和直槽。在柱塞中部,横销 9 滑动嵌入调节齿套 12 的下部切槽中。在调节齿套上部铣有牙齿,它同调节齿杆 3 相啮合。拉动齿杆就能使柱塞在套筒内转动,从而改变柱塞头部螺旋线与套筒 10 上的回油孔 14 的相对位置。这个相对位置的改变就可以改变喷油泵的供油量。柱塞下端装在下弹簧盘 7 上,并与柱塞弹簧 5 一同装入导筒 6 中。在套筒 10 的上端成 180°方向钻有两个孔,孔 2 是进油孔,孔 14 的外形呈椭圆形可用销钉定位以防止套筒转动。在柱塞下行吸油时孔 2 和孔 14 一齐进油,只在喷油泵供油完了时回油孔 14 才起回油作用。

燃油经出油阀 15 和排油阀接头 1 排入高压油管。喷油泵内腔所有零件装好之后,在泵体下部压入挡圈 8,以防套筒、弹簧和柱塞脱落。

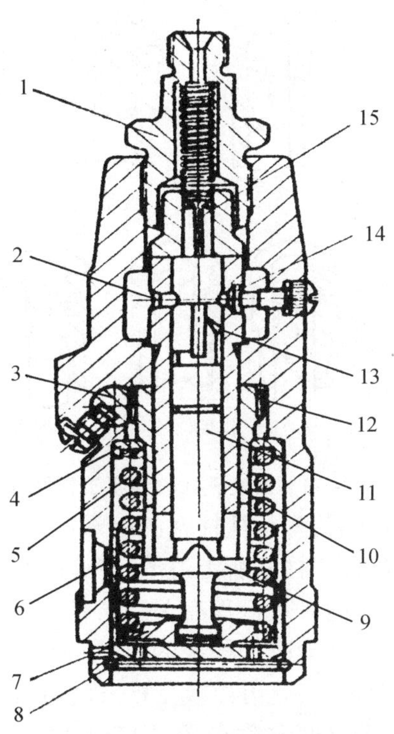

图 2-3-3 回油孔式喷油泵

1—排油阀接头;2—进油孔;3—调节齿杆;4—上弹簧盘;5—柱塞弹簧;6—导筒;7—下弹簧盘;8—挡圈;9—横销;10—套筒;11—柱塞;12—调节齿套;13—斜槽;14—回油孔;15—出油阀

1. 回油孔式喷油泵的工作原理

如图 2-3-4 所示为柱塞回油孔式喷油泵的工作原理示意图。如图 2-3-5 所示为柱塞头部立体结构图。柱塞、套筒是喷油泵的核心零件,柱塞在套筒中有两种运动:一种是柱塞的往复运动,它要完成吸油和排油动作,尤其重要的是柱塞要通过往复运动实现供油提前角和供油持续角的控制功能;一种是柱塞在套筒内的回转运动,它可随柴油机的负荷变化而改变供油量。

如图 2-3-4(a)所示为柱塞下行至某一位置时,柱塞头部打开两个进油孔,燃油从低压油腔开始吸入,直到柱塞到达下止点为止。

如图 2-3-4(b)所示,在柱塞上行之初泵腔内燃油被柱塞推挤,但回油孔还处于开启状态,所以泵腔内燃油有部分又回流到低压油腔。当柱塞继续上行柱塞端面把回油孔遮住时,燃油开始被压缩。此时是喷油泵的供油始点(所对应的曲柄转角即供油提前角)。当泵腔内燃油压力大于排油阀弹簧压力和高压油管内的剩余压力之和时,排油阀开启,燃油经高压油管至喷油器。当油压超过启阀压力时燃油通过喷油器喷入气缸。

如图 2-3-4(c)所示,柱塞继续上行,当柱塞上部的螺旋斜槽打开回油孔时,柱塞上部的高压燃油经直槽和螺旋槽与回油孔相通回流到低压空间,套管内腔的燃油压力迅速下降与低压空间相等,出油阀自动关闭,喷油泵停止供油,也就是喷油泵的供油终点。

如图 2-3-4(d)所示,柱塞上行燃油继续回流到低压空间。当柱塞行至最高位置时,喷油泵供油行程结束。

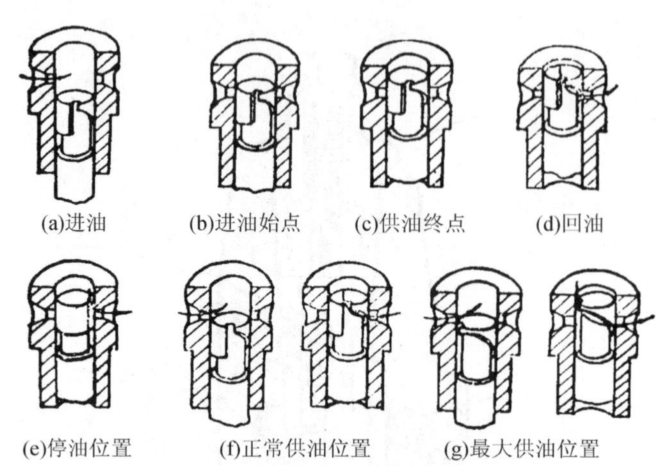

图 2-3-4　回油孔式喷油泵工作原理

显然,在供油行程中,实际排油行程是从柱塞的上端面遮住回油孔开始,直到螺旋槽下边缘开启回油孔时为止。在这一过程中柱塞所走过的行程称为柱塞的有效行程。

由此可见,喷油量多少与柱塞的有效行程有关。若柱塞有效行程大,供油量也大;柱塞有效行程小,供油量也小。那么怎样才能改变柱塞的有效行程呢? 通常是通过油门杆拉动喷油泵齿条使柱塞在套筒内转过一个角度,就可以改变柱塞的有效行程。

图 2-3-4 为喷油泵不同有效行程的柱塞位置,图 2-3-4(e)为停油位置,尽管柱塞上下往复运动,燃油都经直槽从回油孔回流到低压空间;图 2-3-4(f)为中等供油量位置;图 2-3-4(g)为最大供油量位置,在该位置柱塞有效行程为最大。

图 2-3-5　柱塞头部立体结构

2. 三种油量调节方法

为了适应不同柴油机工况的需要,回油孔式喷油泵的油量调节方法有终点调节法、始点调节法和始终点调节法三种。只要在柱塞上把螺旋线槽做某些改变,就能满足上述三种要求和左右机的需求。

(1)终点调节法。如图 2-3-6(a)所示,这种柱塞的上端面为一平面,在头部下端开有螺旋线槽。无论怎样转动柱塞,只要柱塞上平面遮住回油孔,喷油泵便开始泵油,亦即供油始点总是不变的。而供油终点是由螺旋线槽开启回油孔的时刻决定的。由此可见,柱塞有效行程越大供油量也越大,供油延续时间也越大,供油终点也延后。因此,把这种喷油泵称为终点调节式喷油泵。

(2)始点调节法。如图 2-3-6(b)所示,这种油泵柱塞的头部下端是平的,在头部上端开有螺旋线槽。当柱塞在转动时螺旋线槽关闭回油孔的时间不同,导致供油始点变化。而回油孔开启的时间是不变的,亦即供油终点不变。柱塞有效行程的大小决定于供油始点,供油始点越提前,供油提前角越大,柱塞有效行程也越大,供油量也越多;反之也是一样。因此,这种喷油泵称为始点调节式喷油泵。

(3)始终点调节法。如图 2-3-6(c)所示的油泵柱塞在头部的上端和下端各有一条螺旋线槽。供油的有效行程是由上下两个螺旋线槽之间的长度决定的。上螺旋线决定供油始点,下螺旋线槽决定供油终点。只要柱塞一转动相对于回油孔的螺旋线长度就发生变化,供油始点和终点将同时变化,因此,把这种喷油泵称为始终点调节式喷油泵。

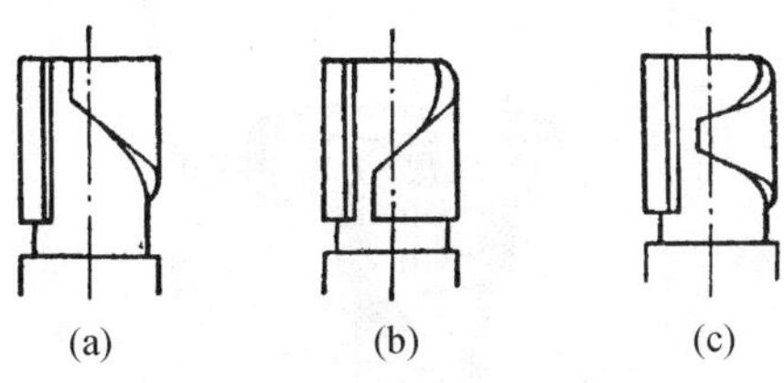

图 2-3-6　三种油量调节的柱塞头部结构

105 型、135 型和 160 型柴油机的喷油泵是采用终点调节式。某些大型低速非增压或低增压柴油机采用始点调节式喷油泵。300 型柴油机采用始终点调节式喷油泵。

值得注意的是,对于采用同一机型的左右机船舶,尽管喷油泵外形相同,但是柱塞上的螺旋线槽方向是不同的。因此,在油泵拆卸时应注意柱塞上螺旋线的方向。辨别的依据是套筒上回油孔的方向、操纵台位置;再进一步分析,当油量调节杆(即油门)向加油(或减油)方向移动时,柱塞旋转方向使螺旋线槽与回油孔的相对位置改变应是增加油量(或减少油量),切不可弄错。

二、组合式喷油泵

组合式喷油泵是由多个单体泵组成,喷油泵传动机构和凸轮轴都装在一体。如 135 型柴油机的 B 型和Ⅱ号泵都是组合泵,如图 2-3-7 所示。

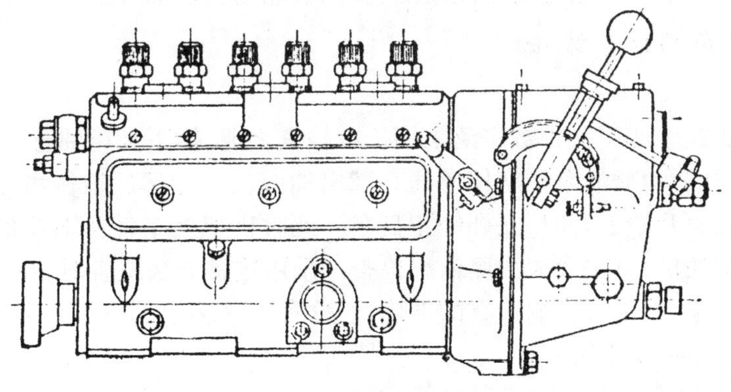

图 2-3-7　组合式喷油泵

组合式泵与单体式泵虽然在结构上有许多相同之处,但组合式泵也有其独特之处:

(1)单体式喷油泵的燃油凸轮同进、排气凸轮制作在一根凸轮轴上,组合式喷油泵凸轮与进、排气凸轮分别制在两根凸轮轴上,喷油泵的凸轮轴则安装在组合式喷油泵下部。

(2)单体式喷油泵常有手动泵油装置,用来排出油路中的空气,而组合式喷油泵没有手动泵油装置。

(3)单体式喷油泵有导筒,而组合式喷油泵没有导筒。

(4)单体式喷油泵的油量调节机构是把调节齿圈与转动套制成一体。而组合式喷油泵的调节齿圈和转动套是分别制造的(如图 2-3-8 所示)。调节齿圈为开口形式,用紧固螺钉锁紧在转动套上。在转动套上钻有小孔。把紧固螺钉松开,拨动转动套上的小孔使转动套转动,则柱塞在套筒内转动一个角度,从而改变了柱塞与套筒上回油孔的相对位置,实现单缸油量调整。

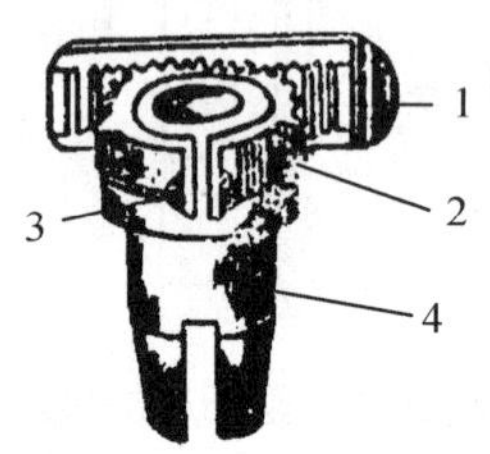

图 2-3-8　组合式喷油泵转动套

1—调节齿条;2—调节齿圈;3—紧固螺钉;4—转动套

三、喷油定时检查与调整

喷油定时对燃油燃烧有很大影响。若提前角太大,由于喷油时缸内压力、温度较低,易使柴油机工作粗暴。若喷油提前角太小,容易发生后燃,功率和经济性下降。这是因为燃烧发生在活塞下行时,缸内温度、压力开始降低。

为了保证柴油机正常工作,在柴油机长期运转和拆装之后必须对喷油泵定时进行检查和调整。检查和调整的目的是为了排除喷油泵在使用中所产生的误差和适应使用条件的变化。

喷油泵的最佳供油定时,在机器说明书中往往以"喷油提前角"一词出现,实际上是喷油泵的供油提前角。喷油提前角是无法测量的,我们只能测到供油提前角。

1. 供油提前角的检查方法

(1)冒油法

这种检查方法在生产实践中被广泛采用。在检查之前,拆下高压油管,把燃油手柄放在最大油量位置,用杠杆撬动喷油泵柱塞使燃油充满出油阀接头。然后缓慢盘车并注意出油阀处的液面波动。当油面开始上升时,立即停止盘车。此时机架上指针所对应的角度即为供油提前角。对于多缸柴油机,可按发火次序依次检查。采用这种方法检查时,在出油阀处油面上升的瞬时必须立即停车,否则将影响检查的准确性,这种方法多用于中小型柴油机。

(2)定时线法(也称标记法)

对于单体式喷油泵,在导筒上有刻度线,在泵体的检查孔上也刻有规时线。在检查时首先盘车转动曲轴,当被检查气缸的活塞到压缩冲程上止点前的供油提前位置时应停止盘车。再检查导筒上的定时线,应与泵体上的规时线对齐,如图 2-3-9 所示。若两线不能对齐,表示供油定时不准。若导筒上的定时线高于泵体上的规时线,表示供油过早,供油提前角过大;反之供油过迟,提前角过小。

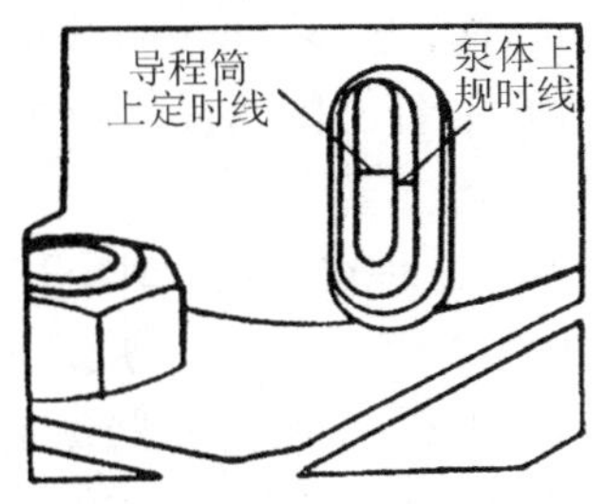

图 2-3-9　供油定时线法

2. 供油提前角的调整方法

当发现供油提前角不符合说明书要求时,应予调整使之恢复正常。

(1)螺钉调整法

在喷油泵传动装置中,在顶头处装有调节螺钉,将螺钉旋上或旋下,改变了柱塞与套筒上回油孔的相对位罩。若把螺钉旋上,则柱塞提前关闭回油孔使供油提前角增大。若把螺钉旋下,则柱塞迟后关闭回油孔,使供油提前角减小。这种结构如图 2-3-10、图 2-3-11 所示。这种调整方法的实质是改变柱塞与回油孔的位置关系;升高柱塞使柱塞提前关闭回油孔,提前角增大;反之减少。用改变柱塞下面的垫块厚度,也可以使柱塞上升或下降,同样也可以达到供油定时调整的目的。6-250 型柴油机就是采用螺钉调整法。

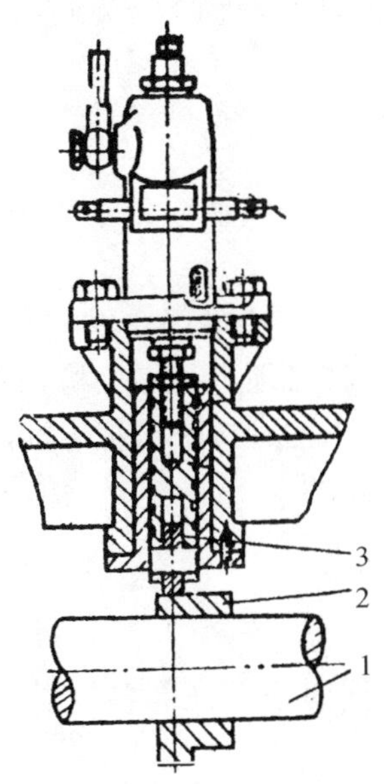

图 2-3-10　供油定时的螺钉调节法

1—凸轮轴;2—凸轮;3—滚轮

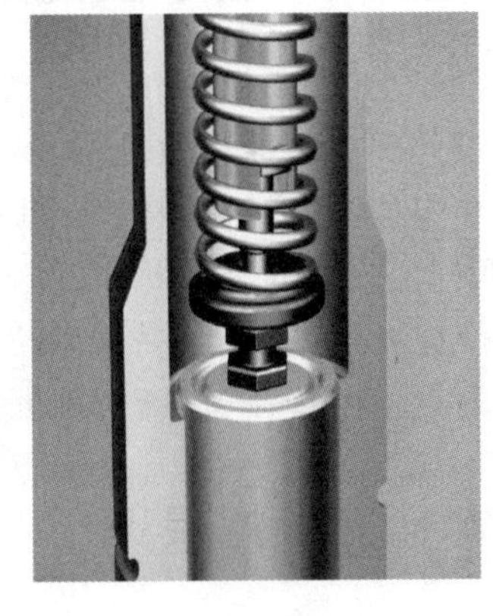

图 2-3-11　调节螺钉示意图

(2)垫片调整法

单体式喷油泵在泵体与机架的安装处,配制有一定厚度的可供调节的垫片。增加垫片厚度,则供油提前角减小;若减少垫片,则供油提前角增大。采用这种调整方法的机型有 195 型和 350 型柴油机。

(3)转动凸轮法

这种调整方法是在曲轴不动的情况下,使燃油凸轮相对于曲轴转过一个角度。采用这种调整方法时，首先要判断出柴油机正车时的凸轮轴转向。例如，若使提前角增大，则必须使燃油凸轮朝凸轮轴正车方向转动一个角度；若使供油提前减小，则必须使燃油凸轮逆正车转向转过一个角度。

这种方法只适用于分制式凸轮轴，这种凸轮轴如图 2-3-12 所示。凸轮轴与凸轮分开制造，在凸轮轴上套有接合器 1，扭矩由键 2 传递，销钉 3 用来防止轴向转动。凸轮由 5 和 6 两半组成。在凸轮一个端面上铣有许多径向牙齿，在结合器 1 上也有相同数目牙齿。锁紧螺母 4 将凸轮紧固在接合器上。固定销 7 用来防止锁紧螺母松动，扭矩由啮合细齿传递。当需要调整凸轮位置时，只需松开固定销 7 和锁紧螺母 4，即可沿轴向脱开凸轮进行调整（若齿数为 36 个，则每调一个牙齿，定时就变化一度），然后紧固螺母和固定销。

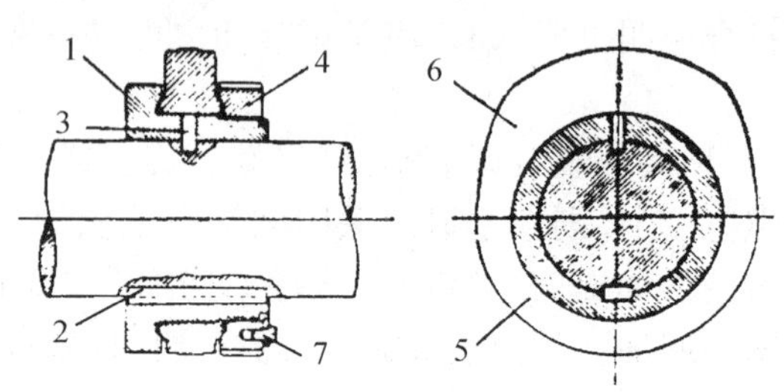

图 2-3-12　可调整燃油凸轮的结构

1—接合器；2—键；3—销钉；4—锁紧螺母；5，6—凸轮；7—固定销

四、喷油泵供油零位检查与调整

喷油泵停止供油时柱塞所处的位置称为供油零位。当喷油泵处于零位时，尽管柱塞在往复运动，但不能供油，即有效行程为零。

当供油零位不准时，虽然操纵手柄处于停车位置，而喷油泵仍在供油，所以柴油机不能停车，这是不符合要求的。因此，在喷油泵重新安装之后就必须进行零位检查。

在零位检查时，应将操纵手柄拉到停车位置，拆下出油阀接头再把出油阀取出。此时要检查柱塞上的直槽位置，若直槽对准回油孔则零位是正确的。

五、喷油泵的油量调节

喷油泵供油量的调节是依据柴油机负荷进行的，同时还要注意各缸供油的均匀性。为此喷油泵供油量的调节可分为总调和单调两种。

所谓总调，是根据柴油机负荷和转速的要求，把操纵台的油量调节杆放在给定位置，通过调油总杆带动各喷油泵调节齿条实现油量总体调节。

然而实际柴油机由于有喷油泵制造和安装误差的影响，即使在同一齿条位置上各喷油泵的供油量也可能不同。因此，喷油泵还必须具有油量单独调节的功能。如图 2-3-13（a）所示为单体泵的油量单独调节机构。在单体泵与单体泵之间通过调节拉杆把两个调节齿条连接起来。在做油量单独调节时，先把调节拉杆两边的固定螺母旋松，转动拉杆使调节齿条推进和拉出，从而改变了两个喷油泵的供油量。

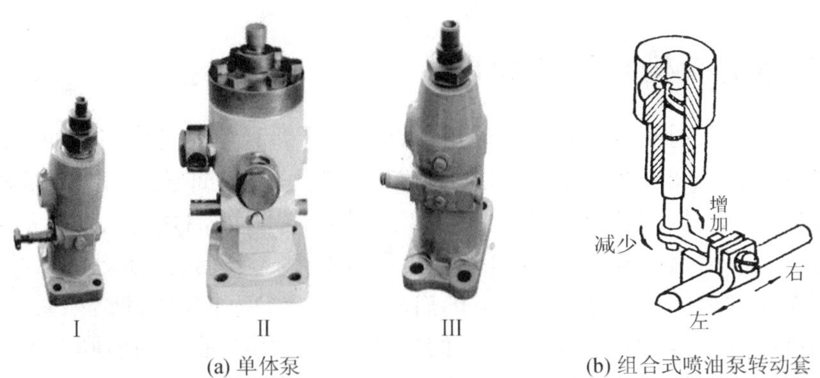

(a) 单体泵　　(b) 组合式喷油泵转动套

图 2-3-13　喷油泵的油量调节

组合式喷油泵油量的单独调节,常用两种方法。

现在以组合式喷油泵为例。在做油量单独调节时,先打开喷油泵侧盖松开调节齿圈的锁紧螺钉,然后用划针插入转动套的小孔中扳动转动套,使柱塞转动从而改变柱塞与回油孔的相对位置,即可改变喷油量。值得注意的是,在扳动转动套时,要弄清增油或减油的转动方向。

对于组合泵的油量单独调节,首先用螺丝刀把调节拨叉上锁紧螺钉松开,如图 2-3-13(b)所示。然后根据需要使调节拨叉在拉杆上移动,而使调节臂转动,从而改变了柱塞与回油孔的相对位置,改变供油量。调节拨叉在拉杆上向左移动则油量增多;向右移动则油量减少。油量调节后,要固紧锁紧螺钉。

[三]喷油器的类型、结构

如图 2-3-14 所示为喷油器实物结构,图 2-3-15 是喷油器剖面结构。它是直接喷射系统,燃油喷射量和喷油定时完全由喷油泵决定。喷油器的作用是把喷油泵供给的高压燃油以一定的压力、速度和方向喷入气缸与空气相混合,形成可燃混合气。为此,要求喷油器把燃油雾化成细微油粒;其形状应能与燃烧室形状相吻合并均匀分布到整个燃烧室;要求燃油的喷射开始和终了干净利落;否则将会产生滴油,对燃烧产生不利影响。

图 2-3-14　喷油器实物结构

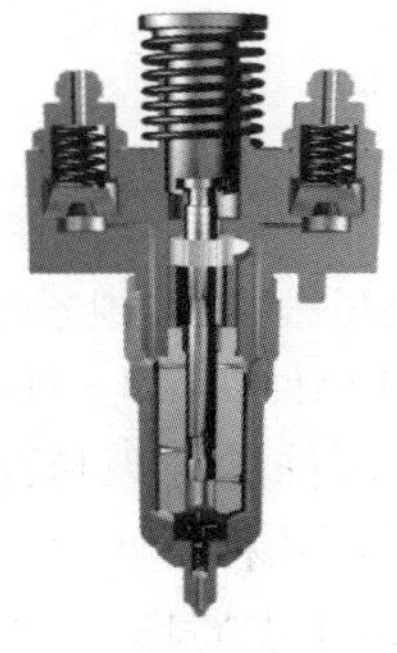

图 2-3-15　喷油器剖面结构

一、喷油器的结构和工作原理

船用柴油机普遍采用液压启阀式喷油器。针阀的开启和关闭是依靠燃油压力控制的。如图 2-3-16 所示为轴针式单孔喷油器,多用于分隔式燃烧室的柴油机。从喷油泵来的燃油经高压油管和进油接口 11 引入本体 6 中的油道。再经针阀体 10 的油孔进入油压室 A。当作用在针阀 9 锥面上的油压力超过调压弹簧 5 的预紧压力时,针阀开启,高压燃油从喷孔喷入气缸。针阀开启时所对应的燃油压力称为喷油器的启阀压力。当喷油泵供油结束时,油压低于调压弹簧预紧力,针阀落座停止供油。此时对应的燃油压力称为喷油器的闭阀压力。波动在启阀压力和闭阀压力之间的燃油压力称为喷油压力。启阀压力的大小可通过改变调压弹簧的弹力来实现。针阀 9 和针阀体 10 之间有少量燃油泄漏,它是由回油接口 12 予以引出。针阀和针阀体虽然是精密的配合偶件,但少量的漏油是不可避免的,实际上这些漏油可以润滑针阀。但这些漏油流到调压弹簧处,如果不及时引出,漏油积存太多形成一定背压会造成针阀启闭迟缓,所以在喷油器上都设有回油管。

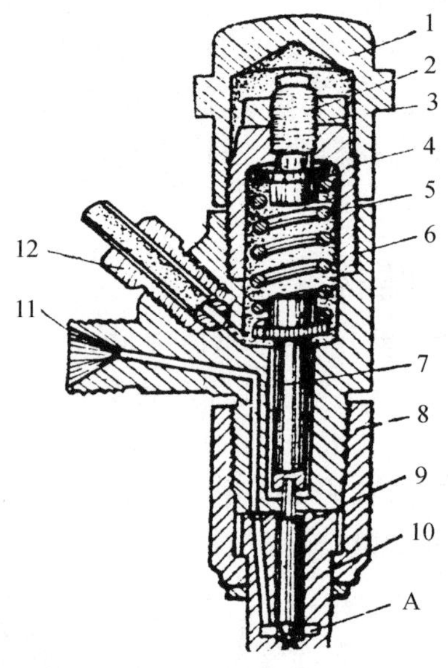

图 2-3-16　轴针式喷油泵器

1—防护帽;2—高压螺钉;3—锁紧螺母;4—弹簧帽;5—调压弹簧;6—本体;7—顶杆;8—紧固螺帽;9—针阀;10—针阀体;11—进油接口;12—回油接口

在喷油器中关键部件是针阀和针阀体,这一对偶件称为喷嘴。目前柴油机喷嘴的主要结构形式有图 2-3-17 所示几种。

图 2-3-17(a)为多孔式喷嘴,常用于对雾化质量要求较高的柴油机上。例如 6-160 型柴油机就是使用这种喷嘴;图 2-3-17(b)的针阀头部带锥,油束锥角近似 15°;图 2-3-17(c)针阀头部是圆柱形,油束锥角近似 4°;图 2-3-17(d)针阀头部带有倒锥,油束锥角近似零度。

其中单孔式喷油嘴多用于分隔式燃烧室。

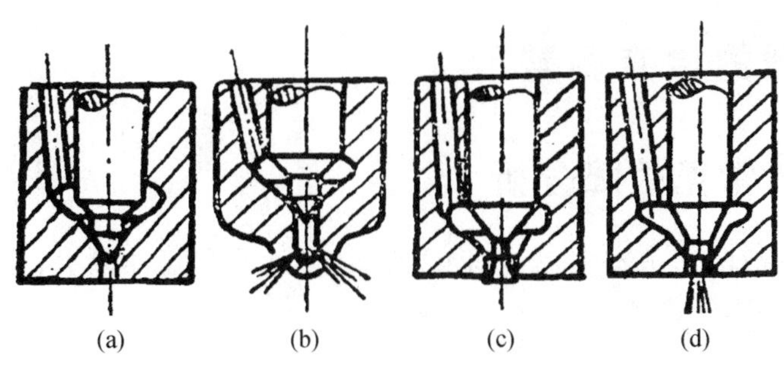

图 2-3-17 喷嘴的几种结构形式

二、喷油器的雾化试验

在日常管理中应定期检查喷油器的启阀压力,燃油的雾化质量和针阀偶件的密封性。启阀压力是在喷油器试验台上进行的,常用的试验台如图 2-3-18 所示。

试验前首先检查试验台设备的密封性:先关闭截止阀,切断喷油泵和喷油器通路。然后用杠杆使喷油泵油压升高到一定值,这随试验喷油器的启阀压力而定。如果试验台密封性良好,则油压下降缓慢;若油压下降太快,说明试验台密封性不好。只有确认试验设备性能良好,方可进行试验。

启阀压力是保证喷油器的最低喷射压力,它对雾化质量影响很大。喷油器长期工作以后,因调节螺钉松动、喷油器弹簧损坏、针阀磨损等都会影响启阀压力。检查时把喷油器固定在试验台的高压油管上,然后打开截止阀、打开喷油器的放气螺钉,用手压动杠杆泵油。当放气阀处有油溢出时,关闭喷油器的放气螺钉,然后用手压动杠杆缓慢泵油。当燃油从喷油器喷出时,此压力即为启阀压力。当这个压力与要求不符时,可通过调节螺钉进行调节,直到合适为止。

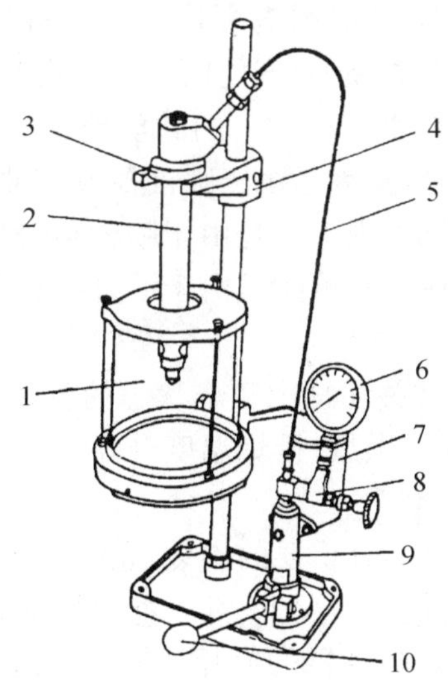

图 2-3-18 喷油器试验台

1—玻璃罩;2—喷油器;3—支架环;4—支架;5—高压油管;6—压力表;
7—储油罐;8—截止阀;9—喷油泵;10—压杆

[四]喷油器的检查调整

一、燃油设备常见故障分析

燃油喷油设备的故障通常发生在喷油泵、滤器、喷油器和输油泵上,这些设备工作是否正常,直接影响柴油机的工作性能。

二、燃油系统管理要点

在船用柴油机中,喷射系统的工作状态是影响柴油机燃烧过程的关键。在日常管理中,应定期进行对喷油泵的密封性和滑动性检查;对喷油定时检查与调整;对各缸供油均匀性的检查与调整;对喷油器的零位检查与调整;对喷油器的雾化检查与调节。

除上述之外,还必须对柴油机的排烟颜色和温度、爆发压力等进行综合分析,从而掌握柴油机燃烧过程的进行情况。

为了确保喷射系统工作正常,在管理中必须注意如下几点:

(1)在柴油机起动前,为了防止喷油泵柱塞在停车期间发生呆滞和卡死现象,必须逐个用撬杠检查各油泵柱塞的运动情况。尤其是柴油机长时间停车,由于柱塞和套筒之间起润滑作用的燃油已经流尽,最容易发生柱塞呆滞或卡死现象。如不经检查而盲目起动,势必造成不应该发生的事故。

(2)在检修更换柴油机某缸的喷油设备之后,在喷射系统中一定会有空气进入,这将导致起动不灵,或使柴油机在运转中停车。因此,在上述情况下必须进行充油排气。其方法是旋开喷油泵上的放气塞,用撬杠使油泵柱塞上下运动实现泵油,直到没有气泡溢出。

(3)在柴油机运转中,如由于某种原因需要停止向某缸供油,但又不能使柴油机停止运转,此时,决不可关闭燃油系统的进油阀,应该使用专门的提升机构把油泵柱塞抬起。

(4)在柴油机运转中,应经常检查高压油管的脉动现象。如发现高压油管脉动突然增强,而喷油泵在运转中有异常声音,多数原因是由于喷油器或喷油器的缝式滤器发生堵塞所致;若高压油管脉动无力,而且排气冒黑烟,则可能是由于喷油器针阀卡死而不能关闭,或喷油器的调压弹簧折断所致;若脉动时弱时强,则可能是由于油泵柱塞卡紧所引起。当在运行中发现上述情况之一时,应立即停车检修。

(5)在柴油机运行期间,应经常关注缸内燃烧状态的变化,通常是观察排烟温度和排烟颜色的变化,进行综合分析。如排气冒黑烟、排烟温度升高,则可能是由于雾化不良所引起,需要检查喷油器的雾化压力,并予以调整。

排烟温度在运行管理中是一个十分重要的参数,它不但表示缸内的燃烧状态,而且还影响废气涡轮增压器的工作。因此,在任何情况下,都不能使排烟温度超过规定值。

(6)在柴油机运行期间,应注意喷油器的冷却情况,各喷油器的冷却水不能中断。冷却液(水或油)的进出口温度差不得超过 15 ℃,以防止喷油器冷却腔表面结炭。

(7)如柴油机低速运转时工作不稳定,主要是由于各缸供油不均引起的。船用柴油机在机动航行时,必须保证在低速运行时各缸都发火。为此,必须注意以下几点:

①要保证低速运转稳定,各缸喷油量必须相同。

②要保证滑油和冷却水温度不能太低。

③要保证正常的喷油压力。

第四节　柴油机换气

[一]四冲程柴油机的换气过程

柴油机的工作过程中,每完成一个工作循环都必须排除废气和充入新气。从排气过程、扫气过程到进气终止的整个气体更换过程称为换气过程。它的作用是更换工质,为下一个循环的工作提供必要的条件。

换气过程的完善程度对柴油机的性能有重大影响。如果废气排得干净,新鲜空气充入量多,则在相同的过量空气系数下可以燃烧更多的燃油,柴油机发出更大的功率。在燃烧同样的燃油时,若过量空气系数增大,则可以提高柴油机的经济性和排放性能。因此,换气过程的质量直接影响柴油机的动力性、经济性、可靠性及存在排气污染问题,是判断柴油机工作优劣的先决条件。

对换气过程的评价是以废气排除干净与否及新鲜空气充入量多少和新鲜空气的消耗量为标准。它可以用充气系数、扫气效率等参数来评价。

四冲程柴油机均采用气阀换气。气阀机构在换气过程中由于结构和机械负荷的限制,不可能在瞬时全开或全闭。气阀、气口流通面积随曲轴转角而变化的曲线与横坐标轴所包围的面积称为时面值。对于给定的柴油机来说它是一个定值。转速升高,时面值减小。

进排气过程中的气体流量与时面值密切相关,当流道前后的压力差为定值时(即流速为常数),时面值愈大,流量愈大;当流量为定值时,时面值愈大,所需流速愈小,即流道压力差愈小,所以时面值表示了气阀与气口的流通能力。要使柴油机换气良好,必须保证进排气过程有足够的时面值。

在柴油机工作过程中,气口、气阀结炭,脏污,开度不足都会引起时面值减小,导致气阀、气口流通能力不足,气缸换气不良,使柴油机工作性能变差。

1. 四冲程柴油机换气过程

四冲程柴油机实际换气过程中气缸内和排气管中压力随曲轴转角的变化关系如图 2-4-1 所示,根据气体流动的特点,可分成以下三个阶段来讨论。

(1)自由排气阶段

当排气阀在下止点前打开时,气缸压力远远高于排气管压力,废气在很大的压力差作用下被排出气缸。随着排气阀开度的增大,大量废气由气缸排到排气管,使气缸压力急剧降低,排气管压力迅速升高,直到下止点后气缸压力接近排气管压力为止。在这一阶段,缸内压力与排气管压力始终存在较大的压差,气缸废气主要在这个压差的作用下排出,故称为自由排气阶段。根据排气管压力和缸内压力之比的大小,自由排气阶段可分为超临界阶段与亚临界阶段。

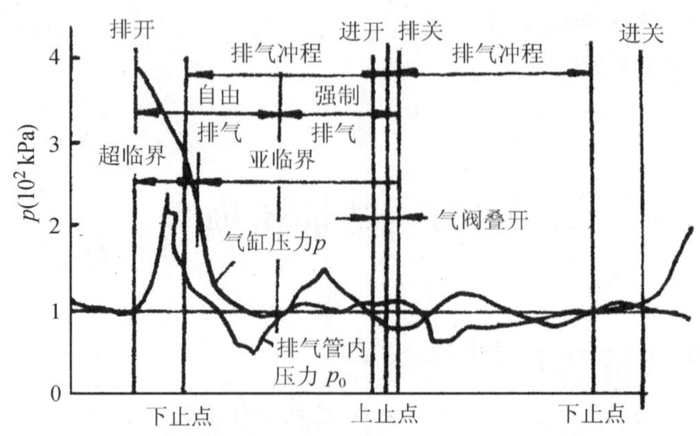

图 2-4-1　四冲程柴油机的换气过程曲线

(2)强制排气阶段、惯性排气阶段

从自由排气结束到排气阀关闭这个阶段,活塞由下止点向上止点运动,排气过程是由活塞的推挤造成的,被称为强制排气阶段。在这个阶段中气缸压力和排气管压力逐渐降低,二者的压力差较小。活塞到上止点后虽然开始向下运动,但在排气行程中形成的高速排气流的惯性作用下,废气继续排出气缸,这被称为惯性排气。排气阀在上止点后滞后关闭,延长了排气时间,增大了气阀的时面值,可使废气排得干净,排气功减小,排气流的惯性得到充分利用。

如果排气管压力与气缸压力之比小于临界值,即$\frac{p_r}{p}<(\frac{2}{k}+1)^{\frac{k}{k-1}}$,则为超临界状态,废气以音速排出气缸。一般此超临界状态要在自由排气阶段中延续相当长的一段时间。随着排气阀的开启,流通截面积逐渐加大,气缸压力下降,排气管压力上升,使气缸压力与排气管压力的压差减小。当排气管压力与气缸压力之比大于临界值时,气流的流动状态转为亚临界状态(废气以亚音速排出气缸)。自由排气阶段应在下止点后 10°～30°结束。结束愈晚,下一阶段活塞排气消耗的功愈大。因此,排气阀开启提前角要足够大,以便使排气阀在下止点的开度、下止点前的时面值足够大。

(3)进气阶段

进气过程在理论上由进气阀开启点开始,至进气阀关闭点结束。在进气过程中进气压力是不变的,但进气阀是在排气行程后期开启的,刚打开时气缸压力高于进气压力,由于进气阀开度很小,气缸压力只略高于进气压力,并且在气缸中存在一个排气流,所以一般废气不会倒流入进气管。适当增大进气阀开启提前角可以增加进气时间,增大活塞在上止点时的进气阀的开度,增大进气阀在进气行程中的时面值。这可以增大进气量,减小进气压力和气缸压力的压差。但进气阀开启提前角过大时,就会使废气倒流入进气管。新鲜空气是在缸内压力低于进气管压力时才真正开始进入气缸的。在进气行程中,气缸压力一直低于进气管压力。这是由于进气系统的流动阻力造成的。由于活塞在行程中部运动速度较大,所以进气流动的速度也较大,致使进气压力损失较大,气缸压力较低。在进气过程末期,由于进气阀滞后关闭,在进气气流的惯性作用下新鲜空气仍然可以继续进入气缸。但如果关闭滞后角过大,则可能发生新鲜空气倒流出气缸并且使有效压缩比减小,这些都是不希望出现的状况。

2. 气阀叠开和燃烧室扫气(气阀重叠角、燃烧室扫气)

由上述分析可知,在上止点前后,从进气阀开启到排气阀关闭这段期间进气阀和排气阀同时开启，它所对应的曲轴转角称为气阀重叠角，在气阀叠开期间，进气管、燃烧室、排气管三者连通一起。这时由于进气压力高于排气压力以及排气气流的抽吸作用，新鲜空气由进气管进入燃烧室。一方面新鲜空气将燃烧室中残存的废气清扫到排气管，另一方面新鲜冷空气对燃烧室壁面进行了冷却。这种冷却是很可贵的，因为它冷却了冷却水难以冷却到的一些高温燃烧室壁面，在气阀叠开期间，新鲜空气对燃烧室的清扫称为燃烧室扫气。

由上述可知，四冲程柴油机的进、排气过程分别在两个行程中完成，新气和废气互不掺混，因而其换气质量较高。

[二]气阀机构的功用、工作条件和结构形式

一、配气机构的功用和工作条件

1. 配气机构的功用

柴油机的配气机构是保证柴油机按规定时间完成新气充入气缸、废气排出气缸的机构。对于多缸柴油机，配气定时必须按照柴油机发火次序进行。气阀的启闭与曲柄位置（活塞在气缸内位置）有关。这就要求控制气阀启闭的凸轮轴与曲轴之间有一定速比关系。对于四冲程柴油机，曲轴转两圈即 720° 做功一次，这就要求曲轴转两圈凸轮轴转一圈，即两者速比为 2∶1。

为了能实现向气缸内多充入新鲜空气，把做功后的废气尽量排除干净，要求进、排气阀都要有进、排气提前角和进、排气迟后角。虽然曲轴与凸轮的速比为 2∶1，但凸轮轴在安装时必须考虑到进、排气凸轮与曲柄位置的关系，这就是进、排气提前角和进、排气迟后角，即所谓配气定时，只有配气机构才能完成这一技术要求。上述技术要求是通过齿轮转动或链轮传动实现的，进、排气提前角和迟后角是由凸轮轴与曲轴之间的相对位置决定的，因而就出现了定时齿轮的装配记号。曲轴上的齿轮和凸轮轴上的齿轮与中心传动齿轮构成了柴油机的定时齿轮，也就是说柴油机的各种定时由它们之间的位置关系决定。

2. 气阀机构的工作条件

在气阀机构中，气阀和阀座是工作条件最恶劣的零件。气阀阀盘和阀座底面是燃烧室壁面的一部分，受到燃气高温、高压的作用。特别是排气阀，由于受到排气气流的加热，温度很高；而进气阀由于进气流的冷却作用而温度低一些。对于船用增压柴油机，排气阀阀盘的平均温度可高达 650 ~ 800 ℃，阀杆温度为 150 ~ 250 ℃；进气阀阀盘的平均温度可高达 450 ~ 500 ℃，阀杆温度为 100 ~ 120 ℃。气阀在关闭时与阀座发生撞击和磨损。在撞击中由于阀和座的弹性变形、气阀弹簧的振动及气阀弹簧螺旋线的扭转作用，会使阀面和阀座产生楔入性和扭转性滑移。这种滑移使阀面和座面间产生干摩擦，阀面和座面上的剥落金属颗粒、灰分、炭粒又变成磨料加重了磨损。燃烧产物对气阀和阀座有腐蚀作用，特别是燃用重油时，由于重油中含有较高的硫及钒、钠等，燃料燃烧后生成硫、钒、钠的氧化物及这些氧化物生成的盐和聚合物。这些钒和钠的盐、氧化物及聚合物有的熔点低（低至 535 ℃），有的熔点较高（高达 900 ℃）。它们在排气时一部分沉积到气阀和阀座上，使气阀和阀座接触不良，并对金属起腐蚀作用，使阀面和座面上出现凹坑，造成漏气和烧损。

二、配气机构的组成

如图2-4-2所示为四冲程柴油机的典型配气机构。配气机构是由气阀机构、气阀传动机构、凸轮轴和凸轮轴传动机构四部分组成。

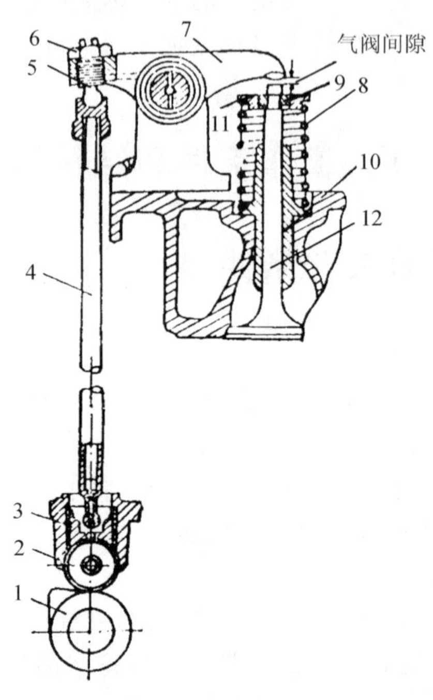

图2-4-2 气阀式配气机构

1—凸轮;2—滚轮;3—从动体;4—顶杆;5—调整螺钉;6—锁紧螺母;7—摇臂;8—气阀弹簧;
9—锥形卡块;10—气阀导管;11—气阀弹簧盘;12—气阀

气阀机构是由气阀弹簧8、锥形卡块9、气阀导管10、气阀弹簧盘11和气阀12所组成。

气阀传动机构是由从动体3、顶杆4、调整螺钉5、锁紧螺母6、摇臂7等组成。这些除传动凸轮动作之外,还可用来调整气阀间隙。

凸轮轴对于多缸柴油机是整体制造,各缸共用。

凸轮轴传动机构是由设在柴油机自由端的定时齿轮(或链轮)进行传动的,它们之间要有一定的速比关系和位置关系。

气阀机构的动作原理是:当曲轴转动时通过定时齿轮(或定时链轮)带动凸轮轴转动,则凸轮轴上的凸轮1带动滚轮2按规定曲柄转角顶起从动体3,再使顶杆4向上运动。摇臂相当于一个杠杆,它的支点就是摇臂轴,如图2-4-2所示。顶杆4使摇臂左端上移,则摇臂右端下移迫使弹簧压缩,使气阀开启。当从动体3与凸轮基圆部分接触时,气阀在弹簧作用下关闭,其他零件也相应复位。

其他各缸也按发火次序依次完成阀的启闭动作。

三、气阀机构元件

中小型柴油机的气阀机构,可分为不带阀壳和带阀壳两种。不带阀壳的气阀机构,它的气阀、气阀弹簧等零件都安装在气缸盖上。带阀壳式的气阀机构,是把气阀、气阀导管和气阀弹簧等组装成一个组合体,这个组合体便构成阀壳式气阀机构。我们这里着重讨论气阀、阀座、气阀导管和气阀弹簧的结构。

1. 气阀

气阀是控制柴油机进、排气通道的主要零件。它由阀头和阀杆两部分组成。阀头的工作面为锥面,它与锥形阀座紧密接触,两者的接触面是保证柴油机气密的主要部位。研磨气阀就是研磨两者的接触面。而阀杆引导气阀做往复运动,它与气阀导管有相对滑动。在阀杆上端车制出细颈部分,通过锥形卡块与弹簧盘相结合。

阀头结构都采用蘑菇状结构,便于与阀座对中同时也便于修理。阀头结构有三种,如图 2-4-3 所示。图 2-4-3(a)为平底结构,为柴油机最常用形式;图 2-4-3(b)为球形底面,是高负荷柴油机排气阀的典型结构,它改善了排气流的流动路线,减少涡流损失;图 2-4-3(c)为凹形底面,阀杆和阀头过渡半径较大,可以改善进气气流的流动路线,可作为高速柴油机进气阀。气阀的工作条件十分恶劣,阀面与高温、高压具有腐蚀性的气体接触;阀与阀座之间的工作面要承受气阀弹簧弹力的频繁冲击;阀杆与气阀导管在润滑不良的条件下做频繁往复运动。

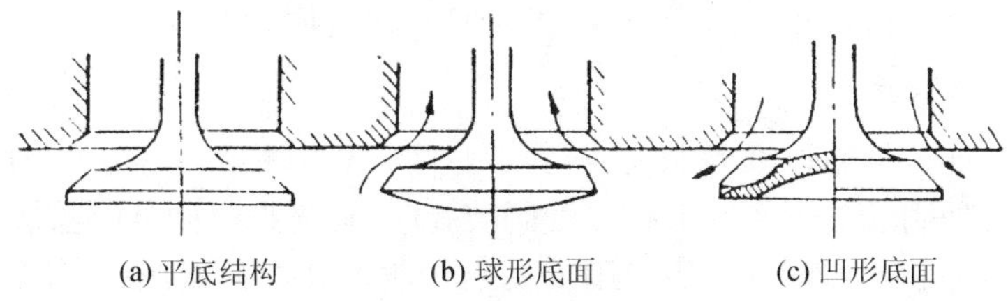

(a) 平底结构　　(b) 球形底面　　(c) 凹形底面

图 2-4-3　阀盘底面形状

2. 阀座

阀座与气阀阀头工作面紧密配合,这是气阀实现密封的关键部位,有些小型柴油机的阀座直接制造在气缸盖上,这样不便于修理,当阀座损坏后必须更换缸盖。目前大多数柴油机采用座圈式阀座,如图 2-4-4 所示。阀座常用耐热合金钢或合金铸铁单独制造,采用冷缩工艺压入,或用螺纹配合和过盈配合将阀座紧固在缸盖上。

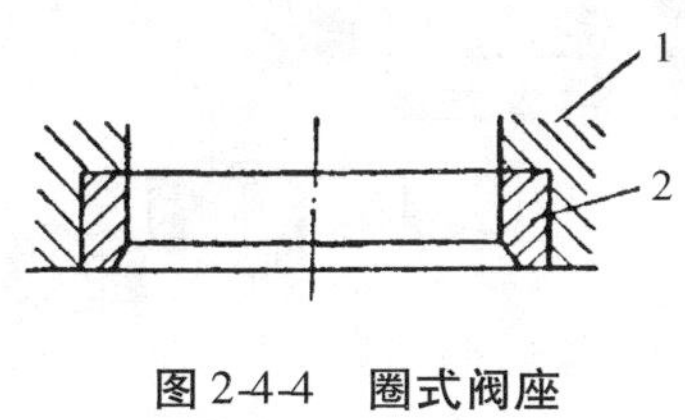

图 2-4-4　圈式阀座

1—缸盖;2—阀座

3. 气阀导管

气阀导管用于为气阀阀杆导向,使气阀按规定方向准确地坐入阀座上,不致歪斜,同时导管还可以把气阀的部分热量传给缸盖。

气缸在工作时,气阀导管承受阀杆的侧推力作用,气阀导管容易发生单侧磨损。气阀导管的润滑是采用从摇臂前端滴溅润滑和人工润滑。尽管如此,它的润滑条件仍然较差,在管理中要格外注意。

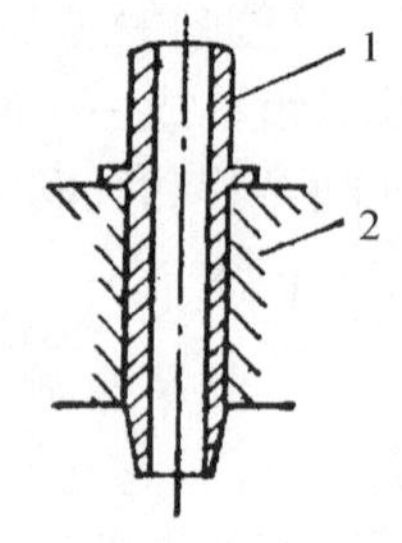

图 2-4-5　气阀导管

1—气阀导管;2—缸盖

气阀导管通常采用图 2-4-5 所示结构,通常用铸铁和铁基粉末冶金制成。导管与缸盖上的导管孔是过盈配合,过盈量一般为(0.003 ~ 0.005)d,d 为导管外径。把导管压入座孔内,在导管上制有凸缘,它可以可靠地固定和定位。导管与阀杆的配合间隙要参照说明书中规定的安装间隙和磨损极限进行检修。若配合间隙过大,不但散热不良,而且会使气阀在工作时产生摆动冲击,致使磨损不均;配合间隙过小,气阀动作迟钝,阀杆容易咬死。

4. 气阀弹簧

气阀弹簧控制气阀关闭,使气阀工作面能紧密地与阀座贴合。

气阀弹簧承受频繁的交变应力作用,极易造成疲劳破坏。气阀弹簧采用优质弹簧钢制成,经过表面机械处理、热处理和化学处理,以提高弹簧的韧性、疲劳强度和耐蚀性。

气阀弹簧通常在一个气阀上只装有一根,但对于高速大功率柴油机,在一个气阀上装有两根弹簧。这样可以减少弹簧丝的直径和弹簧高度,减少弹簧的应力,增加工作的柔和性。两根弹簧折断一根还有一根,仍可工作不致使阀落入缸内,可提高可靠性。值得注意的是两根弹簧的旋向必须相反,这样可以防止弹簧移动或折断时互相夹插。

5. 气阀弹簧锁紧元件

气阀与弹簧的连接是通过锥形卡块、弹簧承盘实现的。锥形卡块是一个剖分的空心圆锥体。弹簧盘在中心处制成一个倒锥形孔。气阀装配时,首先把气阀从缸盖底面穿入气阀导管,在阀杆上套上弹簧并装上弹簧盘。用专用工具或其他工具把弹簧压缩,使阀杆顶部的细颈露出。而后把两个剖分空心圆锥体放入阀杆细颈处,再放松弹簧。于是在弹簧张力的作用下,弹簧把锥形卡块紧紧锁在阀杆的细颈中,如图 2-4-6 所示。图中的卡圈 2 可防止锥形卡块损坏时气阀掉入气缸。

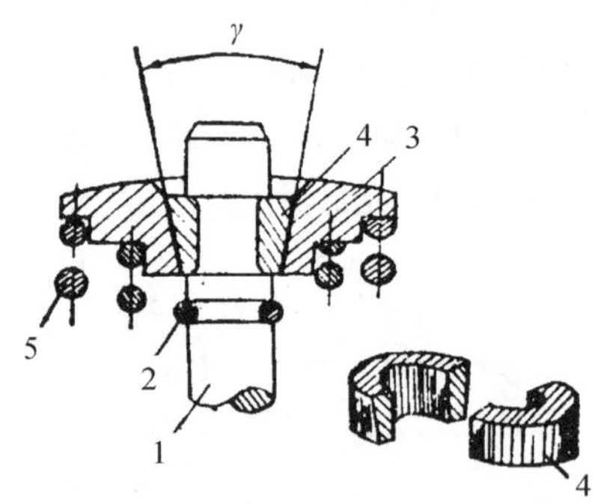

图 2-4-6　气阀弹簧的锁紧

1—阀杆;2—卡圈;3—弹簧盘;4—锥形卡块;5—弹簧

四、气阀传动机构

实现气阀启闭的机构称为气阀传动机构。它包括凸轮、从动体、顶杆和摇臂等。

1. 凸轮

各缸的进排气定时、喷油定时和起动定时都是由相应的凸轮进行控制的,所以各缸的各种凸轮依据发火次序和设计的各种定时与该缸曲轴保持一定的位置关系安装在凸轮轴上，从而实现各缸凸轮对阀件的控制。

凸轮轴有两种结构形式：一种是整体式凸轮轴，各缸的凸轮都是按上述原则安排，然后用模锻工艺整体锻造；另一种是分制式凸轮轴，它的轴身与凸轮分开制造，各缸各凸轮也是按上述布置原则安装在轴上。

135 型柴油机采用整体式凸轮轴；300 型柴油机采用分制式凸轮轴，用液压方式把凸轮固定在轴身上。

凸轮在工作时它的工作面与从动体接触，两者之间存在着摩擦和磨损，还承受气阀传动机构的冲击力作用。因此，凸轮的工作面要有耐磨性、足够的刚性和韧性。

凸轮轴一般采用优质碳钢或合金钢锻制而成，凸轮表面和轴颈要经过渗碳、淬火处理，以提高凸轮的硬度和耐磨性。

2. 从动体

从动体位于凸轮与顶杆之间，它直接由凸轮控制，把凸轮的升高动作传给顶杆。从动体与顶杆接触部分制成球形坑，与顶杆下端球形部分相配合使之受力均匀，如图 2-4-7(a)所示。

从动体与凸轮接触常采用如下两种结构。

(1)滑动式

它的底面为平面，与凸轮之间是滑动摩擦。凸轮在转动时使顶头与机体导承孔产生单侧磨损。为使导承孔和从动体均匀磨损，在设计时使从动体中心线和凸轮厚度中心线之间设有偏置距离。这个距离为 1.5 ~ 3 mm，如图 2-4-7(a)所示。这样就可以实现从动体在上下往复运动的同时绕自身轴线做回转运动。

(2)滚动式

在从动体底面安装一个滚轮，这样可使从动体和凸轮间由滑动摩擦变为滚动摩擦，如图 2-4-7(b)所示。

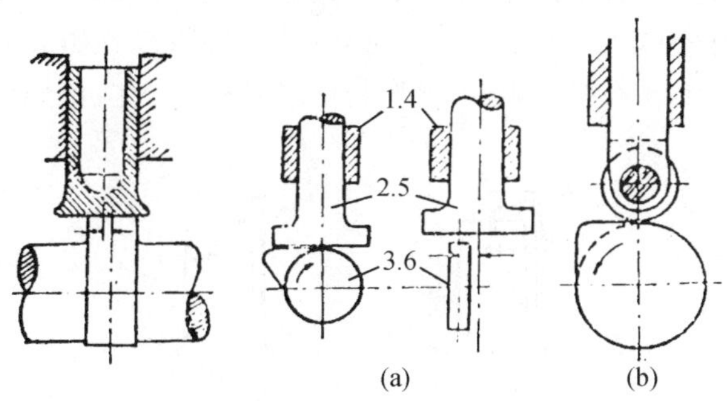

图 2-4-7　从动体结构

1、4—导承孔；2、5—从动体；3、6—凸轮

3. 顶杆

顶杆是从动体和摇臂之间的传动件，通常用无缝钢管制成。顶杆在上下往复运动的同时还有微小的转动。上端制成半球形凹槽，以便和摇臂配合。下端制成球形，以便和从动体球形凹槽相配，如图 2-4-2 所示。

值得注意的是，在拆装时安装顶杆必须把摇臂一端的调整螺钉全部放松；否则在盘车时容易把顶杆压弯。

4. 摇臂

摇臂是一个杠杆,它是顶杆和气阀间的传动件。摇臂两端是不等长的,推动气阀的一端为长臂,与顶杆接触的一端是短臂。在短臂的端部制有螺纹孔并装有调节螺钉,它可以用来调整气阀间隙。摇臂长短臂的这种布置可以使凸轮升程小,又可得到较大的气阀开度。

摇臂装在摇臂轴上,而摇臂轴又装在气缸盖上的摇臂座中,摇臂轴与摇臂设有润滑油孔。在检修时应使油孔畅通。

五、凸轮轴传动机构

柴油机的各种定时是由凸轮轴上的凸轮控制的,而各凸轮必须与各缸曲柄位置相对应。凸轮轴的转动又是由曲轴传动的。因此,凸轮轴与曲轴除有传动关系之外,还有定时关系。目前柴油机曲轴驱动凸轮轴有如下两种方式:

1. 齿轮传动

这种传动方式在中小型柴油机上得到广泛使用。它是由曲轴齿轮、中间齿轮和凸轮轴齿轮组成。对于四冲程柴油机,凸轮轴与曲轴间的传动比为2:1。二冲程柴油机的传动比为1:1。在各定时齿轮上刻有定时记号,这些记号通常都是以第一缸定时为基准。具体标志请参见机械说明书。在安装定时齿轮时,必须按说明书中规定的基准安装,使各齿轮上记号对位,切不可弄错,如图2-4-8(a)所示。

2. 链轮传动

链轮传动方式一般应用在大型低速柴油机上。由于曲轴与凸轮轴的距离太远,如果采用齿轮传动,齿轮尺寸太大,中间齿轮数目增多,故只能采用链轮传动。曲轴链轮通过链条直接传动凸轮轴链轮,这种传动装置适用于两轴相距较远的场合。因长期运行会使链条伸长和链条磨损,导致链条在运行中产生晃动,从而出现定时误差,所以在链条传动机构中设有链条张紧装置,用以调整链条松弛。在链轮和链条上也有定时标记,在拆装要特别注意,这种传动装置如图2-4-8(b)所示。

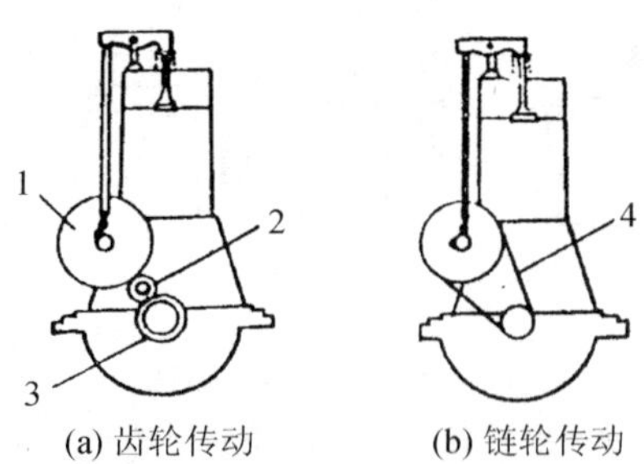

(a) 齿轮传动　　(b) 链轮传动

图2-4-8　凸轮轴传动机构

1—凸轮轴定时齿轮;2—中间齿轮;3—曲轴定时齿轮;4—链条

[三]换气机构的故障和管理

一、气阀机构的故障

在换气机构中,气阀机构的工作条件最为恶劣。尽管气阀机构在设计、制造和材料方面根据其工作条件已做了充分考虑,但在使用中由于运转情况经常变化或因维护保养和使用管理不当,仍然会出现各种故障。

(1)阀面和阀座磨损和腐蚀。这种故障表现为阀面和阀座密封面上有伤痕和麻点。前者主要是由燃气中的炭粒或其他杂质冲刷或落在接合面上时阀与阀座撞击所造成的。后者主要是由燃油中的硫、钒和钠的腐蚀所造成的。这会使气阀的密封性变坏,引起漏气,使柴油机功率下降,各缸功率不均,起动困难,甚至不发火。因此,必须经常注意检查气阀的工作情况,发现漏气应对气阀进行研磨,使之重新密封。

(2)阀面与阀座烧损。阀座扭曲、偏移、倾斜和失圆都会造成大面积烧损。阀盘翘曲时,关闭不严处如同喷管流道,会被严重烧损。气阀阀杆卡阻、弯曲,都使阀盘不能落座,使密封面发生均匀烧损。此外,阀面和座面也会因麻点、伤痕处漏气而发展到烧损。

(3)阀杆卡紧。阀杆在导管中往复运动,气阀导管间隙过小会使阀杆卡阻;气阀导管间隙过大可使导管中润滑油结焦,沉积物增多,阀杆也会卡住;还可能由于中心线不正,致使阀卡死在管中。这将使气阀与阀座关闭不严而发生漏气,甚至影响气阀的启闭。为此,必须注意阀杆与导管之间的间隙、对中性和润滑情况。润滑油量必须适中,最好使用润滑油和柴油的混合油。

(4)阀杆和阀头断裂。这种断裂大多是由于频繁撞击引起金属疲劳以及高温下金属的机械强度降低造成的。断裂通常发生在阀头与阀杆的过渡处或阀杆上端支承弹簧盘的圆槽处。气阀断裂后掉入气缸,将引起柴油机立即停止工作,并可能将活塞、气缸盖、气缸套击碎。

(5)气阀弹簧断裂。气阀弹簧断裂多是因为振动造成的,也可能是因为材质、热处理不符合要求,或在保管中锈蚀所致。

(6)阀壳产生裂纹。阀壳裂纹通常是由于安装时将固定螺栓拧得太紧造成的。因为这样会使阀壳在柴油机工作时因受热膨胀而产生很大的应力。阀壳裂纹将会使冷却水喷入排气管中。因此,固定螺栓不宜拧得过紧。虽然这可能在初期造成少许漏气,但工作一段时间后,漏气将逐渐消失。

二、气阀间隙的测量和调整、气阀定时的检查

1. 气阀间隙的测量和调整

冷车时在机械式气阀传动机构中,要在摇臂端和气阀阀杆之间留有一定的间隙,以便柴油机运转时气阀机构受热后有膨胀的余地。若气阀间隙过小,则气阀受热后会关闭不严;若间隙过大,则除影响气阀定时外(晚开、早关),还会使撞击严重,造成大的噪声和磨损。因为温度高、尺寸大时,气阀膨胀的数值也大,所以排气阀比进气阀、增压机比非增压机、大型机比小型机的气阀间隙大。气阀间隙的具体数值见柴油机使用说明书。用塞尺测量气阀间隙,测量气

阀间隙时要注意顶头的滚轮一定要落在凸轮的基圆上。

2. 气阀定时的检查

气阀定时的测量只有在气阀间隙符合要求时才能进行,以消除气阀间隙不同时对定时的影响。测量气阀定时的方法随柴油机而异,一般在说明书中均有规定。通常的做法是:在气缸盖上放千分表架,将千分表的触头压在气阀弹簧盘上,然后缓慢盘车。千分表指针刚刚移动或回到原位的时刻就是气阀开启或关闭的时刻。这时,飞轮上相应的角度就是气阀开启或关闭的角度。

凸轮、滚轮等传动件磨损,链轮、链条再度张紧,拆装机器时凸轮轴安装不正确,都会使定时与给定数值不符。大型低速柴油机排气阀定时可以调整。现代大型低速柴油机的凸轮轴与凸轮轴联轴节、凸轮轴与排气凸轮多采用液压拆装的过盈配合连接,能够改变它们之间的装配角度。

三、气阀和阀座的研磨与更换

小型柴油机阀座座面损伤时,要用专用工具铰刀修整。气阀阀面损伤时要用专用磨床研磨,然后再用细研磨砂对研。研磨后阀面上应研出暗色连续等宽度阀线,无法修复磨损过大的气阀应换新。大中型柴油机的阀座和气阀都配有专用研磨工具。在阀座换新、使用新的或修理的阀、阀座面损伤时,要用专用工具研磨阀座。气阀阀面由于磨损、腐蚀损伤时,要用专用工具磨削,并用专用工具测量阀座与气阀磨损量,超过规定者应予换新。磨削要保证规定的锥角。为防止研磨面上出现颤痕,磨具或阀壳下要垫橡胶块。

[四]配气机构的调整与检修

一、配气机构的调整

在日常管理中,要适时检查配气机构,调整气阀间隙和配气定时。

气阀是在冷态下装入气缸盖的,当柴油机运行时,气阀受热膨胀使气阀有脱离阀座的倾向。若气阀离开阀座,会使气阀关闭不严,导致气缸漏气。为了事先就消除因受热膨胀使气阀关闭不严的现象,通常在气阀阀杆顶端和摇臂接触面之间留有一定的安装间隙,把这个间隙叫作气阀间隙。

这个间隙值对不同类型的柴油机有不同数值。气阀间隙值与气阀材料和工作温度有关。排气阀间隙值要大于进气阀间隙值。通常进气阀间隙值为 0.2 ~ 1.0 mm,排气阀间隙值为 0.3 ~ 1.5 mm。当柴油机检修时,凡拆动过的气阀机构在重新安装时都要进行气阀间隙检查和调整。工作一段时间之后,由于磨损或松动也会使气阀间隙发生改变,因此也要定期检查或调整。

气阀间隙调整应在冷车和气阀处于全关闭状态下进行。根据这一原则,可在压缩冲程和动力冲程调整进、排气阀;在进气冲程调整排气阀;在排气冲程调整进气阀。在调整气阀间隙时,先按发火次序盘车,使第一缸活塞处于压缩冲程末期(即处于上止点位置)。进、排气阀处于关闭状态,气阀顶杆应能自由转动,高压油泵柱塞弹簧处于压缩状态。然后把气阀间隙调节螺钉松开,用规定间隙值的塞尺插入气阀与摇臂之间。调整螺钉,用手拉动塞尺感到松紧适度即可,然后锁紧调节螺钉以防松动。

按发火次序依次进行调整。

二、配气正时检查与调整

柴油机的配气正时是根据柴油机的用途、转速、结构等因素通过实验而确定的。柴油机在运行一段时间后,必须根据说明书进行检查与调整。

影响配气正时不准确的原因有:凸轮磨损、气阀间隙小和正时齿轮磨损。这三种原因造成的正时误差不大,它可能发生在个别气缸。可通过气阀间隙调整、凸轮轴和齿轮检修来消除正时误差。而正时齿轮安装错误将使整机各缸的配气正时都发生错乱。因此,在拆装维修时要格外注意。为确保各缸配气正时正确,在正时齿轮端面上都刻有配气正时的安装标记,只要按照记号安装就可以保证安装正确。

三、气阀检查与修理

在拆下气阀维修检查时,主要检查阀面的麻点、烧损和擦伤。在一般情况下只要经过手工研磨即可消除。研磨前必须清除阀面积炭。研磨时使气缸盖工作面朝上,先在阀面上涂一层粗粒研磨膏,在阀杆上涂少量润滑油再把气阀插入气阀导管内,用橡皮碗吸住气阀,上下往复敲打阀座。在做往复运动同时要使气阀转动以使阀面各处均匀研磨。当阀的工作面出现一圈环带时,此时在环带处必须没有斑痕和麻点,方可进行细研。这时必须擦净粗粒研磨膏,再涂一层细粒研磨膏继续进行研磨,直到在工作面上出现一条 1.5 ~2.5 mm 宽的环带时再擦去细粒研磨膏涂上滑油研磨即可。一般排气阀环带要比进气阀环带略宽,为 2 ~3 mm。

阀在研磨后的检查通常有两种方法:一种是用软铅笔在阀的工作面处均匀地画出若干道铅笔线,然后装上气阀加轻微压力转四分之一圈再取出气阀。若所画铅笔线均匀切断则说明研磨合格;否则,不合格,还需继续研磨。另一种方法是把气阀机构在气缸盖上装好,从进、排气通道倒入柴油,如经过 3 ~4 min 没有从阀工作面渗漏即为合格。

四、配气正时检查与调整

柴油机的配气正时是根据柴油机的用途、转速、结构等因素通过实验而确定的。柴油机在运行一段时间后,必须根据说明书进行检查与调整。

影响配气正时不准确的原因有:凸轮磨损、气阀间隙小和正时齿轮磨损。这三种原因造成的正时误差不大,它可能发生在个别气缸,可通过气阀间隙调整、凸轮轴和齿轮检修来消除正时误差。而正时齿轮安装错误将使整机各缸的配气正时都发生错乱。因此,在拆装维修时要格外注意。为确保各缸配气正时正确,在正时齿轮端面上都刻有配气正时的安装标记,只要按照记号安装就可以保证安装正确。

五、气阀弹簧和锥形卡块检查

气阀弹簧拆下洗净后,首先检查弹簧外观有无毛刺、裂纹、表皮剥落等。检查弹簧两端面是否平行以及弹簧中心线是否与端面垂直。检查弹簧的自由高度，确定弹簧发生永久变形的程度。与弹簧备件相比，如有明显变化必须换新，若勉强使用将导致配气正时变化。

对于锥形卡块要求有正确的形状和足够的硬度。若发现有过度磨损松动应及时换新以防止气阀落入气缸造成严重事故。在检查时一定要仔细检查裂纹等微小变化，防微杜渐。

第五节　柴油机的特性

一、渔船柴油机的工况和运转特性的基本概念

柴油机的特性主要体现在柴油机的动力性、经济性和使用性能，这是柴油机固有的特性。柴油机的应用场合和工作条件不同，其性能指标和工作参数也有很大的差异。对柴油机特性进行研究是制造和使用柴油机的重要依据。

1. 渔船船舶柴油机的工况

柴油机在各种不同条件下运转的工作状况（功率和转速）称为柴油机运转工况。

在船舶上，柴油机主要作为推进主机、发电原动机和应急发动机（应急发电机、空压机和消防泵的原动机）。

根据柴油机在船上应用时的不同条件，概括起来有三类工况：发电机工况、螺旋桨工况和其他工况。

（1）发电机工况

电力传动的船舶主机和发电副机按发电机工况运行。

在这种工况下，为了保持电网电压稳定和一定的电流频率，由调速器控制柴油机保持恒速运转。它的功率随着航行条件的变化或船舶用电量的变化，可以从零变化到最大许用值。因此，柴油机的发电机工况是转速不变而功率随时发生变化的工况，如图 2-5-1 中直线 2 所示。

（2）螺旋桨工况

用来直接驱动螺旋桨的船舶主机是按螺旋桨工况运行的。螺旋桨的吸收功率等于主机发出的功率，螺旋桨在工作时其吸收功率与转速的 m 次方成比例（$P_e=cn^m$）。通常在稳定运转时，螺旋桨吸收功率 P_e 与转速 n 的三次方成比例，即 $P_e \propto n^3$。柴油机功率 P_e 与转速的关系可写成 $P_e=cn^3$。把柴油机按此关系运转的工况称为柴油机的螺旋桨工况，如图 2-5-1 中曲线 1 所示。

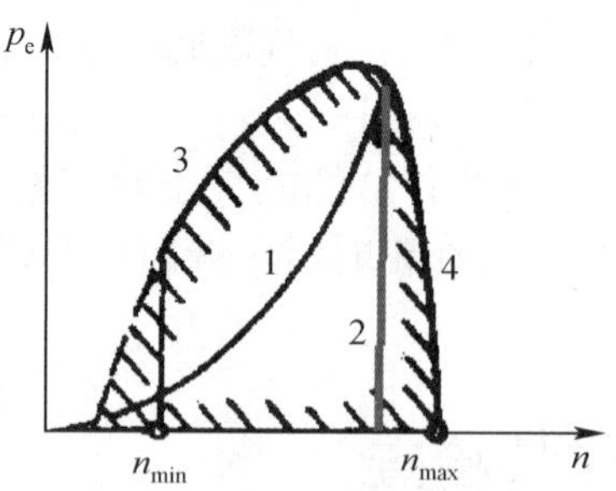

图 2-5-1　船舶柴油机的各种工况

(3)其他工况(面工况)或车用工况

柴油机在此类工况下运行时,它的功率与转速之间没有一定的关系。柴油机的转速是由工作机械所需的速度决定的,而功率则由运行中所遇到的阻力决定。即柴油机在一定的转速下工作,要求有不同的输出功率,或在某一功率下工作时可以有不同的转速。如图 2-5-1 阴影线所示区域。此类工况亦称面工况。比如驱动调距桨的主机是根据不同的调距桨叶的角度在某一转速下要求不同的功率;驱动应急救火泵或应急空压机的柴油机分别要求符合水泵或空压机的工况;即使直接驱动螺旋桨的主机,当航行条件和运行状态发生变化时(海面状况、气象条件、航区、装载、船舶污底以及船舶转向等),船舶阻力也发生改变,也将通过螺旋桨影响主机的功率和转速。

柴油机特性是柴油机性能指标和工作参数随运转工况变化的规律。柴油机特性曲线是将这种变化规律在坐标上用曲线的形式表现出来。

主要性能指标:平均有效压力 p_e、有效转矩 Q_e、有效功率 P_e、平均指示压力 p_i、有效耗油率 g_e等。

工作参数:增压压力 p_k、排气温度 T_r、最高爆发压力 p_{max}。

2. 研究柴油机特性的目的

研究柴油机特性的目的有以下几点:

(1)评价柴油机性能。从出厂时的特性曲线中可以对新出厂或大修后的柴油机的动力性、经济性、可靠性和使用可能性等做出鉴定。对使用者而言,柴油机特性是选型配套和提出产品改进意见的重要依据。

(2)确定柴油机工况。由特性可决定柴油机在船舶使用条件下的极限允许使用范围,选择一最佳工作点并合理地调整柴油机,使它在常用工况下具有较好的经济性能。

(3)分析影响特性的因素,以便寻找改善发动机特性的途径,使发动机的性能得到进一步提高。

(4)检测柴油机的状态。将柴油机运转中测得的主要性能指标和工作参数与特性曲线给出的相应工况下的数值相比较,借以查明柴油机在运转中的工作质量和技术状态,以便发现问题及时调整和检修。

3. 柴油机特性分类

柴油机的功率公式为 $P_e = cp_eni$。式中,c 和 i 两个均属于结构参数,对一台使用中的柴油机来说,c 和 i 是不变的。因此,只有 p_e和 n 是决定柴油机有效功率 P_e的运转参数。按照这两个参数我们把船用柴油机特性分为三类。

第一类:平均有效压力 p_e不变,有效功率 P_e随转速 n 改变而变化,称该特性为速度特性。

第二类:柴油机运转的转速 n 保持恒定,通过改变平均有效压力 p_e来改变有效功率 P_e,这类特性称为负荷特性。

第三类:柴油机运行中平均有效压力 p_e和转速 n 同时改变,这类特性以柴油机推进特性为典型特性。

另外,柴油机的调速特性是调速器转速设定机构固定在某位置时,当外负荷在从零到最大值或相反过程的全部变化范围内,柴油机的功率、扭矩或平均有效压力与转速之间的变化规律。调速特性与柴油机其他特性不同,它并不涉及柴油机内部的工作过程,而与调速器的工作性能直接相关。

二、柴油机的功率和转速的使用范围

1. 柴油机功率标定法

(1)我国柴油机的功率标定

15 分钟功率:柴油机允许连续运行 15 min 的最大有效功率。商船不采不用,军用船舰追击用功率。

1 小时功率:柴油机允许连续运行 1 h 的最大有效功率。商船超负荷功率,是最大持续功率的 110%,可作为拖拉机、工程机械的最大使用功率。

12 小时功率:柴油机允许连续运行 12 h 的最大有效功率,可作为拖拉机、工程机械的正常使用功率。

持续功率:柴油机允许长期连续运行的最大有效功率。船舶用它来标定功率、标定转速。标定工况是指这种功率和转速。

(2)国外船用柴油机常用的几种功率(工况)名称

MCR:最大持续功率,同时标有相应的转速。

OR:超负荷功率工况,其功率为 MCR 功率的 110%。

CSR:持续使用功率工况。

ERP:按推进特性的经济功率工况。

ERC:按负荷特性的经济功率工况。

2. 柴油机的持续运转范围

在柴油机设计、制造、操纵和管理中都必须考虑柴油机工作的可靠性和寿命,对柴油机工作时的机械负荷和热负荷都加以必要的限制,既要防止超功率,也要防止超扭矩,既要防止超转速,也要防止超温度。实现上述限制的理论手段即为柴油机的限制特性。

柴油机的限制特性是指限制柴油机在各种转速下的最大有效功率,使柴油机的机械负荷和热负荷不超出为保证其可靠工作而规定的允许范围。它是速度特性的一种。柴油机按限制特性工作时,不同转速下喷油泵的每循环供油量需要根据限制条件做相应的调整。

按照柴油机的类型不同,在确定其运转功率范围时,可把最高爆发压力 p_z、平均有效压力 p_e、曲轴转矩 Q_e、过量空气系数 α、排气温度 t_r以及涡轮增压器转速 n_T等参数作为限制因素,其中较为常用的是 Q_e、α 和 t_r。

为了使船用柴油机经济、稳定和可靠地工作并具有较长的寿命,必须对运行时可能达到的功率 P_e(或平均有效压力 p_e和转矩)和转速做适当的限制,即确定一个允许的运转范围,如图 2-5-2 所示。

(1)柴油机在各种转速下允许达到的最大功率

在图 2-5-2 中,不同条件下柴油机的最大功率分别由超负荷速度特性(曲线 4)、全负荷速度特性(曲线 2)以及限制特性(等转矩限制线 3 和等排烟温度限制线 1)来限制。曲线 4 和曲线 2 只有在柴油机台架试验时使用。一台运行中的柴油机在各种转速下所允许达到的最大功率一般限制在限制特性线以下,柴油机在各种转速下的功率如果超过这些特性所规定的上限时,其经济性和可靠性将显著下降。

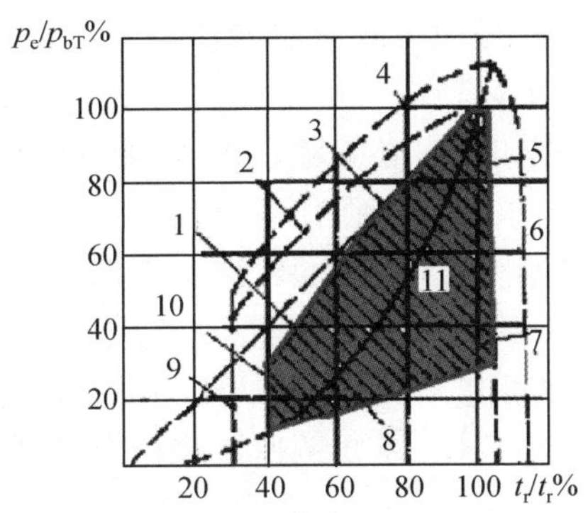

图 2-5-2　渔船柴油机的允许运转范围

(2)柴油机在各种转速下的最小功率

柴油机最小功率由最低负荷速度特性曲线 8 来限制。这是因为柴油机在过小负荷下工作时每循环供油量太小,而且各缸的供油量在此情况下将变得很不均匀,导致各缸功率显著不均,甚至个别气缸不喷油或不发火,致使柴油机运转不稳定,同时低负荷时还会导致低温腐蚀加剧。

(3)柴油机在各种负荷下可达到的最高转速

在装有调速器的情况下,由调速特性来限制柴油机的最高转速。如果在标定功率下调速器使柴油机在标定转速下稳定运转,则在负荷减小时它将使柴油机在调速特性线 5 确定的各个转速下稳定运转。同样,如果在超负荷功率下调速器使柴油机在相应的最高转速下稳定运转,则在负荷减小时它将使柴油机在调速特性 6 所确定的各种转速下稳定运转。柴油机在各种负荷下的转速如果超过这种特性规定的范围就不能安全工作,其经济性也将下降。

(4)柴油机在各种负荷下可能达到的最低转速

柴油机在过小的转速下运转时,油泵柱塞的速度很低;泵油压力过低,致使燃油雾化不良,使可燃混合气混合质量显著恶化,燃烧恶化。各种定时也将变得不合适,导致柴油机工作过程不正常、运转十分不稳定。特别是当柴油机按推进特性(曲线 11)工作时,负荷随转速的降低而迅速减小,每循环供油量很少,从而导致柴油机运转不稳。为了限制柴油机的最低转速,规定有两个最低工作稳定转速:曲线 9 按全负荷速度特性工作时的最低稳定转速 n_{min} 和曲线 10 按推进特性工作时的最低稳定转速 n_{min}。

对于与螺旋桨直接连接或通过减速齿轮箱连接的柴油机来说,长期连续运转的允许功率和转速受限制特性、标定转速(或相应的调速特性)、最小负荷特性、按推进特性工作时的最低稳定转速所限制。图 2-5-2 中影线部分表示出船用柴油机的工作范围。现代船用柴油机多根据上述原则规定允许的运转范围。

第六节　柴油机的调速装置

船舶在航行中,受海浪和风力的影响主机可能超速、超负荷。为保证航行安全,在动力装置中必须采取技术措施,严格控制柴油机的转速和负荷,使它保持在额定值。在船舶机动航行时,主机转速变化频繁。当柴油机的负荷、转速发生变化时,要求柴油机能立即改变喷油量以适应负荷和转速的变化。柴油机就是通过调速器的作用来自动调节高压油泵的喷油量,使柴油机在所要求的转速和负荷下稳定运转。

发电柴油机,要求发电机电压和频率必须稳定,也就要求发电柴油机的转速恒定。特别是当两台发电柴油机并联运行时,要求柴油机在任何负荷下都能均匀地分配负荷,同时还要求它们的转速完全相同。对于这种负荷变化频繁,而转速又需保持不变的要求,也可通过调速器调整喷油量的办法来实现。

柴油机在低速运转时,各缸供油量不均匀,喷油压力低,致使雾化不良,可能导致其自动熄火。为了保证柴油机低速空转的稳定性,需要调速器来稳定最低转速。

调速器可以实现三种功能:

(1)随柴油机负荷的改变能自动改变喷油量,使柴油机转速保持恒定。

(2)根据需要通过操纵调速器可以改变柴油机转速。

(3)可以保持柴油机在低速下稳定空转,还可限定最高转速。

一、调速器的分类

1. 按调速范围分类

(1)极限调速器(限速器)。只用于限制柴油机的最高转速不超过某规定值,在转速低于此规定值时不起调节作用。此种调速器仅用于船舶主机,目前已很少单独使用。

(2)定速(单制)调速器。在负荷变化时能使柴油机转速保持在规定范围内。此种调速器应用于发电柴油机。通常,为满足多台柴油机并联运行的要求,本调速器一般有 ±10% 标定转速的可调范围。

(3)双制式调速器。能维持柴油机的最低运转转速并可限制其最高转速。其中间转速由人工手动调节。此种调速器用于对低速性能要求较高或带有离合器的中小型船用主机。

(4)全制式调速器。在从最低稳定转速到最高转速的全部运转范围内,均能自动调节喷油量以保持任一设定转速。此种调速器广泛用于船舶主机及柴油机发电机组。

2. 按执行机构分类

(1)机械式(直接作用式)调速器。它是直接利用飞重产生的离心力去移动油量调节机构以调节柴油机的转速。

(2)液压(间接作用式)调速器。它是通过液压伺服器将飞重产生的离心力加以放大,使用放大后的动力去移动油量调节机构。

(3)电子调速器。转速信号监测或/和执行机构采用电气方式的调速器。

二、超速保护装置

船用柴油机除按规定和使用要求装设上述调速器外,为了防止在调速器损坏时造成柴油机超速损坏,确保柴油机运转安全,按我国有关规定,凡标定功率大于 220 kW 的船用主机和船用发电柴油机还应分别装设超速保护装置,以防止主机转速超过 120% 的标定转速和发电柴油机转速超过 115% 的标定转速。此种超速保护装置是一种运转安全装置,它与调速器不同,它只能限制柴油机转速,本身无调速特性,在柴油机正常运转范围内不起作用,只在柴油机转速达到规定限值才发生动作使柴油机立即停车或降速。按规定，超速保护装置必须与调速器分开设立且能独立工作，无论柴油机的操纵机构处于什么状态，该装置的保护性动作必须迅速而准确。

通常，该装置由转速监测器、伺服机构和停车机构等三部分组成。转速监测器对曲轴转速随时进行测定和监测。当转速达到规定限值时，转速监测器发出准确而稳定的信号，触发伺服机构动作。伺服机构的动作具有足够的强度与幅度，保证在任何情况下均能带动停车机构立即切断燃油供应或停止气缸进气，使柴油机停车。

按对转速的测定方式，转速监测器有三种类型：离心式、电磁式和气压式。离心式利用飞块—弹簧测定转速，多用于中型柴油机；电磁式利用电磁感应原理测定转速，多用于中低速柴油机；气压式利用增压空气压力测定转速，仅用于机械增压的小型柴油机。伺服机构有弹簧式、气压式、液压式。弹簧式结构简单，但需人工复位；气压式和液压式结构和维护复杂，但动作作用力大且可以自动复位。

三、调速器的性能指标

调速器的性能好坏直接影响柴油机运转的稳定性和可靠性。调速器装机后，在柴油机性能鉴定时，应对柴油机进行突变负荷试验，同时用转速自动记录仪记录柴油机的转速随时间的变化曲线，用以分析调速器的工作性能。如图 2-6-1 所示曲线即为柴油机进行突变负荷试验时得到的调速过程转速变化曲线。柴油机先在空载转速 n_{omax} 下稳定运转，稳定运转时转速的微小波动是由于柴油机工作过程特点及调速系统的特性所决定的。在某瞬时突加全负荷，转速立即下降，瞬时转速下降到最低瞬时转速 n_{min}。此后由于调速器的调节，转速又回升，经过一段时间 t_s 并经数次收敛性波动后，转速稳定在全负荷稳定转速 n_b。此调节过程称为调节的过渡过程。试验还可以从其后某点突卸全负荷开始，转速突然增高至最高瞬时转速 n_{max}，由于调速器的调节，转速又下降，经过 t_s 时间后，转速又稳定在空载转速 n_{omax}。

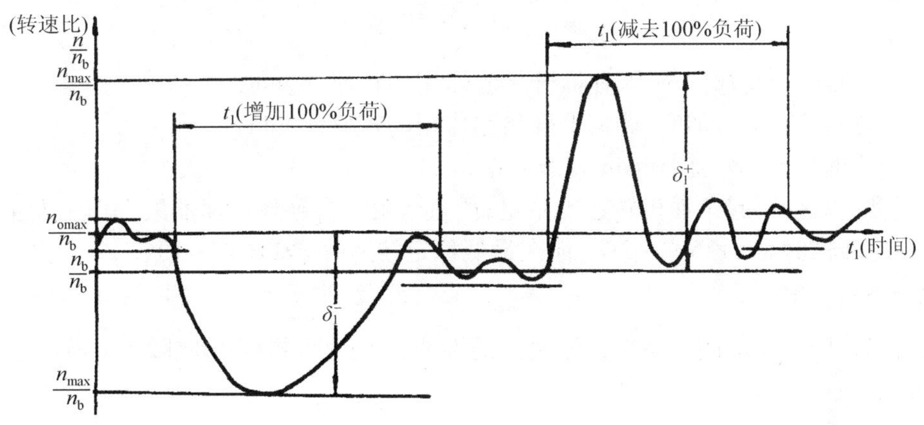

图 2-6-1　调速过程的转速变化

据此，评定调速器性能有以下两种工作指标：

1. 静态指标

(1)稳定调速率 δ_2

稳定调速率 δ_2(静态速差率、速度降)定义：指当操纵手柄在标定供油位置时，空载转速

n_{omax}与标定转速n_b之差同标定转速n_b比值的百分数，即：

$$\delta_2 = \frac{n_{omax} - n_b}{n_b} \times 100\%$$

稳定调速率δ_2用来衡量调速器的准确性，其值愈小，表示调速器的准确性愈好。δ_2在国外称速度降(Speed Droop)。对单台柴油机运转允许$\delta_2 = 0$，表示该柴油机将不随外界负荷变化而保持恒速运转。但在几台柴油机并联工作时，为使各机负荷分配合理，各机的δ_2必须相等且不得为零，对δ_2的要求应根据柴油机的用途而定。我国有关规范规定，船用主机的δ_2不大于10%；交流发电机的δ_2不大于5%。

(2)转速波动率Φ或转速变化率φ

转速波动率或转速变化率用来表征在稳定运转时柴油机转速的变化程度，主要是由柴油机回转力矩不均匀和调速系统摩擦阻力、间隙引起的，但两者的定义不同。

$$转速波动率\ \Phi = \left| \frac{n_{cmax}(n_{cmin}) - n_m}{n_m} \right| \times 100\%$$

$$转速变化率\ \varphi = \frac{n_{cmax} - n_{cmin}}{n_m} \times 100\%$$

式中，n_{cmax}——测定期间的最高转速，r/min；

n_{cmin}——测定期间的最低转速，r/min；

n_m——测定期间的平均转速，r/min，$n_m = (n_{cmax} + n_{cmin})/2$。

一般，在标定工况时$\Phi \leqslant 0.25\% \sim 0.5\%$；$\varphi \leqslant 0.5\% \sim 1\%$。

(3)不灵敏度ε

当柴油机在一定负荷下稳定运转时，由于调速机构中存在间隙、摩擦和阻力等，若转速稍有变化，调速器并不能立即改变供油量，直到转速变化量足够大时调速器才能开始起到调节供油的作用，这种现象称调速器的不灵敏性。我国用不灵敏度ε表示不灵敏区域的大小。

$$\varepsilon = \frac{n_2 - n_1}{n_m} \times 100\%$$

式中，n_1——柴油机转速减少时，调速器开始起作用的转速，r/min；

n_2——柴油机转速增加时，调速器开始起作用的转速，r/min；

n_m——柴油机平均转速，r/min，$n_m = (n_1 + n_2)/2$。

不灵敏度过大会引起柴油机转速不稳定，严重卡阻时会导致调速器失去作用发生飞车，一般规定在标定转速时$\varepsilon \leqslant 1.5\% \sim 2\%$；而在最低稳定转速时$\varepsilon \leqslant 10\% \sim 13\%$。

2. 动态指标

动态指标是用以评定调速系统过渡过程的性能(稳定性)指标，如图2-6-1所示。

(1)瞬时调速率δ_1

$$突卸全负荷瞬时调速率\ \delta_1^+ = \frac{n_{max} - n_b}{n_b} \times 100\%$$

式中，n_{max}——突卸100%负荷时的最高瞬时转速；

n_b——突卸100%负荷前的稳定转速(标定转速)。

$$突加全负荷瞬时调速率\ \delta_1^- = \left| \frac{n_{min} - n_{omax}}{n_b} \right| \times 100\%$$

式中，n_{min}——突加 100% 负荷时的最低瞬时转速；

n_{omax}——突加 100% 负荷前的稳定转速（空载转速）。

我国有关规范要求发电柴油机的 δ_1^+ 不大于 10%；δ_1^-（突加 50% 后再加 50% 全负荷）不大于 10%。

（2）稳定时间 t_s

稳定时间 t 指从突加（或突减）全负荷后转速刚偏离最高空载转速的波动范围（或标定转速的波动范围）到转速恢复到标定转速的波动范围（或最高空载转速的波动范围）为止所需时间（s）。我国有关规范规定，交流发电机 t_s 不大于 5 s。

δ_1 和 t_s 表明调速机组动态特性，其值小表明机组（包括调速器）动态特性好、灵敏、易稳定。

四、机械调速器工作原理

如图 2-6-2 所示为机械调速器的示意图。转轴 1 由凸轮轴驱动，转轴 1 与飞重座架 2 制成一体。飞重 3 铰接在飞重座架 2 上。滑动套筒 4 坐在飞重 3 的折角杆上。滑动套筒上面放有调速弹簧 5。调速弹簧的弹力是由调节螺钉 7 来调节的。杠杆 9 的一端插入滑动套筒的环槽内，杠杆 9 的另一端与油量调节机构 8 相连。

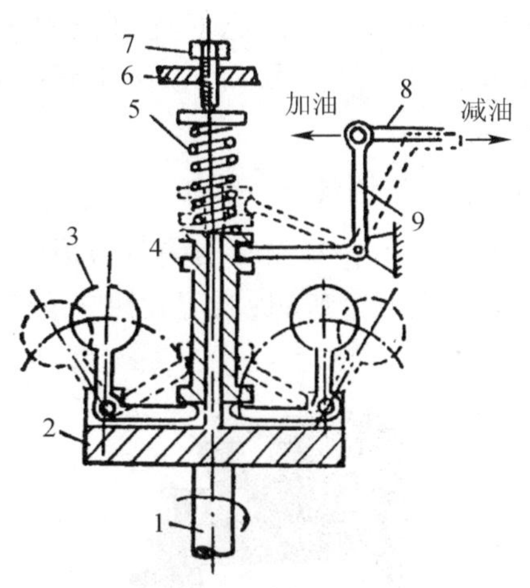

图 2-6-2 机械调速器工作原理图

1—转轴；2—飞重座架；3—飞重；4—滑动套筒；5—调速弹簧；6—固定部分；7—调节螺钉；8—油量调节机构；9—杠杆

调速器的飞重是调速器的感应元件，当柴油机转速变化时，飞重所产生的离心力也在变化。这个离心力必须和调速弹簧的弹力相平衡。

当柴油机负荷不变时，即柴油机的转矩和外界的阻力矩相等，此时，柴油机也就在某一转速下稳定运转。飞重转动时所产生的离心力向外，通过飞重折角杆使套筒 4 上移使弹簧有一定的压缩量，使滑动套筒稳定在某一位置上，油量调节机构便拉动油门固定在某一位置上，也就使负荷、喷油量和转速达到平衡。

当负荷增加时，柴油机的转矩小于外界阻力矩，这时柴油机转速下降，飞重的离心力减小。此时，飞重的离心力小于调速弹簧的弹力，飞重向内收拢，滑动套筒下移，杠杆 9 左端下移使油量调节机构 8 左移实现加油，使柴油机转速升高，从而达到调速目的。然后调速器又在新的工况下,实现负荷、供油量和转速三者的平衡。

当负荷减小时,柴油机的转矩大于外界阻力矩,柴油机转速增加,飞重的离心力增加。此时,飞重的离心力大于调速弹簧的弹力。飞重向外张开,滑动套筒上移,杠杆 9 左端上移使油量调节机构 8 右移实现减油,柴油机转速下降从而达到调速目的。调速器又在新的工况下,实现负荷、供油量和转速三者的平衡。

由上述可知,不论柴油机负荷如何变化,调速器都能自动调节供油量,使柴油机转速保持在给定的范围内。

五、液压调速器的典型结构

液压调速器必须具有由控制滑阀和动力活塞组成的液压放大机构(称液压伺服器);另外为了提高其调节稳定性,改善其动态特性,还必须具有反馈(补偿)机构。液压调速器的这些特点使它具有广阔的转速调节范围、调节精度和灵敏度高,稳定性好,广泛用于船舶大中型柴油机,但其结构复杂,管理要求高。

船用柴油机使用的液压调速器大多为双反馈全制式。其中以 Woodward UG 和 Woodward PGA 型应用较普遍。UG 型分为杠杆式和表盘式两种,并按其工作能力大小分为多种规格;PGA 型为气动遥控式,多用于遥控主机。另外,它们均可按使用者要求附加某些辅助装置以完成控制或安全方面的额外要求。国产全制式双反馈液压调速器,如 TY111 或 TY555 在结构和性能上与 Woodward UG 型相似。

1. Woodward UG-8 表盘式液压调速器结构

UG-8 调速器的外形如图 2-6-3 所示。其输出的调节力矩(工作能力)为 8 英尺·磅,多用于发电用柴油机。它的正面表盘上有四个旋钮:调速旋钮 3、静速差旋钮 8、负荷限制旋钮 9 以及转速指示器 1。

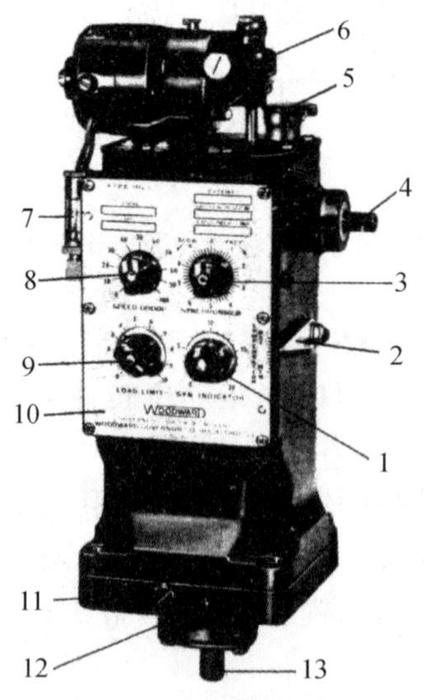

图 2-6-3 UG-8 表盘式调速器外形图

1—转速指示器;2—反馈指针;3—调速旋钮;4—输出轴;5—加油盖;6—调速电动机;7—油位表;8—静速差旋钮;9—负荷限制旋钮;10—表盘;11—节流针阀;12—放油塞;13—驱动轴

表盘式液压调速器主要由以下几部分组成,如图 2-6-4 所示。

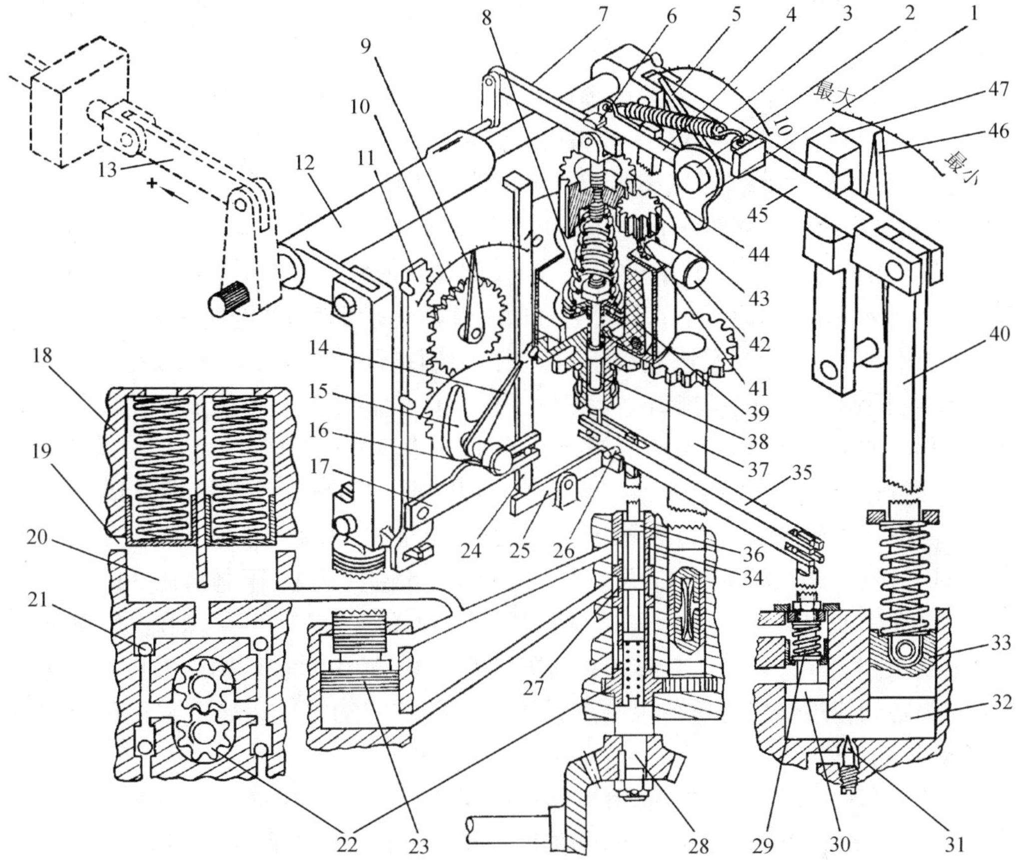

图 2-6-4　表盘式液压调速器

1—静速差凸轮;2—静速差旋钮;3—拉紧弹簧;4—顶杆;5—静速差指针;6—可调支持销;7—静速差杆;8—调速弹簧;9—负荷指针;10—齿轮;11—齿条;12—输出轴;13—油量调节杆;14—负荷限制指针;15—负荷限制凸轮;16—负荷限制旋钮;17—控制杆;18—稳压油缸;19—溢油孔;20—蓄压室;21—球阀;22—油泵齿轮;23—动力活塞;24—紧急停车杆;25—限制杆;26—限制销;27—控制孔;28—驱动轴;29—反馈弹簧;30—小反馈活塞;31—补偿针阀;32—补偿空间;33—大反馈活塞;34—控制滑阀套筒;35—浮动杆;36—滑阀;37—弹性轴;38—调速杆;39—飞重;40—杆;41—传动齿轮;42—调速旋钮;43—传动齿轮;44—调速齿轮;45—反馈杠杆;46—反馈指针;47—活动支点

(1)驱动机构　驱动轴 28 由柴油机凸轮轴经伞齿轮传动,通过油泵齿轮 22、弹性轴 37、传动齿轮和飞重架等使飞重 39 等转动,从而将柴油机的转速信号传给感应机构。

(2)转速感应机构　由飞重 39、锥形调速弹簧 8 及调速杆 38 组成,用以感受和反映转速的变化。

(3)伺服放大机构　由控制滑阀 36、控制滑阀套筒 34、动力活塞 23 以及有关油路组成,用来放大感应机构的输出能量。控制滑阀套筒 34 由驱动轴 28 带动回转。

(4)调节机构　由动力活塞 23、输出轴 12 及油量调节杆 13 等组成,用来拉动调油杆调节供油量。

（5）恒速（弹性）反馈机构　主要由大反馈活塞33、小反馈活塞30、反馈弹簧29、补偿针阀31、反馈杠杆45、杆40、活动支点47、反馈指针46以及反馈油路等组成。其作用是保证调速过程中转速稳定。

（6）速度降（静速差）机构　主要由静速差旋钮2、静速差凸轮1、顶杆4、拉紧弹簧3、可调支持销6、静速差杆7和静速差指针5等组成。它是一种刚性反馈机构，不仅能使调节过程稳定，而且还能调节稳定调速率δ_2以满足调节稳定性及并联运行的工作需要。

（7）速度设定机构　由两部分组成：其一由调速旋钮42，传动齿轮41、43，中心螺杆和调速齿轮44组成；其二由调速电动机（图2-6-3中之6）及蜗轮减速机构等组成。前者用于调速器前手动调节，后者用于配电盘处遥控调节，均可通过调速弹簧8的预紧力改变柴油机的稳定转速。

（8）负荷限制机构　由负荷限制旋钮16、负荷限制指针14、负荷限制凸轮15、控制杆17、紧急停车杆24、限制杆25、限制销26、齿条11、齿轮10、负荷指针9等组成。用以限制动力活塞的加油行程。如图2-6-4所示负荷限制指针14位于表盘刻度“10”（最大）处，而此时动力活塞的实际加油行程由指针9指示为“5”处。此时在控制杆17与负荷限制凸轮15之间具有间隙，滑阀36的下移不受限制，动力活塞继续上行加大供油量，当动力活塞上行至最大供油位置时，负荷指针9指示“10”，控制杆17与负荷限制凸轮15刚好接触，限制滑阀36继续下移，即动力活塞限制在供油“10”处。同理若负荷限制指针14置于“8”“6”“4”刻度处，柴油机的供油量亦被限制在“8”“6”“4”处。若转动负荷限制旋钮16至“0”刻度，则柴油机自行停车。柴油机起动时为防加速过快应将负荷限制旋钮置于“5”；待起动之后运转正常将负荷限制旋钮转至“10”或规定位置。

按下紧急停车杆24可使滑阀36抬起，动力活塞23下行减油停车。但此杆仅在调速器试验中使用，并非在柴油机运转中使用，但可在其上方装设安全停车辅助装置以保护柴油机。

（9）液压系统　由低压油池、油泵齿轮22、稳压油缸18及稳压活塞及有关油路组成，用于产生并维持规定的油压。

2. 工作原理

当柴油机在某一负荷下稳定工作时，飞重39的离心力与调速弹簧8的预紧力相平衡，调速杆38处于图示中间位置将控制孔27封闭，动力活塞23下方空间封闭，动力活塞固定不动，输出轴12和油量调节杆13等均固定在某一位置，使柴油机有一个相应于外负荷的供油量。柴油机在由调速弹簧8所设定的转速下稳定运转。

当负荷增大时，转速下降，飞重的离心力小于弹簧的预紧力，飞重向内收拢，调速杆38下移，使浮动杆35以右端C为支点向下摆动，推动滑阀36下移并打开套筒上的控制孔27，高压油进入动力活塞23的下腔。由于动力活塞下面面积为上面面积的两倍，致使动力活塞向上移动并带动输出轴12逆时针方向转动加油，增加柴油机供油量使转速开始回升，由于系统有“惯性”，转速的回升滞后。在输出轴12逆时针转动的同时，反馈杠杆45的左端上移，右端以活动支点47为中心下移，带动大反馈活塞33下移，压缩补偿空间32中的滑油，由于补偿针阀31的节流作用（31的开度小），致使小反馈活塞30上移并压缩反馈弹簧29。此时浮动杆35以左端 为支点逆时针方向转动，带动滑阀36上移，使其提前返回平衡位置，重新封闭控制孔27使动力活塞23提前停止加油移动。此后，柴油机的转速回升，飞重逐渐张开调速杆38上行。由于反馈弹簧29的恢复作用,将使小反馈活塞30逐渐下移复位,多余的滑油由补偿针阀31排出。此下移速度如能与调速杆38的上行速度相适应,就能使滑阀36不必再调节而迅速稳定在平衡位置,使柴油机转速更快稳定下来。浮动杆35恢复原位,柴油机恒速转动。上述反馈动作即为弹性(恒速)反馈。实际上,此反馈动作并非一次完成。而是要反复多次,一直持续到油量增加到与负荷增加相适应,使柴油机恢复至原工作转速。另外,当输出轴12逆时针方向转动加油的同时,还带动静速差杆7绕可调支持销按逆时针方向转动,其右端上移,中心螺杆和调速齿轮44随即一起上移,将调速弹簧8稍微放松,由此使柴油机在负荷增加后的稳定工作转速较原工作转速稍有降低,亦即保证一定的速度降。

同理,当负荷减小时,调速器的调节过程与上述相反。同样由速度降机构引起动作,使柴油机以较原转速稍高的转速稳定运转。

六、液压调速器的管理

有关调速器的管理,在调速器说明书中都有明确规定。在日常管理中应注意如下问题:

1. 正确选择滑油

要求调速器用滑油不产生泡沫,不腐蚀调速器零件,不产生沉淀物,不易老化,并且在60 ℃油温下滑油的黏度不变。

目前我国常用的调速器润滑油为SYB1201-60透平油。实践证明,选用调速器滑油应根据油温而定:

调速器工作温度	滑油牌号
40 ℃以下	22号
0~40 ℃	30号
60 ℃以上	40号

2. 定期更换滑油

滑油脏污是液压调速器发生故障的主要原因,对调速器的保养首要是保持滑油的清洁。为此,必须定期检查滑油,如发生滑油变质或脏污,应及时换油。在正常情况下每半年更换一次。在更换滑油时,首先放出旧油再用轻柴油清洗,直到清洁为止,放出轻柴油。清洁完毕之后再注入新滑油。滑油高度应处于调速器油标尺的两刻度线之间。

3. 航行值班中的管理

航行过程中要在交接班时注意检查调速器的油位,油位下降应及时补油。

在值班巡回检查时要观察调速器与喷油泵的连接处是否松动或脱落,如发生上述现象应及时处理。

七、调速器的常见故障

当柴油机在工作中,转速变化出现异常时,通常应考虑以下三方面的因素:柴油机工作性能恶化;调速器某些辅助设备失常;调速器本身失常。因此,应首先进行以下检查:

(1)确认柴油机的负荷是否超出了柴油机的标定负荷。

(2)检查各缸负荷是否严重不均,是否正常发火,喷油器是否处于正常工作状态。

(3)检查调速器与喷油泵之间的杠杆传动机构是否卡滞或因间隙过大而松动。

(4)检查调速器负荷指针的零位与喷油泵的零位是否一致。

(5)检查调速器的设定机构、控制空气压力等是否正常。

在进行以上检查并排除问题之后,如调速器工作仍然不正常,则为调速器自身故障,这些故障通常有:

1. 柴油机游车或转速振荡

游车指转速有节奏地变化,以手动停住调速器的作用可以消除,但放手后仍会恢复有节奏的转速变化。转速振荡指转速有节奏变化且幅值较大,手动停住调速器作用可消除波动,放手后转速不会立即重新波动,但在调速或负荷变化后波动仍会发生。可能的原因有:

(1)调速器反馈系统调速不当,应重新进行稳定性调节。

(2)调油杆、高压油泵空动或卡死。

(3)调速器滑油太脏、起泡或油位过低(油位表不见油位)。

(4)调速器内部故障,如飞重和轴承磨损,滑阀卡死,补偿(阻尼)弹簧弹性减弱等。

(5)调速器与柴油机不匹配。

2. 调速器输出轴颤动(高频振动)

调速器输出轴颤动(高频振动)可能的原因有:

(1)调速器驱动不稳。如传动齿轮磨损、啮合不良、凸轮轴传动机构松动,柴油机减振器故障。

(2)飞重的弹性驱动机构故障。

(3)调速器在安装支座上没有均匀固紧。

3. 柴油机达不到全速全负荷

柴油机达不到全速全负荷可能的原因有:

(1)喷油泵齿条拉出长度不够或喷油泵齿条拉出长度不够而调速器输出轴已达到最大输出行程(刻度 10)。这可能是由于调油杆系卡滞、空动,调速器输出轴与喷油泵供油刻度匹配不当等因素引起。

(2)控制空气或扫气空气压力太低或设定转速太低。

(3)动力活塞运动受阻。

(4)液压系统油压过低或油路阻塞。

4. 柴油机起动时高压油泵齿条不能及时拉开

柴油机起动时高压油泵齿条不能及时拉开可能的原因有:

(1)调速器中油压低。如齿轮泵磨损,齿轮泵单向阀漏泄。

(2)起动转速太低。

(3)升压伺服器(在起动时使用起动空气迅速增加调速器内滑油压力的选用设备)动作不佳。

(4)某种断油机构(如停车螺帽等)调整不当。

(5)转速设定值或扫气压力燃油限制器(在起动时由扫气压力限定调速器输出轴转角的一种辅助装置)设定值太低。

第七节　柴油机的起动及换向和操纵装置

[一]柴油机操纵系统的组成及类型

柴油机的操纵系统就是将起动、换向、调速等各装置联结成一个整体并可以集中控制柴油机的机构。轮机人员在操纵台前,通过控制系统就可以集中控制机器,满足船舶操纵的各种要求。

随着自动化技术和电子技术的发展,各种遥控技术已广泛地应用于柴油机的操纵机构。特别是近年来电子计算机技术和微处理机已用于主机遥控、巡回检测和工况监视等方面,不仅大大减轻了轮机人员的劳动强度,改善了工作条件,还可以避免人为的操作差错,提高船舶运行的安全性、操纵性和经济性。目前,主机遥控技术水平越来越高,船舶正朝着全面自动化和智能化的方向发展。

在船舶柴油机中,操纵系统是最复杂的一部分,零部件多,排列错综复杂。尤其是近年来遥控技术和自动化技术在操纵机构的应用,更增加了操纵系统的复杂程度。为了保证操纵系统能够可靠地工作,对船舶柴油机的操纵系统有下列基本要求:

(1)必须能够迅速而准确地执行起动、换向、变速和超速保护等动作,并应满足船舶规范上的相应要求。

(2)要有必要的连锁装置,以避免误操作和事故。

(3)必须设有必要的监视仪表和安全保护与报警装置。

(4)操纵机构中的零部件必须灵活、可靠,不易损坏。

(5)操作、调节方便,维护简单。

(6)便于实现遥控控制和自动控制。

按操纵部位和操纵方式,操纵系统可以分为:

(1)机旁手动操纵,操纵台设在机旁,使用相应的控制机构操纵柴油机使之满足各种工况的需要。

(2)机舱集控室控制,在机舱的适当位置设置专用的控制室实现对柴油机的控制和监视。

(3)驾驶台控制,在驾驶台的控制台由驾驶员直接控制柴油机。

在这三个部位中机旁手动控制是整个操纵系统的基础。机舱集控台控制和驾驶台控制统称遥控,即指远距离操纵主机。遥控系统是用逻辑回路和自动化装置代替原有的各种手动操作程序。在三个部位的操纵台上均设有操纵手柄、操纵部位转换开关、应急操作按钮及显示仪表等,以便对主机进行操纵和运行状态参数的监测。尽管目前主机遥控技术已经达到了相当高的水平，但系统中仍然必须保留机旁手动操纵系统，以保证对主机的可靠控制。

按遥控系统所使用的能源和工质，主机遥控系统可分为：

1. 电动式主机遥控系统

电动式遥控系统是以电作为能源，通过电动遥控装置和电动驱动机构，在集控室对主机进行操作。它具有的优点为：该系统控制性能好，可实现准确的控制，不受信号传递距离的限制；有利于远距离控制；不需要油、气管路，无油、气处理装置，不必担心漏油、漏气；易于实现较高程度的自动化，是实现主机遥控的最佳途径。电动式遥控系统管理水平要求高，需要配备具有一定电子技术知识且较熟练的操作管理人员。

2. 气动式主机遥控系统

该系统的能源是压缩空气，它是通过气动遥控装置和气动驱动机构对主机进行遥控的方式。压缩空气可直接利用主机起动用的压缩空气，只要经过减压和净化处理即可取得。信号传递范围比较远，一般在 100 m 以内可满足系统的控制要求。信号传递基本不受温度、振动、电气干扰等的影响。因为有管路和气压，可以看得见、摸得着，动作可靠，维护方便，因而深受轮机人员的欢迎。但该系统信号传递没有电动式快，对气源的除油、除尘、除水的净化处理要求较高；否则易使气动元件失灵。气动系统目前也趋于小型化和集成化。

3. 液力式主机遥控系统

液力式遥控系统的主要优点是结构牢固，工作可靠，传递力较大。但是由于液压传动有惯性和所用油的黏度受温度的影响等，会使传动的灵敏性和准确性受到影响，因此在遥控系统中一般限于机舱范围内，不适用于远距离信号传递。

4. 混合式主机遥控系统

为了综合利用上述各种系统的优点，出现了许多混合式遥控系统，如电 - 气混合式和电 - 液混合式等，即从驾驶台到机舱采用电传动，机舱系统采用液动或气动。目前，这种系统在船上应用较为广泛。

5. 微型计算机控制系统

在常规的主机遥控系统中，程序控制等功能是通过各种典型环节的控制回路完成的。采用微型计算机遥控主机时，是通过软件设计给出一个计算机执行程序以取代常规遥控系统的控制回路，用软件取代硬件程序。微型计算机在执行时，将根据从接口输入的车令和表征主机实际运行状态的各种信息进行综合判断和运算，得出需要的控制信息，经输出接口去控制操纵系统的执行元件，实现主机的正倒车换向、起动、停车和调速等功能操作。

其主要特点是用微处理机取代了分立元件或集成逻辑电路元件，体积小，功能强，扩大了逻辑功能、运算功能，增加了灵活性，可实现最佳状态和最经济性控制。

微型计算机遥控主机系统是当代向综合性自动化方向发展的主要目标和方向。

通常，在远距离遥控系统中多采用电传动，近距离多采用液力或气力传动。目前，我国远洋船队多采用全气动式、电 - 气混合式两种形式。

主机遥控系统的功能除了根据车钟指令通过各种逻辑回路和自动装置等完成主机起动、换向、调速和停车等程序操作外，还必须具有重复起动、慢转起动、负荷程序、应急停车、自动避开临界转速、故障自动减速或停车、紧急倒车等辅助功能。但柴油机的备车系统状态检查等均由轮机人员在机舱内完成，然后再转换到遥控系统控制。

[二]柴油机起动系统的组成及类型

柴油机自身没有起动能力。若使柴油机从静止状态进入工作状态要有一定条件，起动装置的任务就是创造这一条件。

所谓柴油机起动，是指柴油机由静止状态通过某种外界能源带动曲轴回转，形成柴油机第一冲程从而使柴油机连续运转起来。柴油机是属于压燃式内燃机，缸内可燃混合气的燃烧主要依靠压缩行程。显然，如转速太低，压缩行程进行得缓慢，缸内气体散热和泄漏较多，使压缩终点的温度和压力下降，达不到可燃气体自燃发火所需要的温度，柴油机也就不能自行转动起来。由此可见，柴油机起动时必须要有一定转速。我们把柴油机在起动时所要求的最低转速称为起动转速。

起动转速的范围一般为：

(1)小型柴油机为 60 ~ 70 r/min。

(2)中速柴油机为 80 ~ 150 r/min。

(3)低速柴油机为 50 r/min。

柴油机的起动方式根据外力能源不同可分为人力、电力和压缩空气起动几种。因人力有限，人力起动只限于 14 kW 以下的小型柴油机，并辅以减压起动。电力起动结构紧凑，操作方便，但需要电池和直流电动机。它适用于 44 kW 以下的柴油机。压缩空气起动可以得到较大的扭矩，并可实现反转起动，在大中型柴油机上得到广泛采用。由于压缩空气起动要在气缸盖上布置起动阀，缸径小时难以安排，所以它一般用于缸径大于 150 mm 的柴油机。

压缩空气起动系统，按照气缸起动阀开启的方式起动系统可分为直接起动和间接起动两种。

一、直接起动压缩空气系统

如图 2-7-1 所示为直接起动式压缩空气系统，由气缸起动阀 1、空气分配器 2、起动控制阀 3、截止阀 4、出气阀 5 和空气瓶 6 所组成。

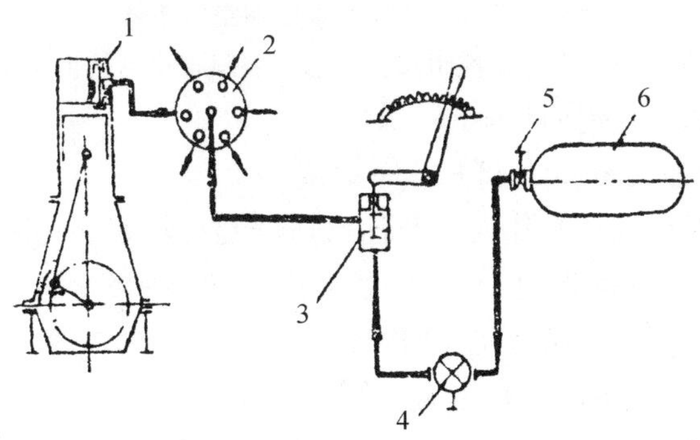

图 2-7-1　直接起动式压缩空气系统

1—气缸起动阀；2—空气分配器；3—起动控制阀；4—截止阀；5—出气阀；6—空气瓶

直接起动式压缩空气系统的主要特点是：进入气缸的起动空气全部经过空气分配器，按发火次序送入各缸起动阀，并直接作用在阀盘上使阀开启随之进入气缸，实现柴油机起动。

直接起动式压缩空气系统的优点是管路布置简单，当气缸内压力大于起动压力时，起动阀自动关闭可防止燃气倒流入空气管内；缺点是在空气分配器和起动阀处空气节流损失太大，空气压力损失大，耗气量大。

二、间接起动式压缩空气系统

间接起动式压缩空气系统是由气缸起动阀 1、空气分配器 2、主起动控制阀 3、起动控制阀 4、截止阀 5、出气阀 6 和空气瓶 7 等组成，如图 2-7-2 所示。这种起动装置中来自空气压缩机的压缩空气储存在空气瓶 7 中。起动前先打开空气瓶上的出气阀 6 和截止阀 5，使压缩空气经截止阀沿管路进入主起动控制阀 3 和起动控制阀 4。用起动手柄压开起动控制阀 4，主起动控制阀 3 自行开启。此时压缩空气分为两路：一路是主气路，通至各缸起动阀 1 等候，这部分空气称为起动空气；另一路是从主气路分出的支气路，这路空气分别去起动控制阀 4 和空气分配器 2，称为控制空气。起动阀 1 在起动空气作用下不能开启。只有当空气分配器 2 把起动空气按发火次序进入各缸起动阀使阀开启时，等候在起动阀的起动空气才能进入气缸。柴油机起动后，关闭起动控制阀切断空气，起动操作完毕。

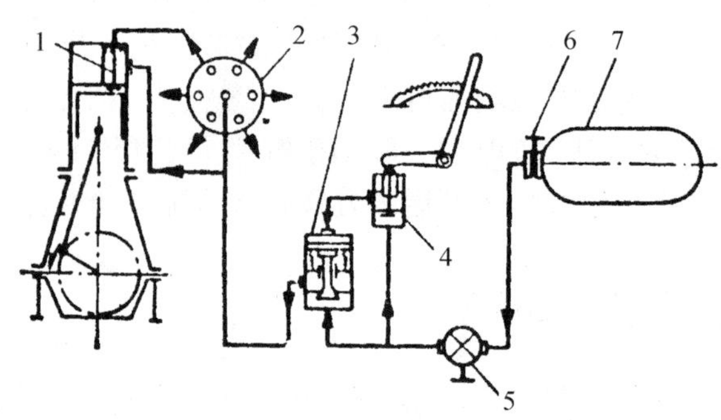

图 2-7-2　间接起动式压缩空气系统

1—起动阀；2—空气分配器；3—主起动控制阀；4—起动控制阀；5—截止阀；6—出气阀；7—空气瓶

要实现迅速可靠地起动，必须具备下列条件：

(1)压缩空气必须具有足够压力和一定储量

压缩空气的压力是保证起动操作时使柴油机达到起动转速的先决条件。为了在起动过程中能很快地达到起动转速，起动迅速，并能连续多次起动，要求空气压力为 2.5 ~3 MPa，空气瓶储量要保证在冷车情况下能连续起动 12 次以上。

(2)压缩空气送入气缸要有一定的起动定时

起动空气必须在活塞处于膨胀冲程开始时的某一时刻进气，并延续一段时间后结束，这一正时要求与柴油机机型、缸数、转速等因素有关。一般是在上止点前或后 5°左右开，在上止点后 100° ~120°曲柄转角关闭。部分小型船舶柴油机起动定时如表 2-7-1 所示。

表 2-7-1　柴油机起动定时表

柴油机型号	冲程	转速	缸数	起动阀开启	起动阀关闭	起动空气延续
6-160	4	750	6	上止点前 2°	上止点前 122°	124°
6-250	4	600	6	上止点前 4°	上止点前 130°	134°
6-300	4	400	6	上止点后 5°	上止点后 139°	134°

(3)必须保证最少起动缸数

对于船用柴油机,必须保证曲轴在任何位置都能起动,即当曲轴处于任何位置,至少有一个气缸起动阀是开启的,这样才能保证柴油机能随时起动。为了实现在任何位置都能实现起动,必须有一个最少起动缸数。对于四冲程柴油机,在 720°曲柄内各缸要有一次供气,供气延续为 120° ~ 140°曲柄转角。为了保证各缸起动供气时间能衔接,它的最少起动缸数为 6 缸;对于二冲程柴油机,在 360°曲柄转角内各缸要有一次供气时间,供气延续角为 100° ~ 120°的曲柄转角。为了保证各缸供气衔接,它的最少起动缸数为 4 缸。

当柴油机的缸数多于最少起动缸数时,各缸供气不仅能衔接,而且前一个气缸供气的后期与后一个气缸供气的前期有重迭阶段,这就保证了柴油机在任何位置都能起动。

[三]柴油机换向系统的组成及类型

船用主机发出的功率驱动螺旋桨在水中旋转。螺旋桨把转矩变为轴向推力并作用于水。水的轴向反力又作用于螺旋桨并经轴系传给推力轴承,从而推动船舶前进。

所谓船舶换向装置,就是用来改变螺旋桨轴向推力方向的机械装置。

船舶换向有下列四种方法:

(1)柴油机曲轴经轴系直接与螺旋桨相连,只要改变曲轴转向便可实现换向,称为直接换向。

(2)柴油机和螺旋桨之间采用机械(换向齿轮)换向传动装置使螺旋桨改变转向,称为间接换向。

(3)柴油机转向不变,而改变螺旋桨桨叶的螺距角,使轴向推力向前或向后,称为可调螺距桨换向。

(4)Z 形换向装置,螺旋桨做 360°转动可实现推力向前或向后,其推力方向在 360°范围内任意改变。

如图 2-7-3 所示为 Z 形换向装置。柴油机曲轴通过离合器 2 和带有万向联轴节的传动轴 3 把动力传给锥齿轮 4,经传动轴 9 再传给锥齿轮 8,再传给螺旋桨 7,推动船舶前进或后退。

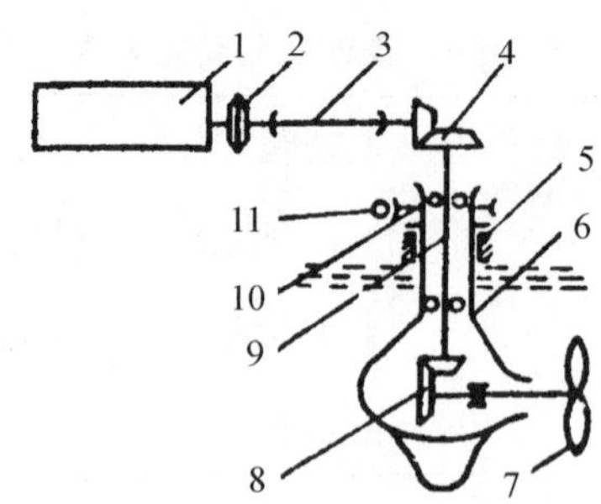

图 2-7-3　Z 形换向装置

1—柴油机;2—离合器;3—传动轴;4—锥齿轮;5—支架;6—艉管;7—螺旋桨;8—锥齿轮;9—传动轴;10—蜗轮;11—蜗杆

一、换向必须满足的换向条件

柴油机由正车换成倒车或由倒车换成正车时必须具备如下条件:

(1)柴油机换向时,首先应停车。进行反向起动时必须使压缩空气在原来转向的压缩或排气冲程进入,使曲轴反转。因此,空气分配器凸轮必须换向。

(2)柴油机热力过程的进气、压缩、燃烧、膨胀和排气在换向后必须与换向前相同。因此,必须改变进气凸轮、排气凸轮、燃油凸轮与曲轴的相对位置。

(3)柴油机换向之后,柴油机的发火次序必须改变。如正车发火次序为 1—4—2—6—3—5,倒车发火次序即为 1—5—3—6—2—4。

(4)换向前后,柴油机自身驱动的扫气泵、水泵、滑油泵和燃油输送泵等的输送方向不变。

二、换向原理

柴油机如何才能改变转向呢?当柴油机曲柄处于图 2-7-4(a)所示位置时,起动空气进入气缸,此时柴油机按顺时针方向转动,假如规定这个转向为正车,这时喷油泵、进气阀、排气阀正时必须适应这个转向的要求,柴油机才能按顺时针方向转动。

当柴油机曲柄处于图 2-7-4(b)所示位置时,起动空气进入气缸,柴油机就会按照逆时针方向回转,如果进气阀、排气阀、喷油泵等正时都能适应这个转向的要求,柴油机就能够按逆时针方向正常工作。

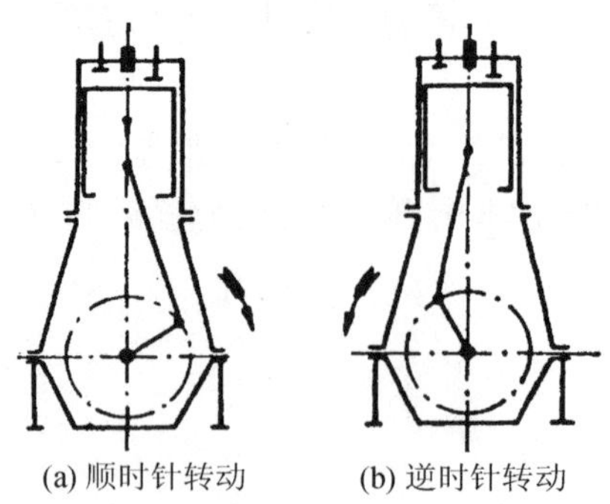

(a) 顺时针转动　　(b) 逆时针转动

图 2-7-4　换向原理示意图

由上述分析可见，换向起动时必须在原转向的压缩冲程或排气冲程进入起动空气方可实现反转；各缸的燃油凸轮、进气凸轮、排气凸轮和空气分配器凸轮的正时换向前后必须一致，各缸同名凸轮的布置必须符合正、倒车的发火次序。

三、双凸轮换向装置

柴油机要实现正转或反转，各缸必须有两套空气分配器、喷油泵、进气阀和排气阀凸轮。一套是正车凸轮，一套是倒车凸轮。这就是说采用双凸轮换向的装置中，每个所需换向的凸轮均设有正车凸轮、倒车凸轮。这两套凸轮都具有相同的外形轮廓，并根据正、倒车发火次序和正、倒车正时要求排列。当柴油机需要换向时，必须使各换向设备的滚轮与正车或倒车凸轮相接触，这样就保证了柴油机能按不同的转向进行运转。这种换向装置广泛应用于大中型柴油机，它是柴油机换向的基本方法。

采用双凸轮换向的关键，是在换向时将需要控制的机件从正车凸轮改为倒车凸轮。如图2-7-5所示为气动轴向移动凸轮轴换向装置。

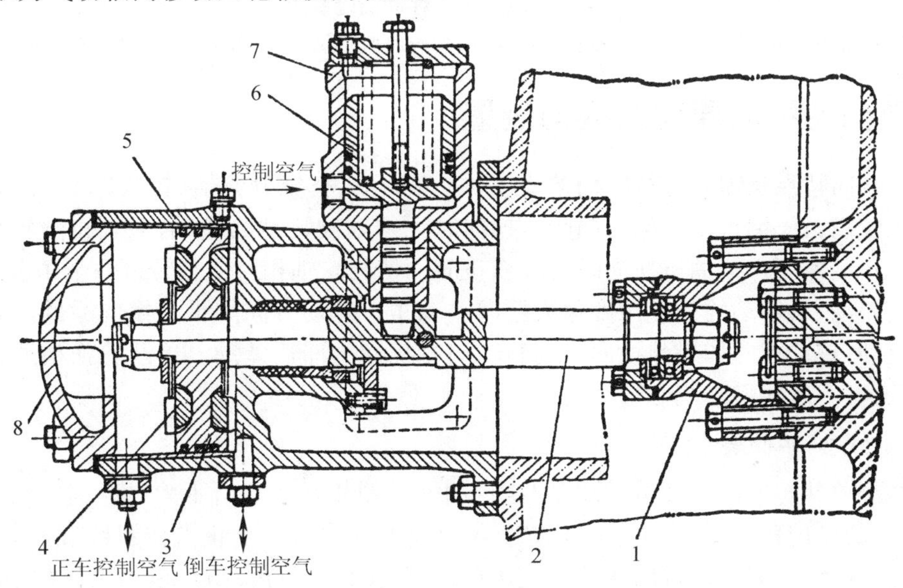

图2-7-5　气动轴向移动凸轮轴换向装置

1—联轴节；2—换向轴；3—换向活塞；4—缓冲块；5—换向气缸；6—锁紧活塞；7—锁紧气缸；8—缸盖

换向轴2通过联轴节1与凸轮轴法兰连接。联轴节1内部装有止推滚珠轴承，它可以保证凸轮轴转动时换向轴2不动，它只能带动凸轮轴做轴向移动。当柴油机从正车换为倒车时，控制空气通到锁紧气缸7把锁紧活塞推到上方，使锁紧销与换向轴2上的缺口脱开。当换向手柄扳到倒车位置时，控制空气经管路到换向气缸5的倒车控制气路，推动换向活塞3向左移动，直到缓冲块4碰到气缸盖8为止。把操纵手柄回到停车位置时，锁紧活塞下落到换向轴2的倒车缺口中。此时各缸倒车凸轮已移动到相应的滚轮之下，即可进行倒车运转。为防止在轴向移动凸轮时，各滚轮与凸轮相碰，还专设有提升装置。在换向前把进、排气阀和喷油泵滚轮提升，再轴向移动凸轮轴，换向之后再把提升装置放下。

有的柴油机是采用液压换向，如图 2-7-6 所示。当换向时控制空气首先进入换向油缸。例如要由正车换为倒车，压缩空气便通入倒车油缸，推动换向活塞左移。由于凸轮端面制成圆弧和斜面（如图 2-7-6 所示），就无须提升装置各凸轮即移到各自的滚轮下，这样就简化了换向装置的结构。

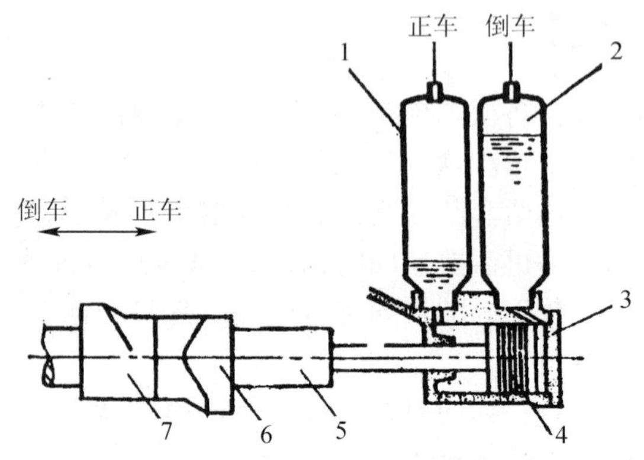

图 2-7-6　液压轴向移动凸轮装置

1—正车油缸；2—倒车油缸；3—换向油缸；4—换向活塞；5—凸轮轴；6、7—倒车凸轮

四、单凸轮换向原理及换向装置

单凸轮换向特点是需要进行换向的设备（如喷油泵、空气分配器、排气阀等）由各自轮廓对称的凸轮控制，正、倒车使用同一凸轮。换向时无须轴向移动凸轮轴，只须将凸轮轴相对曲轴转过一个角度即可。柴油机换向时为改变正时而使凸轮轴相对曲轴转过一个角度的动作称凸轮的换向差动，所转动的相应角度称为换向差动角。差动方向如果与换向后的新转向相同称为超前差动；差动方向如果与换向后的新转向相反称为滞后差动。单凸轮换向所使用的凸轮线型有两种：一般线型和鸡心形线型。

1. 一般线型单凸轮换向原理

一般线型单凸轮换向原理可用图 2-7-7 说明。如图 2-7-7（a）所示为二冲程柴油机的喷油泵凸轮，凸轮的作用角为 2φ，OO'、OO_1、OO_2 分别为本缸曲柄的上止点位置线和凸轮在正、倒车位置时的中心线。图示位置曲柄处于上止点，β 为供油提前角，凸轮正车工作（实线），凸轮中心线 OO_1 与曲柄上止点夹角为 $\alpha_s=\varphi-\beta$。当从正车换为倒车时，为保证倒车供油提前角同样是 β，则要求正车凸轮中心线 OO_1 沿换向后转向（逆时针转向）相反的方向转过一个差动角 $2\alpha_s=2(\varphi-\beta)$，如图 2-7-7 所示中虚线凸轮所示。因此凸轮为滞后差动，换向差动角为 $2\alpha_s$。如图 2-7-7（b）所示为二冲程直流阀式柴油机的排气阀凸轮。同理，当由正车（实线）凸轮位置换为倒车（虚线）凸轮位置时，凸轮的差动方向为沿换向后转向的同方向（逆时针转向），即为超前差动，换向差动角为 $2\alpha_s'$。

由此可见，一般线型单凸轮换向时，喷油泵凸轮和排气阀凸轮差动方向相反，且差动角亦不相同。两者无法同轴差动，只能分别装在两根凸轮轴上进行双轴单凸轮换向差动，使柴油机结构复杂化。

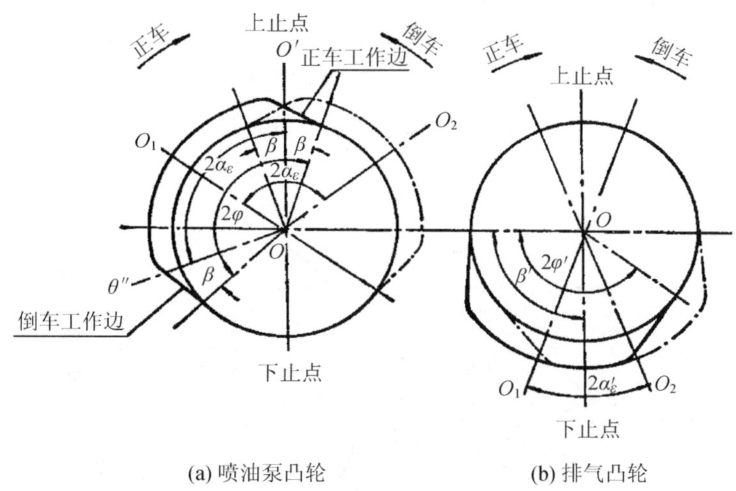

(a) 喷油泵凸轮　　(b) 排气凸轮

图 2-7-7 一般线型单凸轮换向原理

为了简化柴油机结构,实现同轴差动,必须满足下列三个条件:

(1)两组凸轮差动方向相同。

(2)两组凸轮差动角相等。

(3)差动前后同名凸轮的正倒车正时相同或基本相同。为满足上述要求,可以用一种特殊形状的鸡心凸轮代替上述一般线型的喷油泵凸轮。

2. 鸡心凸轮的换向原理

鸡心凸轮是一种特殊形状的凸轮。如图 2-7-8(a)实线所示,凸轮为处于正车位置的一种喷油泵使用的鸡心凸轮。它由基圆 O_1O_2(半径最小)、顶圆 a_1a_2(半径最大)以及由基圆 O_1、O_2,两侧向顶圆 a_1、a_2 伸展的按相同规律变化的两段曲线 O_1a_1 及 O_2a_2 组成,图中 OO'为鸡心凸轮对称中心线。正车运行时(顺时针方向转动),a_1O_1为喷油泵吸油段;o_2a_2为喷油泵的泵油段,供油提前角为 β。在图示情况下鸡心凸轮中心线 OO'与该缸曲柄上止点夹角为 $\alpha_s = 15°$,按换向差动原理,当由正车改为倒车时,只要把鸡心凸轮沿换向后转向(逆时针方向)转动差动角 $2\alpha_s = 30°$即可,如图中虚线所示凸轮,此凸轮按倒车方向(逆时针方向)差动 30°可保证相同的喷油提前角。由前述可知此为超前差动,而与排气凸轮差动方向相同,满足了同轴差动的第一个条件。由图 2-7-8(b)所示排气阀凸轮换向差动原理可知,其正车凸轮中心线与下止点线夹角为 18°,换向差动角应为 $2 \times 18° = 36°$,而与喷油泵凸轮差动角为 30°不一致。为满足同轴差动的第二个条件,考虑到喷油正时比排气正时对柴油机运行影响更大,取 30°为共同的差动角。此时可保证喷油泵的供油正时在换向前后不变,但排气阀正时在倒车运转时较正车正时滞后 6°,即下止点前 85°开,下止点后 61°关,而排气持续角(取决于凸轮形状,146°)未变,满足了同轴差动的第三个条件。由此,实现了喷油泵凸轮与排气阀凸轮同轴换向差动。

3. 单凸轮换向装置

新型柴油机的共同点是均采用直流扫气。由于新型高效率废气涡轮增压器的采用,活塞的有效行程得以增加,即排气阀可以晚些打开(以前 η_{TK}低时,排气阀只得早些打开,图 2-7-8 中下止点前 91°就开启)。也就是说,涡轮只需要较少废气的能量(压力、温度),压气机就可提供足够的增压空气。因而柴油机燃气膨胀的有效行程允许加长，从而得到较多膨胀功，使燃油消耗率下降。随着 η_{TK} 越来越高，排气阀开得越来越迟。所以，现代柴油机排气阀的最佳正时恰好使排气凸轮对称轴位于下止点附近，所以，倒转时没有必要差动排气凸轮的位置，而只需改变燃油凸轮的相对位置。空气分配器凸轮必须改变相对位置，但它（们）不在大凸轮轴上。RTA 机型单独用一个换向伺服器；MC 机型另外用一根小凸轮轴进行双凸轮换向。

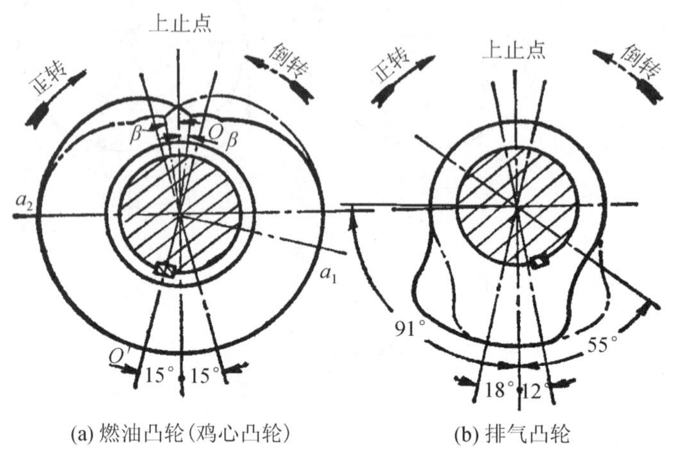

图 2-7-8　鸡心凸轮的差动原理

用于完成凸轮轴与曲轴之间差动过程的换向装置，按其使用的工质和能量不同，可分为以下几种：

（1）液压差动换向装置

Sulzer 老型机采用液压差动换向伺服器（如图 2-7-9 所示）并使用滑油系统中的中压滑油（0.6 MPa）作为工质实现差动换向动作。伺服器的外壳通过链轮由曲轴驱动；伺服器的内腔有一转板并用键固定在凸轮轴上，转板把伺服器的内腔分隔成两个空间（正、倒车空间），这两个空间分别用滑油管与换向阀的有关油管相通。正车时，转板顶在伺服器内两个对称布置的扇形凸块上，而且正车空间充满中压滑油，倒车空间释放油压。换向时操作换向阀改变正、倒车空间的进、排油方向，倒车空间进油，正车空间释油，转板在滑油压力作用下相对曲轴转过一个差动角，并带动凸轮轴从正车位置转至倒车位置，完成换向动作。这种换向装置使用在 Sulzer RD、RND、RND-M 等柴油机上，因为其轮廓为一般线形，差动方向为滞后差动。

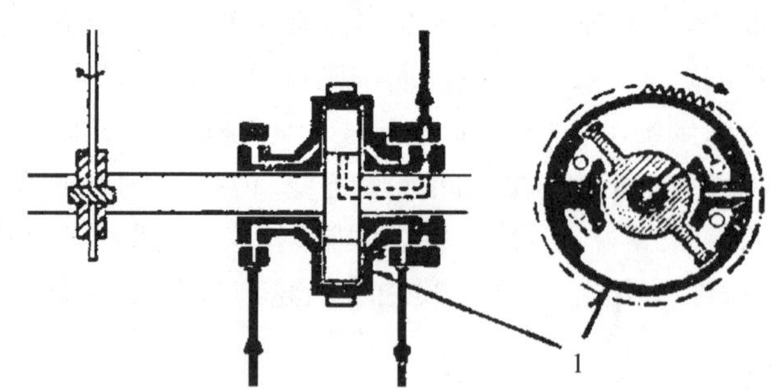

图 2-7-9　RND 换向伺服器

Sulzer RTA 柴油机使用一种新型的液压差动换向装置。该柴油机每段凸轮轴都装配一个换向伺服器,如图 2-7-10 所示,每个换向伺服器外缘上装有两个燃油凸轮,凸轮轴上装有不需换向的排气凸轮。凸轮轴与伺服器非刚性连接,而是通过凸轮轴上的两个转翼带动换向伺服器及外缘上的燃油凸轮按规定方向转动。换向时凸轮轴不必差动,而是通过变化控制油进、排方向使换向伺服器及其外缘燃油凸轮绕凸轮轴在两转翼之间转动一个差动角来完成换向动作。

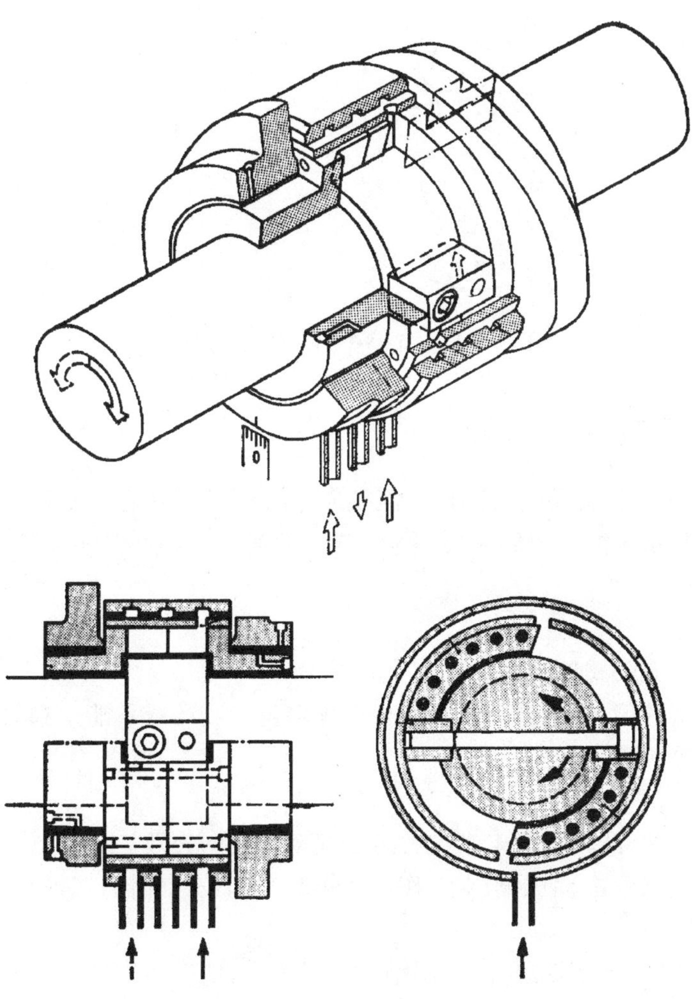

图 2-7-10　RTA 换向伺服器

(2)气动机械差动换向装置

近年来,MAN-B&W 公司采用了一种更加简易而新颖的气动机械换向装置,如图 2-7-11 所示。换向时凸轮轴无差动动作,而是通过改变每缸喷油泵传动机构中的滚轮在凸轮上的倾斜方向来完成换向动作。如图 2-7-11 所示为正车位置,换向时使用压缩空气拉动滚轮的顶头,使滚轮连杆的倾斜方向发生变化,即改变滚轮与凸轮的相对位置来完成换向动作。滚轮连杆的倾斜角度能保证滚轮连杆的倾斜方向自锁。

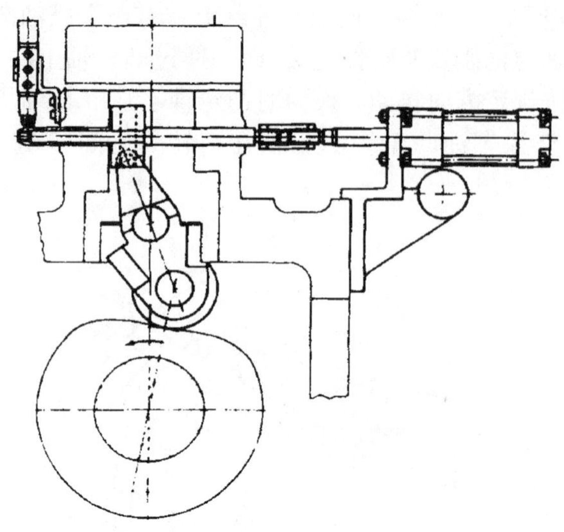

图 2-7-11　MAN-B&W MC 换向装置

五、换向装置的常见故障

换向装置的常见故障主要是柴油机不能换向，即换向手柄（轮）已从正车位置推至倒车位置（或相反），但柴油机未能开出倒车（或倒车换成正车）。通常，其主要原因在于换向机构发生故障和操作不当。

换向机构故障：

（1）换向装置中有关阀件咬死。

（2）换向伺服器故障，如堵塞、漏油、转板在极端位置咬死或不能达到另一极端位置。

（3）空气分配器故障。

操作不当：

（1）操作动作过快，凸轮轴尚未到位就急于起动使换向失败。

（2）换向手柄虽已到位，但由于水流作用使螺旋桨仍按原转向以较高转速转动，此时急于起动而使换向失败。

（3）在紧急刹车时，过于性急，强制制动的时机不当，使换向失败。

本章思考题

1. 什么是压缩容积、气缸工作容积及气缸总容积？它们之间有何关系？
2. 压缩比的定义是什么？通过什么方法可以调整压缩比的大小？
3. 什么是气阀定时圆图，画出四冲程柴油机的气阀定时圆图？
4. 什么叫气阀重叠角？它有何意义？
5. 活塞的功用是什么？
6. 活塞的密封环、刮油环和承磨环各起什么作用？

7. 气缸套的功用是什么?
8. 气缸套的正常磨损都有哪些因素?
9. 拉缸的应急处理有哪些措施?
10. 柴油机曲轴的作用是什么? 多缸柴油机的曲柄角度是根据什么排列的?
11. 柴油机曲轴轴线如何进行测量与分析?
12. 何为高压油泵柱塞有效行程? 高压油泵如何改变喷油量?
13. 高压油泵供油提前角的检查方法有哪些? 调整方法有哪些?
14. 何为喷油器的启阀压力? 启阀压力如何进行检查和调整?
15. 四冲程柴油机的换气过程分为哪几个阶段?
16. 何为气阀间隙? 气阀间隙过大或过小对柴油机工作有何影响?
17. 气阀如何进行研磨? 气阀研磨后如何进行检查?
18. 何为柴油机特性?
19. 何为柴油机速度特性? 何为柴油机负荷特性?
20. 评定调速器性能的主要指标有哪些?
21. 简述机械调速器的工作原理。
22. 调速器的常见故障有哪些?
23. 什么叫作柴油机的起动转速和最低稳定转速?
24. 压缩空气起动装置主要由哪些部分组成?
25. 何为换向装置?

第三章　渔船动力系统

第一节　燃油系统的组成设备及管理

一、燃油系统概述

燃油系统是柴油机重要的动力系统之一，其作用是把符合使用要求的燃油畅通无阻地输送到喷油泵入口端。该系统通常由五个基本环节组成：加装和测量、储存、驳运、净化处理、供给。

燃油的加装是通过船舶甲板两舷装设的燃油注入法兰接头进行的。这样，从两舷均可将轻、重燃油直接注入油舱。注入管应有防止超压设施。如使用安全阀作为防止超压设备，则该阀的溢油应排至溢油舱或其他安全处所。注入接头必须高出甲板平面，并加盖板密封，以防风浪天甲板上浪时海水灌入油舱。燃油的测量可以通过各燃油舱柜的测量孔进行，若燃油舱柜装有测深仪表，也可以通过测深仪表并对照舱容表进行。

加装的燃油储存在燃油舱柜中。对于重油船，一般还装设加热盘管以加热重油，保持其流动性，便于驳油。燃油系统中还装设有调驳阀箱和驳运泵，用于各油舱柜间驳油。

二、主要设备与作用

1. 重油驳运泵

重油驳运泵的作用是将任一重油舱中的重油驳至重油沉淀柜中进行沉淀澄清处理，在各重油舱之间相互驳运，特殊情况下可把重油舱中的重油驳至舷外。驳运泵一般使用齿轮泵或螺杆泵。

2. 重油的净化处理设备

重油的净化通常采用沉淀、分离和滤清等净化处理措施。沉淀需在专设的沉淀柜（沉淀柜应设置两个）中进行，按有关规定至少沉淀 12 h。为提高净化效率，沉淀柜中的重油应预热至 50 ~ 60 ℃，并可酌情加入泥渣分散剂和疏水剂，以使油中悬浮杂质易于沉淀。沉淀柜应定期放水排污。滤清由系统的多个粗、细滤器来完成。净化处理的核心环节是离心分离，其主要设备是离心分油机。

3. 确保燃油清洁

在营运中认真掌握好沉淀、分离、过滤等净化环节。定期对沉淀柜和日用油柜进行排污放水，保证油柜清洁，定期清洗燃油滤器。特别是风浪天，要增加放残和燃油滤器的清洗次数。

可根据燃油流经滤器前后的压力差来判断滤器的工作情况，若压差增大且超过正常值，表明滤器已变脏堵塞，需立即清洗；若无压差或压力差变小，则表明滤网破损或滤芯装配不对，需立即拆卸检查。

4. 系统放气

燃油系统中容易积气，气往往聚集在系统的高处。系统有气后供油压力波动，甚至无法供油而停车。油柜上都有透气管，燃油供给系统又是封闭系统，在正常运转中一般不会有空气进入燃油供给系统。系统中的空气大部分是清洗滤器时和维修管路时进入的，也可能在停机过程中由喷油泵偶件间隙进入的，因此，清洗完滤器和管路后应注意充油驱气。

5. 换油时的正确操作

当船舶需要较长时间的停泊或燃油管系中某些设备需要拆卸时，应在柴油机停车前改用轻柴油，以便把管系和设备中的重油冲净。此外，当柴油机处于机动操纵状态时，为使柴油机具有机动性能（特别是起动性能），最好也使用轻柴油。而船舶正常航行后应使用重油，以提高经济性。这种在柴油机运行中的轻、重油转换操作称为换油。

换油操作的基本原则是防止油温突变，以避免喷油泵柱塞卡紧或咬死。

由重油换为轻油时首先关闭燃油雾化加热器的加热阀，关掉黏度计，随后切断燃料油，同时接通柴油，在集油柜中使原来用燃料油和新注入的柴油逐步混合稀释。由于稀释黏度比油温下降得快，所以不需再加温。最后燃油管道、低压燃油输送泵、燃油雾化加热器、回油管充满柴油，以供下次起动。

由轻油换为重油时首先必须将燃料油日用柜加热至使用状态，同时略为开启燃油雾化加热器使柴油温度上升至 40 ℃以上，随后再切断柴油，接通燃料油。要在消耗完系统内柴油的时间内将燃油温度加热至燃料油雾化要求的温度。

三、燃油系统的组成及功能

1. 燃油系统的组成

动力装置燃油系统是为主、副柴油机、锅炉等供应足够数量和一定品质的燃油，以确保船舶动力机械正常运转。燃油系统一般是由注入、储存、驳运、净化、供给和计量六个部分组成。随着船舶尺度、类型、柴油机机型、所用燃油品种等不同，燃油系统的组成也有所差别。

（1）燃油的注入、储存和驳运燃油的注入是指船舶所需燃油自船两舷甲板经注入口和注入管路注入主燃油舱。注入时一般是利用岸上油泵或船上的燃油驳运泵。注油后将注油口封好，以防落入污物。

（2）船上设有足够容量的储油舱，储备燃油以满足船舶最大续航力需要。例如利用双层底的一部分作为双层底燃油舱，利用双层底至上甲板的两舷部分作为深油舱等。

（3）燃油的驳运是为了满足使用和平衡的要求，在各燃油储存舱、柜之间进行燃油的相互调驳。

（4）燃油的净化：对于燃油中所含的水分和杂质通常采用加热、沉淀、过滤和分离等方法进行净化和处理。

燃用轻柴油的小型船舶主要采用滤器净化燃油。大中型船舶多燃用低质燃油，常采用沉淀柜、滤器和分油机来净化燃油。

沉淀法是靠油、水、杂质的密度不同进行沉降分离。根据燃油品质的不同，一般燃油在沉淀柜中至少放置 12 h、24 h 或 36 h，以使大颗粒杂质尽可能沉淀。低质燃油在常温下较难沉淀，应在有加热装置的沉淀舱（柜）中进行沉淀净化。推荐重柴油沉淀时间不少于 12 ~ 16 h；燃料油不少于 20 ~ 24 h；渣油不少于 36 h。

燃油中的一些水分和较小颗粒的杂质需采用离心分离法净化。分油机是最好的净化设备，一般至少有两台。对劣质燃油净化常采用分油机串联进行处理，净化效果比较理想；当燃油中含有较多水分和杂质时常采用分油机并联运行，可获得较好的分离效果。燃油通过沉淀、分离处理后，较大颗粒杂质已被除去，燃油中悬浮的微小颗料则由系统中的粗、细滤器予以滤去。粗滤器滤掉直径大于 0.1 ~ 0.2 mm 的杂质，细滤器滤掉直径大于 0.05 mm 的杂质。

（5）燃油的供给：将经过沉淀、分离净化后符合要求的燃油驳入日用油柜，再由燃油供给泵或靠重力使燃油经过滤器过滤后输送到主、副柴油机和锅炉。

（6）为了及时了解燃油舱（柜）中的燃油储量、主机的燃油消耗量和系统中各处的燃油温度与压力等，在燃油系统中还设有测量与指示装置，如流量计、温度计和压力表等。

2. 对燃油系统的要求

（1）燃油系统应保证在船舶横倾 10°、纵倾 7°的情况下，管路仍能正常供油。为此，在布置舱（柜）时，各舱（柜）间应有连通管，管路上安装截止阀。每台主机应设置独立的日用油柜。

（2）为保证系统连续供油，大中型船舶设置独立驱动的燃油输送泵，小型船舶设机带泵。如依靠重力油柜供油，则油柜必须位于柴油机高压油泵上方至少 1 m 处。现代低速柴油机加压燃油系统还需增设燃油加压输送泵。

（3）各油舱、油柜供油管路上的截止阀或旋塞应设置在舱（柜）壁上；双层底以上的储油舱（柜）的供油出口应安装速闭阀，以便在机舱以外易于接近的安全处遥控关阀。遥控方式可采用油压、气压或钢丝绳等进行控制。

（4）燃油管路布置必须与其他管路隔离。燃油管路不得布置于高温处和电气设备处，不得通过水舱和起居室。如若必须经过上述地方时，则应分别采取防火、防水等有效措施。

（5）重油（燃料油）加热用的饱和蒸汽压力应不大于 0.7 MPa，以防燃油结炭。

（6）燃油管路应设置回油管路。对于燃用轻油的小型船舶，为减少设备将回油管路接至喷油泵进口处。大型船舶的主柴油机燃用轻柴油和燃料油，因此回油管路应设置两套。

（7）沉淀油柜、日用油柜应安装自闭式放水阀或旋塞，应设有收集油舱（柜）和聚油盘排出的污油水的舱（柜）。

3. 燃油系统的主要设备和附件

（1）日用油柜。日用油柜是用来储存主、副机或锅炉的日常用油。一般是用钢板焊接而成，其上装有油位计、进出口管座板、空气管、溢流管和油盘等。空气管的管口应装金属网以防火星或杂物落入。储存重油（燃料油）的油柜内应装有加热盘管，以降低重油黏度，但加热盘管在任何情况下不得露出油液面。

（2）快关直通截止阀。依规范要求，所有布置在双层底以上的油舱（柜），其供油管路上应安装速闭阀，以便在火灾或危险情况时从机舱外快速切断油路。如图 3-1-1 所示为一绳索控制速闭阀，其与一般截止阀相似，但设有阀旁直接开关机构和远距离关闭机构。通过绳索（或气动和液压系统）远距离快速关阀。

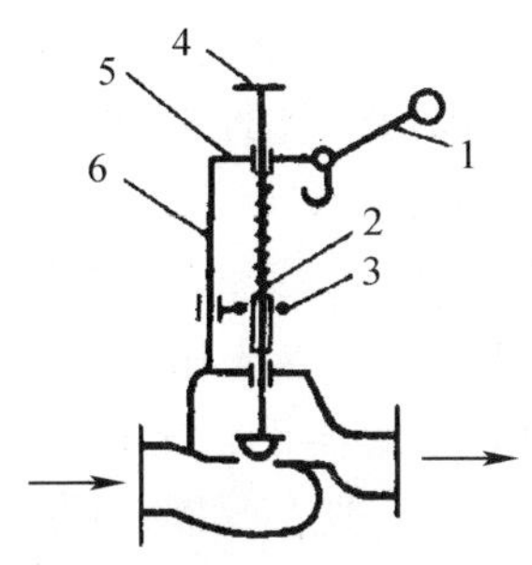

图 3-1-1　直通速闭截止阀原理图

1—钩子;2—弹簧;3—滑板;4—手轮;5—固板;6—螺柱

(3)自闭式放泄阀。在油箱、油柜上一般都装有自闭式放泄阀,用于采取油样或放油,也用于泄放残水等。

燃油系统除上述主要设备和附件外,还有驳油泵、输油泵,一般采用齿轮泵或螺杆泵。对燃用劣质燃料油的船舶,其燃油系统中还应设置燃油均质器,以便将燃油中的杂质颗粒粉碎。

(4)滤器。滤器是燃油净化设备之一,用来过滤燃油中的杂质。按用途分为通路过滤器(安装于燃油柜与驳油泵之间的外部系统中)、上油过滤器(安装在低压输油泵和高压油泵之间的内部系统中)和预防过滤器(实际上是喷油器或合并式喷油器的零件,通常装于喷油器的进油管接头中)。按过滤效果分为粗、细滤器。燃油滤器一般为双联式,以便经常轮流清洗,而不影响柴油机运转。

滤器的过滤功能主要取决于滤芯,按其结构形式分为网式、缝隙式和多孔填料式滤器。

如图 3-1-2 所示为圆筒形网式粗滤器,燃油流经有 400 ~ 500 个/平方厘米孔的铜滤网,使燃油中直径大于 0.1 ~0.2 mm 的杂质被滤掉。

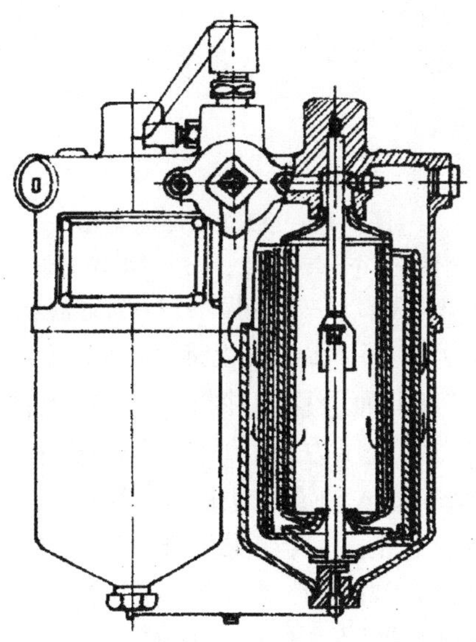

图 3-1-2　圆筒形网式粗滤器

为保证过滤效果,在重油滤器中设有蒸汽加热管,在滤器的进出口两端装有压力表,通过油压变化了解滤器状况。如压降大表示滤器堵塞;压降小于正常值表明滤网损坏或滤芯安装不良等。

当燃用劣质燃油时,由于滤器堵塞频繁,增加了轮机人员的工作量。为此,船上广泛采用自动清洗滤器。如图 3-1-3 所示为一个自动反冲洗滤器。它是由钢丝网带骨架式的滤芯 3 和冲洗部分组成的。冲洗部分包括控制气缸 1、活塞 2、油渣收集器和导向架 4 等。下部的油渣收集腔 9 有出口与油渣柜相通。为便于人工清洗和提高工作可靠性,自动反冲洗滤器常与一个普通滤器并联安置,二者可以转换。当滤器正常工作时,气缸上部进气,使活塞下移至下止点,活塞杆端部排污阀 6 关闭,燃油经入口进入滤器,在滤芯中自内向外流动,大于 30 μm 的颗粒杂质吸附在内表面,经过滤的净油自出口流出。

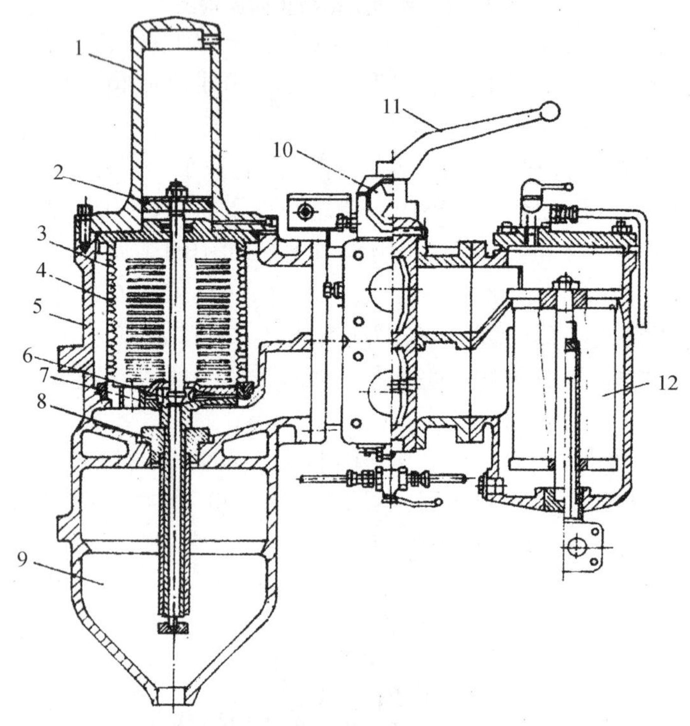

图 3-1-3　自动反冲洗滤器

1—控制气缸;2—活塞;3—滤芯;4—导向架;5—本体;6—排污阀;7—收集口;8—密封;9—油渣收集腔;10—压差继电器;11—转换手柄;12—普通滤器

当滤器进出口燃油压差大于 0.15 MPa 时,控制气缸 1 下部进气,活塞 2 上行,活塞杆端部排出阀 6 打开,带动反冲洗装置自下而上移动并将滤器的进油内表面局部隔断,使其与油渣收集腔相通。由于油渣收集腔内为大气压力,而收集口处的压力为滤器出口压力,在此压差作用下,滤器出口的净油经收集口反冲进入油渣收集腔,使吸附在滤芯上的杂质被冲洗掉,全部冲洗过程为 2 ~ 3 s。活塞上行到达上止点后,在限位开关作用下控制气缸的气动阀换向,气缸上部进气,活塞下行,排污阀关闭,油渣收集腔与收集口间的通道已堵死,下行过程无反冲现象。如滤器压力差不能消除,压差继电器将发出声、光报警,从而进行滤器人工清洗。

四、燃油系统的管理

(1)正确选用燃油,把符合柴油机使用要求的合格燃油畅通无阻地输送到柴油机、锅炉,保证其正常可靠地运转。

(2)正确操作、管理燃油系统中的设备，做好燃油的净化工作。

(3)定时排放各油舱(柜)的水和脏污。尤其是在大风浪中应注意放水、排污和滤器压差变化，以防管路堵塞，压差超过规范要求应及时清洗。

(4)做好燃油的申领、加装与日常管理工作。

(5)使用重油的注意事项：

①重油加热。由于重油黏度很高，凝固点在 30 ℃以上，常温下失去流动性。因此在注入、驳运和净化燃油时均应加热，以降低黏度和增加流动性，并保持要求的温度。

燃油在舱(柜)中用蒸汽加热盘管加热，燃油进入分油机和高压油泵前分别进行蒸汽加热，为防止燃油在管路输送中凝固，采用专用蒸汽保温伴管，如图 3-1-4 所示。

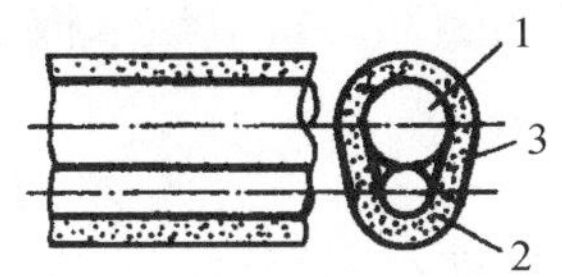

图 3-1-4　燃油保温伴管

1—燃油管；2—蒸汽加热管；3—石棉层

②重油的净化。主要是采用过滤、沉淀和离心分离来净化重油。重油系统中采用包括燃油磁性滤器、搅拌器、均质器和增压泵等，通过磁吸、碾压和乳化等方法处理燃油。

③注意燃油腐蚀。重油含硫较高，具有强烈的腐蚀性。目前广泛采用碱性气缸油中和酸性物质防止腐蚀，也可采用添加剂来改善燃油的燃烧性能，但应防止燃油净化时添加剂损失。

④当柴油机轻、重油切换时，应控制温度变化和正确操作。

五、油料的加装、储存与驳运

拟订添装燃油和润滑油计划时，应考虑到本航次的特点、航区与气象的情况、装卸货的地点和数量、设备消耗的油量、需要备用的油量、油料供应公司与我方的合同、地区油价的高低等各方面因素，或一次添装，或沿途分次添装，尽量利用装卸货港，避免或减少专门挂靠。添装计划要及时上报公司，油料一般通过装油管系由甲板注入油舱。根据造船规范规定，船上甲板两舷都应设有燃油注入法兰接头，两舷均可将轻、重燃油直接注入油舱。注入管应有防止超压设施。如安全阀作为防止超压设备，则该阀的溢油应排至溢油舱或其他安全处所。注入接头必须高出甲板平面，并加盖板密封，以防风浪大致使甲板上浪时海水灌入油舱。供油船来后，主管轮机员应核实供油方的油品质量和数量，记取流量计读数，用验水膏检查油中水分含量，确定好各种油品的装油次序和供油速度。规定好双方的联系信号，以受油方为主，双方均应切实执行。

甲板注入的轻、重燃油一般储存在左、右舷双层底油舱中，油种不同要分舱储存。航行中应左、右舱轮流驳油以保持船舶平衡。燃油舱储油量主要根据主、副机和锅炉的耗油量以及船舶的续航力来确定。重油舱内均设有蒸汽加温管路，以便于驳油。

船上通常设有轻、重油沉淀柜和日用柜，沉淀柜由驳运泵补油，日用柜的油由沉淀柜经分油机补给。为了保持船舶的平衡和燃油并舱的需要，用驳运泵可进行油舱之间的相互调驳，也可将船内燃油调驳到船外。为了提高系统的可靠性及简化燃油调驳管路，轻、重油驳运泵可互为备用，系统中设有调驳阀箱。驳油时要正确操作阀箱，随时注意驳油情况，防止发生溢油事故。

润滑油一般采用桶装，也可由加油船通过甲板上的注入管直接泵入储油舱。

燃油成本占船舶营运成本的25% ~40%。燃油管理是件复杂的工作，应考虑到下列各种情况：

(1)柴油机对加装燃油的质量限制。

船舶柴油机在柴油(MDO)和重燃料油(HFO)广阔范围内应连续可靠地运转。

(2)各地供油商所供燃油的质量。

劣质燃料油的质量不断下降的主要原因是：现代炼油过程使重燃料油中只含有25%或更少的原油；市场供应的油包含回收利用的油和/或工业废油；供油商所供燃油的实际品质比其提供的指标要差。各港口、各供油商的燃油质量应该掌握。为此挪威船级社(DNV)每季都有各港供油商油样化验报告。

六、加装燃油时的注意事项

(1)加油前尽量倒出空舱受油。

(2)注意现场监测加油温度，燃油密度是在15 ℃真空状态下在实验室测试出来的。加油收据上供油船填写的密度值往往大于实际供油的密度值，甚至还将加油温度故意写低，如把加油温度40 ℃写成30 ℃，这在密度换算和温度修正上使所加燃油的数量损失可达5%。轮机长应在加油单据上签注：仅在加油温度为××℃下加装燃油体积为×××m^3，而不是收到多少吨燃油。

(3)加装燃油时原来存油量应能使用5天以上。

(4)油样采集。

七、油料的预处理和使用

重质燃油在船舶上的使用达到了节约燃料费用、合理使用能源和避免对陆地污染的目的。重质燃油大多是由不同的油料混合而成，由于它的黏度高，比重大，有害成分、水分和机械杂质的含量多，在进入柴油机燃烧前必须进行预处理。

1. 油料的混合

重质燃油是在渣油中掺入一定比例的轻质燃油混合而成的，又称燃料油。炼油厂根据船舶所有人的要求，可调出不同黏度的燃油供船舶使用。一些船舶则在船上自行掺调燃料油供中低速柴油机使用。

国内船舶混合油的品种为渣油掺重柴油、渣油掺轻柴油、重油(燃料油)掺柴油。

新型柴油机在设计中已周到地考虑用重油(燃料油)的问题，在说明书上对其黏度范围有较明确的规定。

船舶上常用的混油方式有：

(1)循环泵混合。该泵是将两种燃油在混合油柜中不断循环泵送进行混合。

(2)混合装置混油。

2. 油料的预处理

重质燃油在使用前必须经过加热和净化处理，以降低其黏度和除去其中的水分和杂质。

3. 油料的使用与管理

（1）系统放气

燃油系统中容易积气，气往往积聚在系统的高处。系统中有气后使供油压力波动，甚至无法供油而停车。因此，清洗完滤器和管路后应注意充油驱气，备车时应提前开动低压燃油泵让燃油进行循环，再经试车，一般情况下即可把气驱净。若仍不能驱净，就要酌情在滤器处、喷油器处进行放气，直至流出的油中无气泡为止。

（2）换油时的正确操作

换油操作的基本原则是防止油温突然变化，以避免燃油泵的柱塞卡紧或咬死。

第二节　润滑系统的组成设备及管理

一、润滑的必要性和种类

在柴油机运动部件中都存在着两个金属表面的相对运动。它们在机械加工时尽管有足够高的粗糙度要求，但从微观上看仍然存在一定的不平度。在两个运动表面承受负荷的条件下做相对运动，两零件表面上的凸凹处将会发生挤压摩擦而产生一定的热量，将导致金属熔着，严重时会发生咬合，这种现象称为金属的干摩擦。

在柴油机中，为了减少两相对运动表面间的摩擦，在两个运动表面之间用一层完整的油膜把两者隔开，使两个金属表面的干摩擦变成液体分子间的摩擦。

综上所述，所谓润滑，是指在相对运动的两个金属表面间引入某种润滑剂，形成一个稳定而连续的油膜使零件表面脱离接触，变干摩擦为液体摩擦，以提高运动件的工作寿命。

干磨擦是使做相对运动的金属零件损坏的根源，在实际管理中应力求避免。要尽力实现液体摩擦，因为它是最理想的润滑状态。

根据零件工作表面的不同和工作条件的限制，液体润滑可分为以下几种：

（1）液体动压润滑——两个做相对运动的金属零件表面被连续不断的油膜压力完全分开的润滑，如轴颈与轴承间的润滑。

（2）边界润滑——由于工作条件的限制不能建立起液体动力润滑，而在零件表面之间形成一层牢固的极薄油膜，如开放式齿轮润滑。

（3）液体静压润滑——它用在低速而且负荷较重的机械中。它们由于工作条件限制不可能建立起液体动力润滑，但又需要液体润滑。这种润滑中使两个工作表面隔开的油膜压力不是靠运动产生的，而是由外界油泵供给的压力油形成的。

在柴油机润滑中，液体动压润滑是最重要的。若要使轴颈与轴承间形成液体动压润滑，必须注意如下几个因素：

（1）摩擦表面的运动速度。转速越高，越容易形成油膜，在柴油机起动初期或低速运转时不易形成油膜。

(2)滑油黏度。要求滑油具有合适的黏度,黏度过小容易从轴承两端泄漏;黏度过大也难以形成油膜,因此,对于滑油牌号不能轻易变动。

(3)轴承负荷。负荷越大越不易形成油膜。在冲击负荷作用下还会破坏油膜的形成。

(4)轴承间隙。当轴承间隙过大时,滑油容易从轴承两端漏出;当间隙过小时,滑油不易进入,因而难以形成油膜。

(5)表面粗糙度。如零件表面光滑就很容易形成油膜,从而把两个摩擦面隔开,实现液体润滑。

中小型柴油机常采用的润滑方法有三种。

(1)强压润滑

在中小型柴油机中专门设有润滑油泵,通常为齿轮泵,它由柴油机曲轴驱动。滑油泵把滑油加压到0.15 ~0.4 MPa,以保证滑油连续不断地输送到各润滑部位。这种强压润滑可以保证润滑的连续性、可靠性,通过压力表和温度表可以监控润滑油的工作状态。

(2)飞溅润滑

这种润滑形式在中小型柴油机的气缸润滑中被广泛采用。它是利用连杆大端轴承在回转时甩出的滑油飞溅到缸壁上实现润滑的。飞溅润滑不需要专门设备,简便易行。

(3)人工润滑

对于一些设在机器外部、润滑要求不高的零件,如气阀机构等,可采用这种润滑方法。这种润滑方法是利用人工定时、定点加注滑油和油脂。

二、润滑系统的组成、功能和要求

滑油系统用以保证供给柴油机动力装置各运动部件润滑和冷却所需的润滑油。滑油系统一般是由滑油储存舱(柜)、滑油循环舱(柜)、滑油泵、净油设备(滤器、分油机)及滑油冷却器等组成。其组成型式依柴油机结构不同分为湿底壳式和干底壳式滑油系统。

润滑在柴油机中有以下作用:

(1)润滑作用。在相互运动表面间保持一层油膜以减少摩擦,这是润滑的主要作用。

(2)冷却作用。将相互运动表面因摩擦而产生的热量由循环的润滑油带走,确保零件表面的合适温度。

(3)清洁作用。循环的润滑油把运动表面上的污物和金属磨屑带走,保持运动零件表面的清洁。

(4)密封作用。润滑油膜还可以起到密封作用,如活塞与气缸套间的油膜的密封作用。

(5)防腐作用。在金属表面上形成油膜,可以防止空气与金属的直接接触,防止金属锈蚀。

(6)减振作用。在运动件间形成油膜可以起到缓冲作用,可减轻振动和噪声。

(7)传递动力作用。如推力轴承中推力环与推力块之间的动力油压。

对滑油系统的要求:

(1)滑油系统的管路应简单和较短,以方便管理和节约能源。

(2)油泵位置应尽量靠近油舱(柜),这样不仅可缩短管路,还保证了泵的正常吸入。

(3)为保证正常航行,主机循环油泵至少应设置两台,互为备用,其中一台为独立驱动泵。

(4)主滑油循环泵或其出口管路上应设置安全阀,以防管内压力过高,其调定压力为管路正常供油压力的1.1倍。

(5)滑油系统应设置滑油冷却器。

(6)为保证润滑油质量,滑油系统中应设置沉淀柜、粗滤器与细滤器、分油机等净油设备,并安装温度、压力、液位监测报警装置,以防事故的发生。

(7)当滑油舱与燃油舱、水舱相邻时,必须设置隔离空舱,以保证滑油质量。

柴油机润滑系统,按润滑油储存和回收的场所不同,可分为干式曲柄箱和湿式曲柄箱两类。

1. 干式曲柄箱润滑系统

在干式曲柄箱润滑系统中,润滑油的储存与回收是分开的。柴油机底部(俗称油底壳)可用于滑油回收,而滑油储存由专门设立的重力油柜承担。重力油柜为润滑油的沉淀提供了条件,还可以为润滑系统补油。

如图3-2-1所示为干式曲柄箱润滑系统。在这个系统中有两台齿轮油泵,一台为吸油泵3,一台为压力油泵5。当系统运行时,从各润滑部位流下的滑油都汇集到油底壳再流到低位油箱1,又由吸油泵3从低位油箱1吸出经粗滤器2送入高位油箱4,再由压力油泵5加压经细滤器6送入滑油冷却器7。滑油在冷却器中经海水充分冷却后,温度下降到45~55 ℃,再进入滑油总管。滑油从总管分三路:一路去主轴承、定时齿轮、传动齿轮装置、曲柄销、活塞销等处完成润滑,如图3-2-1中一路去气阀机构润滑,一路去凸轮轴润滑。滑油流经各处完成润滑后又回流到油底壳进行再循环。8为调压阀,用以调整滑油压力。温度的调节可以通过旁通阀控制滑油量实现滑油的温度调节。

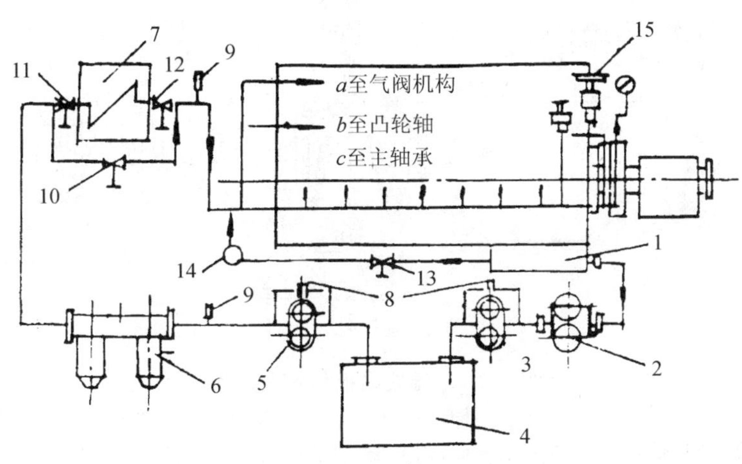

图3-2-1　干式曲柄箱润滑系统

1—低位油箱;2—粗滤器;3—吸油泵;4—高位油箱;5—压力油泵;6—细滤器;7—滑油冷却器;8—调压阀;9—温度计;10—旁通阀;11、12、13—截止阀;14—手摇泵;15—调压器

实际运行表明,柴油机在冷车起动时因润滑油供应不足,润滑油膜难以形成,容易发生过度磨损。为防止或减少这种现象的发生,在系统中设手摇泵14,在柴油机起动前打开截止阀13进行手动泵油,在达到规定压力后把截止阀13关闭,再起动柴油机。

干式曲柄箱滑油系统，滑油存放于单独设置的滑油循环舱（柜）中，有以下两种形式：

（1）单泵系统。滑油循环舱（柜）设置于柴油机油底壳之下，滑油泵自其内部吸油，经滑油冷却器冷却后送至各润滑部件，润滑后借助重力流回到柴油机底部，最后流回到滑油循环舱（柜）中。

（2）双泵系统。该系统有两台滑油泵，其一台具有单泵系统中的吸油和泵送功能；另一台则专门用于抽吸柴油机油底壳中的滑油，将油泵至循环舱（柜）中。该系统的循环舱（柜）与管路布置不受柴油机位置限制，滑油不储存于油底壳中，改善了滑油工作条件，延长了使用寿命，但需增加一台滑油泵。

在柴油机滑油系统中以单泵干底壳式滑油系统居多，其特点是储油量大，滑油沉淀与净化处理方便，冷却充分和滑油使用寿命长，但其所占位置较大，管路较为复杂。此种系统适用于大中型柴油机。

2. 湿式曲柄箱润滑系统

此润滑系统的滑油储存和回收都在柴油机的油底壳中进行，如图 3-2-2 所示为湿式曲柄箱润滑系统的简图。

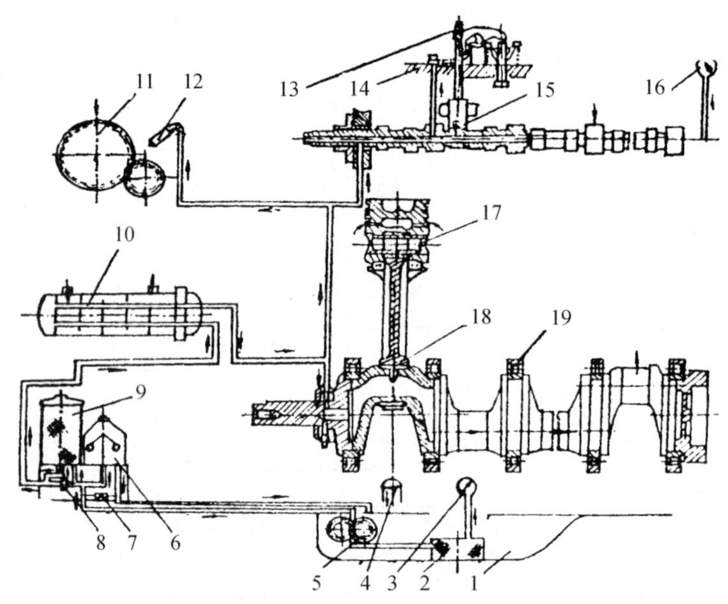

图 3-2-2　湿式曲柄箱润滑系统

1—油底壳；2—粗滤网；3—温度计；4—加油口；5—润滑油泵；6—精滤器（离心）；7—调压阀；8—旁通阀；9—片式粗滤器；10—冷却器；11—齿轮泵；12—喷嘴；13—摇臂机构；14—气缸盖；15—凸轮机构；16—压力表；17—活塞销；18—曲柄销；19—主轴承

由曲轴驱动的润滑油泵 5 装在油底壳中。滑油经粗滤网到润滑油泵升压，经润滑油总管进入滤器底部分为两路：一路经金属片式粗滤器 9 过滤后输送到冷却器 10；一路流经离心式精滤器 6 过滤后流回油底壳 1。这种流程可以提高油底壳中滑油的清洁度，相当于增大粗滤网的过滤效果，同时也避免了吸入阻力过大。

调压阀 7 与精滤器并联，用来控制润滑油压力。当滑油压力过高时，润滑油将顶开调压阀 7，流回油底壳 1，保证滑油系统压力稳定。与粗滤器 9 并联的旁通阀 8 的功用是当粗滤器堵塞时，润滑油顶开旁通阀，不经滤器而直接向冷却器供油，从而保证了滑油系统的可靠性。

滑油经滑油冷却器冷却后，经机体上的滑油通道分三路对机件进行润滑。

一路经曲轴自由端的油孔进入曲轴内部油腔，然后经各曲柄销上的油孔流出，润滑连杆大端瓦。从连杆大端甩出的滑油飞溅到缸套下部，借活塞环的运动涂布在缸套上用于缸套润滑。

一路去润滑凸轮轴及其轴承，并沿机体上的油道压送到缸盖上的摇臂机构进行润滑。从缸盖流下的滑油，用来润滑凸轮工作表面及其从动机构。

一路滑油经曲轴自由端盖上的喷嘴 12 喷出，用以润滑齿轮轴系。

对湿式曲柄箱润滑系统，必须保持适当的滑油高度。如油底壳中油位过高使曲柄销撞击油面，既要消耗机械功，又会扰动滑油起泡沫，降低润滑效果；油位过低将使滑油循环量减少，容易使油温升高，所以需要定时测量油位及时补充。

此种滑油系统的特点是组成简单，柴油机带滑油泵，管路依附在机体上，油底壳存油量少。但该系统的缺点是油底壳中的滑油将经常受到燃烧室漏泄的高温燃气的污染，容易变质，故滑油使用寿命短。这种系统常用于小型柴油机动力装置。

3. 柴油机曲轴箱油重力循环式滑油系统

重力循环式滑油系统是用滑油泵将滑油泵至柴油机上方的高置油箱中，滑油在重力作用下送至柴油机各润滑部位，最后流至循环油箱。该系统的特点是滑油压力均衡；当泵出现故障时系统存油可维持一定时间的润滑；柴油机起动前或停车后，可起动滑油泵继续润滑，有利于轴承预润滑和散热，但高置油箱受机舱高度的限制。

4. 柴油机曲轴箱油强制润滑系统

强制润滑是利用油泵将润滑油强制地送到各摩擦表面。一般工作中受力比较大，相对运动速度比较高的部位均采用压力润滑。这种润滑方式由于油泵能产生一定的油压，通过输油通道、润滑油冷却器和润滑油过滤器将润滑油送到各摩擦表面。由于油压稳定，不仅可对润滑油进行过滤，而且充足的油量可保证摩擦表面更好地冷却，还可降低设备的工作噪声，提高柴油机的寿命和可靠性。如图 3-2-3 所示为 MAN-B&W MC 型柴油机滑油强制润滑系统。主机下

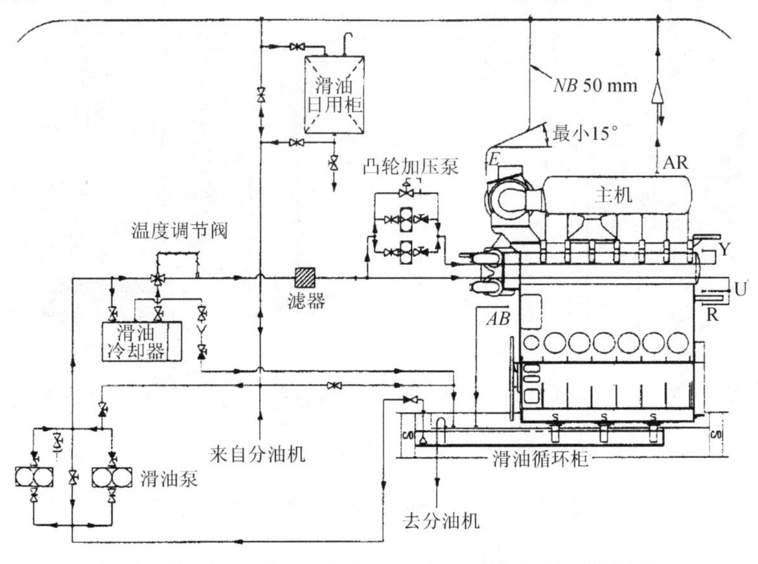

图 3-2-3　MAN-B&W MC 型柴油机滑油强制润滑系统

部滑油循环柜中的滑油，由主滑油泵吸入后泵至滑油冷却器。主滑油泵共两台，其中一台备用，多用螺杆泵，工作压力为0.4 MPa，最大工作温度为60 ℃，泵送的最大滑油黏度为400 cSt。当柴油机冷油起动时，部分打开主滑油泵旁通阀，以降低电动机功率。主滑油泵前一般设有粗滤器（双联磁性滤器）。滑油经滑油冷却器、温度调节阀和细滤器后分成两路至主机，一路连接法兰 U 去冷却活塞；另一路通过碟阀和连接法兰 R 去润滑柴油机主轴承。在该滑油系统中细滤器后连接两台凸轮轴和排气阀滑油加压泵，设计压力为0.3 MPa，加压后的工作压力为1.2 MPa，连接法兰 Y 进口供油给排气阀驱动油泵和凸轮轴。滑油日用柜可储存和补充系统滑油。柴油机曲轴箱通过透气管 AR 直接通往甲板，透气管内有泄放装置，可将管内的冷凝油流回泄油柜。细滤器工作压力为0.4 MPa，过滤细度为50 μm。现代船舶多采用反冲式自动清洗滤器，如图3-2-4 所示为6.33/SK451 型自动反冲洗滤器，能过滤直径为15～30 μm 的杂质颗粒。滑油循环柜设在双层底内，其四周都有干隔舱。滑油分油机可使滑油循环柜中滑油循环净化，也可将滑油循环柜内的滑油净化后送至滑油日用柜或去主机暖机。

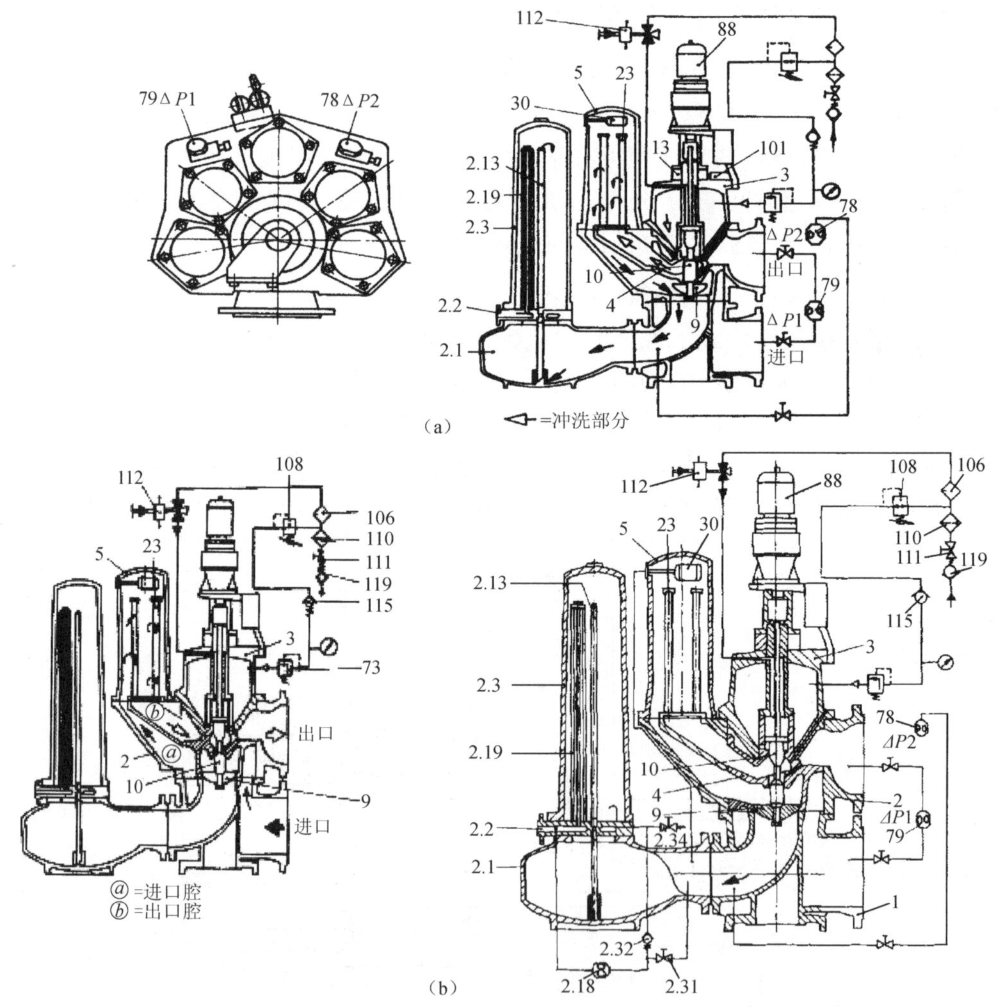

图3-2-4　6.33/SK451 型自动反冲洗滤器

自动反冲洗滤器使用前的检查：

①控制空气应为清洁和干燥的压力为0.4～0.6 MPa的压缩空气。

②截止阀111必须灵活有效。

③润滑器106必须充满润滑油达上部刻度。

④控制箱上的主开关在接通电源后，"Power On"灯应发光。

⑤检查电气系统，在控制箱上用手按动手动钮"Manual"，一个冲洗循环即开始进行。

⑥开足滤器出口阀，然后缓慢打开滤器进口阀，避免产生压力冲击。按下控制箱上手动钮，开始进行另一个反冲清洗循环。反冲清洗循环完成之后，再循环装置内的压力将下降，"Flush"灯熄灭。

三、润滑系统管理

柴油机润滑系统的正常工作状况，直接影响柴油机的可靠性。在系统中出现短时间失压，将造成整台柴油机损坏。为保证润滑系统工作正常，在实际管理中应注意如下几点：

1. 确保滑油的工作压力

各类柴油机的滑油工作压力是按说明书中规定的压力进行调节的。在一般情况下柴油机滑油泵的出口压力，高速柴油机为0.6～1.0 MPa；中速柴油机为0.2～0.5 MPa。滑油压力应高于海水和淡水压力，以防止在滑油冷却器损坏时海水或淡水进入滑油中。滑油压力可由滑油泵的旁通阀来调节。

在运行中，滤器堵塞，滑油黏度下降，配合间隙过大，滑油进机温度升高，都将导致滑油进机压力下降。这种压力下降是缓慢的，对柴油机正常工作影响不大。如发现压力突然下降，应及时减速甚至停车检查及时排除。

其判断主要依据滑油泵出口压力$p_{出}$和进机压力$p_{进}$进行对比分析：

(1)$p_{出}$↑、$p_{进}$↓，说明滤器或输油管路堵塞。

(2)$p_{出}$↑、$p_{进}$↑，说明滤器损坏使零件油路堵塞。

(3)$p_{出}$抖动、$p_{进}$↓，说明滑油泵吸入口漏入空气。

(4)$p_{出}$↓少、$p_{进}$↓多，说明滑油冷却器油管漏油。

2. 保证正常的工作油位

柴油机在起动前或在运行中都应检查滑油柜中或油底壳中的滑油储存量，使它保持在正常工作油位。

这对于湿式曲柄箱润滑系统更为重要。若油位过高，连杆大端发生击油现象，使滑油温度升高，起泡沫或形成油雾使滑油耗量增加；若油位过低，使滑油温度上升，滑油黏度下降，降低润滑效果。

对于干式曲柄箱润滑系统的重力油柜，考虑滑油受热膨胀的因素，它的油位应低于油柜顶15～20 mm。对于湿式曲柄箱润滑系统，油底壳内的油位应在油尺两刻度线之间，即在允许的最高油位和最低油位之间。

若油位突然上升，说明冷却器中或缸套冷却水系统漏入滑油。应关闭水阀再进一步判断漏水的原因，在处理之前必须停车。若发现柴油漏入滑油中，将使滑油变稀，应立即停车更换滑油。

柴油机在运行中，滑油由于蒸发、燃烧、泄漏等原因，将有一部分耗损。可用下式计算柴油机滑油实际消耗量。

$$滑油实际消耗量 = \frac{滑油加入量}{使用时间(h) \times 功率(kW)}$$

例如，某柴油机功率为200 kW，当油柜油位在最低位时，加入滑油20 kg，经12 h运行后油柜油位又降至最低，问该柴油机滑油消耗量为多少？

$$滑油实际消耗量 = \frac{20\ 000}{12 \times 200} = 8.4\ g/(kW \cdot h)$$

3. 确保滑油的工作温度

滑油的黏度是柴油机工作中的重要指标，它直接影响柴油机的润滑效果。润滑油的黏度是随温度变化的。滑油温度过低，则滑油黏度增大，机件的摩擦阻力损失增大，滑油泵消耗的机械功增加；若滑油温度过高，则滑油黏度降低，润滑性能变差，不易形成油膜，零件磨损增大，同时滑油易氧化变质。

滑油的工作温度分进机温度和出机温度。在一般情况下对高速柴油机，进机温度为45～60 ℃，出机温度为70～90 ℃。

润滑油的进机温度的偏差不能直接反应润滑质量的好坏，它主要取决于冷却器与调温器的工作情况。当冷却水流量小，冷却水管结垢，调温器失灵常闭时，将导致滑油的进机温度升高。

润滑油的出机温度直接反映零件润滑质量的好坏。滑油的出机温度随负荷变化的幅度不大。若滑油出口温度升高过多，特别是突然升高，要认真分析原因及时排除。

如油温突然升高，可能是润滑油膜没有形成，出现干摩擦，导致滑油出机温度升高。这时可减轻柴油机负荷，则滑油出机温度会逐渐恢复正常。对此还应降低滑油的进机温度，使滑油黏度增加，使润滑油膜的厚度增加。

若降低负荷后滑油出机温度仍然偏高，这说明不是没有形成油膜，而是油膜覆盖不够。对此应加大供油量，提高滑油进机温度，以便形成完整的油膜。

4. 要保持润滑油的质量

在日常管理中要经常注意检查滑油质量。对滑油质量可用简易方法进行判断：取出滑油，滴在滤纸上一滴，自然干燥之后若滤纸上的黑斑色深而大，且在滤纸上有干颗粒出现，表明该滑油已经变质应予更换。若滤纸上黑斑四周有黄色油迹，说明该滑油可以继续使用。

若柴油漏入曲柄箱，将使滑油变稀。可取出滑油置于手掌之上，若能闻到柴油味，则该滑油不能使用，必须更换。

若冷却水漏入滑油中，滑油会出现泡沫或出现白色乳化现象，可取出滑油滴在铝箔上，因油不散开，而水会散开，所以用这种方法可以判断油中是否有水。如发现滑油中有水，可用分油机把水分除掉或用静置方法处理。待水油分离后，可继续使用。

四、滑油系统的主要设备和附件

1. 循环油柜

干底壳式润滑系统中设有循环油柜，并置于柴油机油底壳的下面的双层底中。循环油柜用钢板焊制并使其与船舶有相同的倾斜度，以使水分、杂质等沉积于柜的一端。油泵的吸油口位于油柜首端，抽吸较清洁的油。油底壳的集油管则装于柜的尾端，并伸至最低，以免回流热油的撞击、搅动作用引起柜内滑油的氧化和产生泡沫。油柜中焊有短横隔板，保持柜的下部连通，以减少航行中滑油的扰动。循环油柜中设蒸汽加热管，便于柴油机冷车起动时加热滑油。此外，油柜上还装有空气管、测量管等。

2. 重力油柜

有些具有废气涡轮增压的柴油机，设置向增压器供滑油的重力油柜，重力油柜位于增压器之上 5 ~ 8 m 处。柜内装有保证增压器至少运转 10 ~ 15 min 的油量，设有低油位报警器、空气管和溢流管，使溢油流回循环油柜。

3. 循环油泵

循环油泵常采用电动齿轮泵或螺杆泵，在泵的吸入管上装有真空表，排出管上装有安全阀和压力表，便于了解泵的工作状况。中小型柴油机一般为机带泵，另配置一台备用的独立驱动泵。大型柴油机配置两台独立驱动泵，互为备用。

4. 驳运泵

滑油驳运泵可进行各舱（柜）间滑油的调驳，可将滑油驳至舷外。其排量多在 5 m^3/h 以上，有的船上驳油泵还兼作副机备用循环油泵。

5. 滤器

滑油滤器应具有体积小、重量轻、精度高、流阻小和便于装卸等优点。滑油系统中粗滤器装于滑油循环泵进口，细滤器装于冷却器出口，精细滤器装于进口，且粗、精滤器为磁性滤器。

粗滤器按其结构分为网式、片式和吸收式等。网式滤器用金属网制成过滤元件；片式滤器用一系列薄金属片或圆盘组成过滤元件。它们均可拆卸清洗，粗滤器可滤掉大于 0.07 mm 的固体颗粒。细滤器可分多孔填料式、吸附式和磁性滤器。多孔填料式的应用最广，其滤芯为厚纸板或棉质；吸附式采用表面活性材料进行过滤，不仅滤除杂质颗粒，而且还可滤掉滑油的分解产物。一般细滤器能滤除 0.001 ~ 0.01 mm 的杂质和滑油的分解物。

目前，在滤器的进出口安装压差继电器来监控滤器的脏污程度并报警。滑油细滤器极易脏堵，人工清洗工作量很大，因而在自动化船上采用自动清洗滤器，不仅节省人力和减少滑油消耗，而且保证了船舶的安全航行。

常用的 6.33/SK451 型再循环装置［见图 3-2-4 6.33/SK451 型自动反冲洗滤器（a）（b）］的反冲洗滤器是一种可用于过滤滑油和燃油的自动清洗滤器，其过滤元件的清洗是用压缩空气自动反向冲洗，并保证有一个清洗过的滤室作备用，过滤元件是纸滤芯。

五、滑油系统运行的管理

1. 正确选用滑油

根据要求合理地选用润滑油，并把质量合格的滑油输送到各需润滑的部件，保证其正常运转。

2. 正确调节滑油系统中的温度与压力

在起动、操纵、管理各主要设备时，必须按照说明书的技术要求正确调节滑油系统中泵的排出压力、排量和冷却器的温度。滑油进、出柴油机的温差一般为 10 ~ 15 ℃。

3. 备车暖机

备车暖机时，滑油循环柜应提前进行加温，冷却器旁通阀全开，进口阀关闭，待其油温达到 25 ~ 30 ℃时，起动滑油泵使滑油进入系统循环，备车时油温应达到 38 ℃左右，目的是防止油泥沉淀于管壁。

完车后应使滑油泵继续运转 20 min 以上。

4. 检查滑油循环柜的油位

船舶航行中要经常检查循环油柜的油位，保持正常油位。一般正常油位应低于油柜顶板 15 ~ 20 cm。

油位过高会在船舶摇摆时溢油，油位过低会影响柴油机的正常工作，经常检查油位，发现异常时应尽快查明原因和采取措施。

油位过高可能是循环油柜加热管漏泄、活塞或缸套冷却水（油）漏泄。油位过低可能是循环油柜或系统管路漏泄、分油机跑油、阀门误操作等引起的。

5. 定期检查和清洗滑油滤器和冷却器

检查滑油冷却器的冷却水管，防止其被海水腐蚀烂穿，清洗冷却器以提高其冷却效果。通常壳管式冷却器使用三氯乙烯溶液进行清洗；板式冷却器则用人工清洗。

在日常巡回检查中应经常检查滑油滤器的进出口压差，以防止影响柴油机的正常运转。清洗滤器时可采用清洗剂或柴油浸泡、软刷清除污垢和压缩空气吹净等，切勿损伤其零件。对于自动反冲洗滤器应按说明书要求拆装和用专用工具清洗。

6. 定期取样检查滑油质量

定期取油样化验滑油质量是保证柴油机正常运转和延长其使用寿命的手段。通常采用的理化检验，是采用简易仪器对滑油的黏度、闪点、水分、酸值和杂质等进行定量检查，以判断滑油的质量，此方法可在船上或岸上专门检测单位进行。还可采用专门精密设备对油样进行光谱分析或铁谱分析，以便对滑油中的金属颗粒的大小或成分、含量等做出分析报告，确定油的质量和诊断柴油机的故障。对于取样的要求应按规定执行。

六、润滑油

1. 润滑油的性能指标

（1）黏度和黏度指数。

（2）酸值和水溶性酸或碱。

（3）抗乳化度。

（4）热氧化安定性和抗氧化安定性。

（5）腐蚀度。

（6）总碱值。

（7）浮游性。

（8）抗泡沫性。

2. 润滑油的质量等级

CA——轻载荷柴油机润滑油，供使用优质燃料并在温和到中等程度条件下运转的柴油机使用，在非增压和优质燃料条件下具有抗轴承腐蚀和防止高温生成沉淀物（漆膜、积炭）的性能。

CB——一般负载的柴油机润滑油，用于温和到中等条件下运转的柴油机。在非增压和使用含硫燃油时，具有抗轴承腐蚀和防高温下形成沉淀物的性能。

CC——中等负载柴油机润滑油，用于中等到苛刻条件下工作的高增压柴油机，具有防高温形成沉积物和防锈防腐蚀的性能。

CD——重载荷柴油机润滑油，用于增压、高速、高功率并要求能非常有效地抑制磨损和防止形成沉积物的柴油机。在使用各种质量燃油的增压柴油机中具有抗轴承腐蚀和防高温形成沉积物的性能。

3. 润滑油添加剂的主要作用

（1）减少发动机部件上有害沉积物的形成和聚积。

（2）中和酸性物质，减少其对设备的腐蚀。

（3）防止设备及部件受到锈蚀。

（4）减少设备及部件的摩擦和磨损，延长设备及部件的使用寿命。

（5）使润滑剂的氧化和热分解延缓，延长其使用寿命。

（6）改变润滑剂的物理性质，提高其黏度指数，改善黏温性；降低其倾点，改善低温使用性能；减少泡沫形成等。

4. 常用添加剂使用性能分类

（1）清净分散剂（清净浮游添加剂）。

（2）油性剂、极压剂（抗磨剂）。

（3）黏度指数改进剂和增黏剂。

（4）消泡剂。

（5）降凝剂（降倾点剂）。

（6）防锈添加剂和抗腐蚀剂。

七、增压器的润滑方式

废气涡轮增压器的作用是利用柴油机废气能量驱动涡轮带动同轴上的压气机把空气压力提高并送入气缸，使柴油机功率大幅度提高。一般废气的压力为 0.25 ~ 0.45 MPa，废气温度为 500 ~ 600 ℃；转速随增压器尺寸不同，一般大尺寸增压器的最高转速达 10 000 r/min，小尺寸增压器的最高转速可达 40 000 ~ 50 000 r/min，所以，废气涡轮增压器属于精密机械。

废气涡轮增压器容易产生的故障有涡轮壳体腐蚀、轴承损坏、叶片损伤、气封损坏和增压器振动等。轮机员日常良好的维护管理工作，可减少这些故障的发生。

涡轮增压器轴承分为滚动式和滑动式，船用增压器多采用滚动轴承，另外还有止推轴承。

滚动轴承摩擦系数小，产生热量少，润滑油消耗量少，可使润滑系统简化，一般采用透平油只需设置油池和自带油泵。滚动轴承拆装方便，起动性能好，效率高。但受其使用寿命限制，规定的使用寿命期满必须更换。

滑动轴承结构简单,造价低,可与柴油机使用同一个润滑系统或专门设置一套外供油装置,所以使增压器整体结构复杂化,并且维护管理要求高,容易发生故障。

增压器轴承是在高温、高速和轻负荷条件下工作的,保证轴承在工作条件下可靠运转,除了保证轴承的结构设计、材料和制造等满足要求外,使用中良好的维护管理也是至关重要的。

废气涡轮增压器转子两端轴承的润滑是由其自带油泵将高质量的无酸矿物透平油或高质量的含或不含清净添加剂的柴油机油喷至轴承,保证轴承充分润滑。

为了保证油泵的正常工作,根据说明书的要求,定期检查油泵的磨损和漏泄情况。例如VTR 型增压器每隔 12 000 ~ 16 000 h 进行一次检查。

油泵工作的可靠性与其安装质量有关,故在安装油泵时应保证油泵的轴线与增压器转子轴心线同轴,泵端的径向跳动量不应超过 0.02 mm。

八、曲轴箱油变质与检查:变质原因、检验方法和检验指标

曲轴箱油润滑主要指对柴油机曲轴箱内各轴承的润滑,在筒形活塞式柴油机中它还兼作气缸润滑油(飞溅润滑)和活塞冷却液,在某些柴油机中它还用作液压控制油。

曲轴箱油又叫柴油机油或系统油。

1. 十字头式柴油机曲轴箱油

十字头式柴油机曲轴箱油的要求:

(1)必须具有适宜的黏度和较好的黏温特性。

(2)必须加有抗氧抗腐添加剂。

(3)清净分散性。

(4)应具有在较高温度下抗氧化性能和较好的抗氧化安定性。

(5)其他,如抗乳化性能、抗泡沫性能、闪点,等等。

2. 筒形活塞式柴油机曲轴箱油

筒形活塞式柴油机曲轴箱油除应满足对十字头式柴油机曲轴箱油的全部要求外,尚应满足以下要求:

(1)高温工作时的清净性。

(2)热氧化安定性好。

(3)足够的碱性。

曲轴箱油的变质与检验:

曲轴箱油变质的原因主要有外来物混入和滑油本身氧化两类。柴油机运转过程中,即使处于良好的液体润滑状态也不可避免地产生摩擦热和磨损。润滑油油温升高使其理化性能下降,容纳大量的磨损产物——金属颗粒和其他污染微粒。润滑油中金属磨粒成分、颗粒大小和多少与摩擦副的工作情况密切相关。

曲轴箱油变质的检验方法:经验法 、油渍试验法(Oil spot tests)、化验法、船上简易化验、实验室化验。

曲轴箱油变质的检验方法:

(1)取油样。

(2)取样间隔:每隔3~4个月取油样化验一次,油样应有代表性。
(3)取样时间:进港前运转中取样。
(4)取样位置:滑油分油机前。
曲轴箱油变质的化验项目和检验指标:
(1)黏度:不得超过初始值的25%或20%。
(2)总酸值:若总酸值变化迅速增高,则此值不允许超过0.5 mg KOH/g。
(3)若总酸值变化缓慢,则可允许高达4 mg KOH/g。
(4)强酸值:滑油不允许出现强酸值。
(5)总碱值:不允许总碱值为零。
(6)水分:不允许水分超过0.5%。
(7)盐分。
(8)沉积不溶物:一般不超过0.5%。

3. 曲轴箱油净化系统

为避免曲轴箱油变质,一般都装有曲轴箱油净化系统,在柴油机运转中可连续对滑油循环柜中的曲轴箱油进行分离净化处理,排除曲轴箱油使用中混入的各种杂质和氧化沉淀物。如图3-2-5所示的曲轴箱油净化系统。曲轴箱油净化系统由分油机、机带泵、高置水箱、加热器和系统管路、阀门等组成。

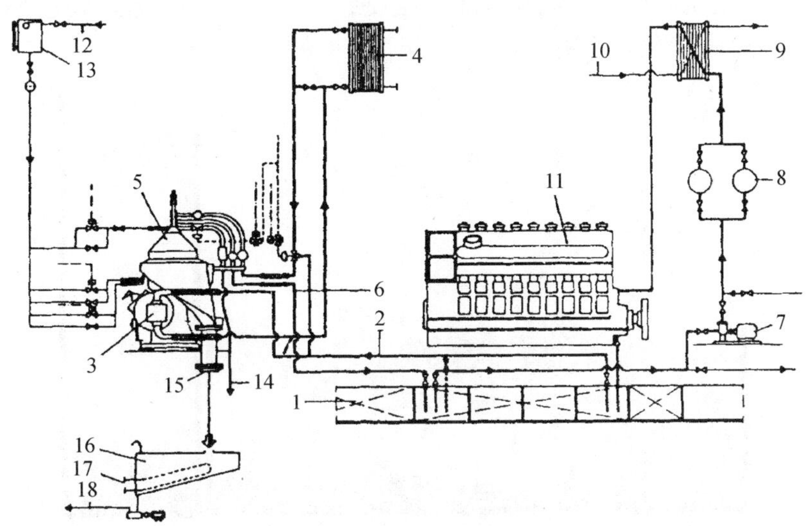

图3-2-5　曲轴箱油净化系统

1—滑油循环柜;2—污油吸管;3—机带泵;4—加热器;5—分油机;6—净油;7—滑油泵;8—滤器;9—冷却器;10—冷却水出口;11—柴油机;12—冷水;13—工作水箱;14—出水口;15—污油出口;16—污油柜;17—加热管;18—污油管出口

第三节　分油机的结构和工作原理及管理

在混有水和杂质的油中,机械杂质的密度最大,油的密度最小,水的密度介于二者之间。油在沉淀柜中存放一定的时间能使机械杂质和水分沉淀分离,但速度极慢。分油机是用来净化各种混合液体的。分油机运用的领域主要是处理燃料油、柴油和润滑油以及舱底水。除了固体颗粒外,水分必须从油中除去,或油必须从水分中除去。

分油机除了可以按照处理的介质来分类外,还可按照传动方法分为皮带传动或齿轮传动,其中分离筒的设计分为自清式或非自清式。离心式分油机是利用物质的密度差通过高速转动的分离筒产生的离心力将液体、固体进行分离。

船用分油机一般是指自动排渣分油机,它是在一般分油机的基础上加装了活动底盘、配水盘、密封环、滑动环及复位弹簧等部件。

沉降原理:在一个固定的沉淀柜内不同密度的液体与固体经过一段沉淀时间后相互间产生向上堆积,这种现象称为沉降。因为固体的密度大于水,固体较快地沉于沉淀柜的底部。一段时间后液体和密度最小的油将浮在上面。

沉降面积和路经:沉降面积较大和沉降路径较短可以达到更有效的沉淀,如图 3-3-1 所示沉淀柜 1 比沉淀柜 2 的净化效率更好。

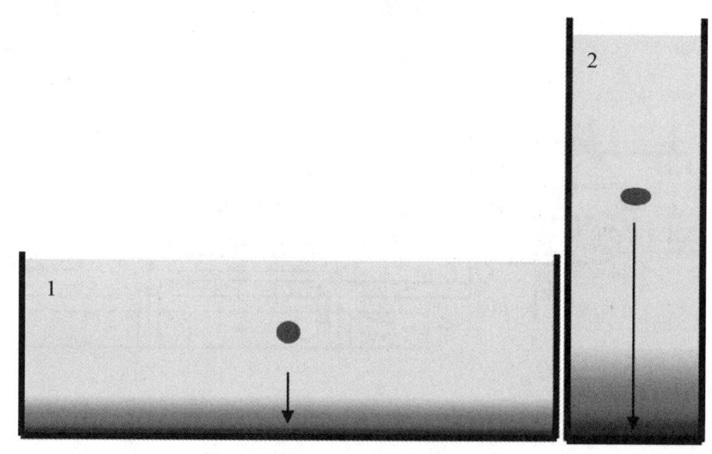

图 3-3-1　沉淀柜 1、沉淀柜 2

为达到高效分离油液、固体杂质和水,离心式分油机一般设有与其他机械不同的结构零件。

1. 钢片式碟片堆

钢片式碟片堆就像许多扁平的沉淀柜互相堆积在一起。每个碟片(如图 3-3-2 钢片式碟片)上部靠间隔片形成一定的空间。因为每个碟片的沉降路径很短,每两碟片间相当于一个沉降面积大和路径短的沉淀柜,加上在极大离心力作用下进行分离,所以,离心分油机的分离是很有效的。脏油从碟片的外径进入,干净油从碟片的中心排出。为了达到最高的效率整个碟片堆(净化表面)油相或水相必须干净。进行分油时,分离线在半月形切面的内侧;进行分污油水时,分离线在碟片堆的内侧。固体聚积在每个间隔带的上壁并滑到分离筒集渣空间。因而碟片的底部表面不能刮擦,也不能有刮痕,否则将会降低分离效果。出厂时碟片的底面已由制造厂进行了很好的抛光。在高心式分油机中由于分离筒的高速转动,因此其沉降的速度是非常快的。"重力加速度的倍数"是重力场的计量单位。

图 3-3-2　钢片式碟片堆

2. 向心泵

向心泵是紧固在分离机上盖上、叶轮不转动的一种泵。向心泵(如图 3-3-3 所示)将液体旋转的动能转换成压力能而将其输送出去。因此干净油可以排入日用油柜而不需要另外安装输送泵,向心泵起到输送泵的作用需要消耗能量,因此在分离过程中分离机电机的电流要远高于无负载运行时的电机电流。

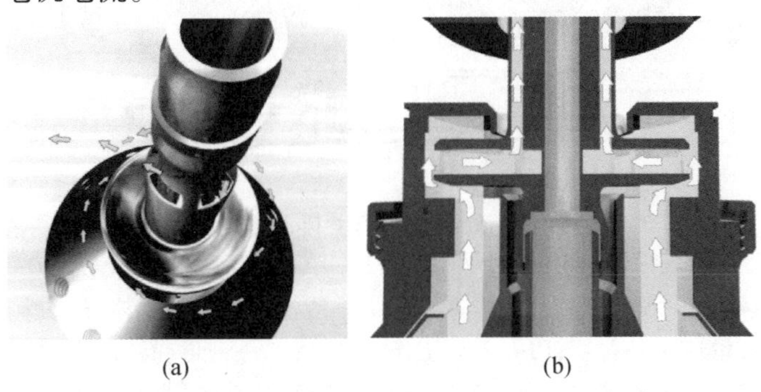

(a)　(b)

图 3-3-3　向心泵

一、分油机的基本结构

分油机的结构类型有很多,但是基本工作原理大同小异。现以 ALFA-LAVAL MMPX 型自动排渣分油机为例加以说明。该分油机机体下部安装着分离筒的传动机构。分离筒由电机经摩擦离合器、涡轮机构驱动,以较高速度旋转。分离筒是分油机的核心部件,如图 3-3-4 显示出了其分离筒和自动排渣系统的主要结构。

分离筒本体(J)和筒盖(F)用大锁紧环(H)锁紧。筒内安装配油器(D)、配油锥体(VV)和分离盘组(G),待分油流过配油器、配油锥体,在分离盘组内进行分离。分离盘最上端为顶盘(E),其颈部与液位环(C)形成排油腔(aa),向心油泵(U)将油腔中的净油泵出分离筒。分离出的水沿分离盘组的外缘上升,经顶盘流至油腔上部的水腔(a)溢过比重环(AA)由向心水泵泵出。分出的固体残渣向筒内四周运动,汇集在分离盘组外缘的排渣空间(ii),通过排渣口

(I)定时排出。重力环被小锁紧圈(B)固定在分离筒盖上,此锁紧圈也构成了水腔的上盖。其自动排渣系统主要由分离筒底部的滑动底盘(K)、定量环(N)、滑动圈(L)、配水盘(Z)及工作水系统等构成。

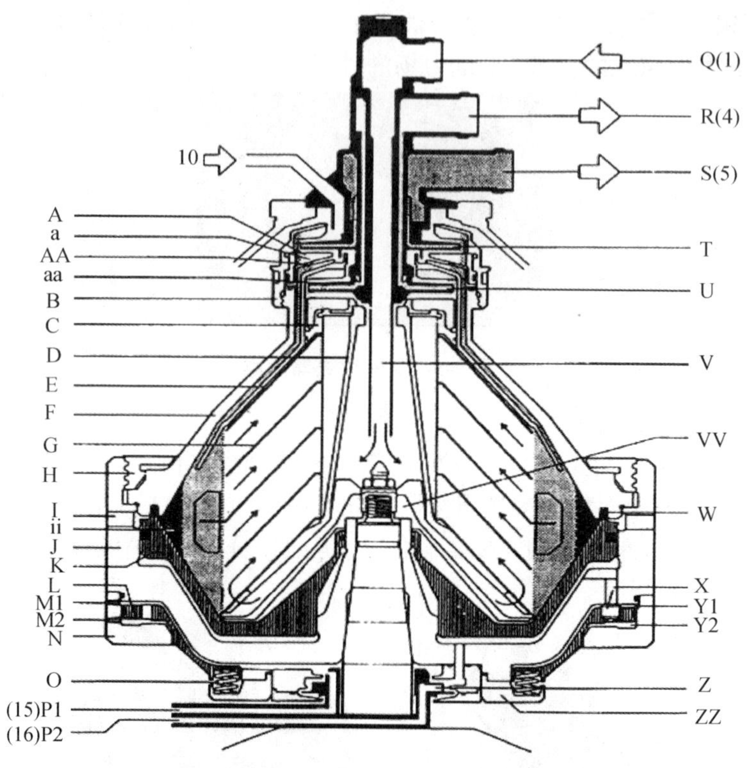

图 3-3-4　分离筒和自动排渣系统结构

A—带翅套筒;a—水腔;AA—比重环;aa—排油腔;B—小锁紧圈;C—液位环;D—配流器;E—顶盘;F—筒盖;G—分离盘组;H—大锁紧环;I—排渣口;ii—排渣空间;J—筒本体;K—滑动底盘;L—滑动圈;M1、M2—喷嘴;N—定量环;O—弹簧;P1—开启工作水进口;P2—密封和补偿水进口;Q—进油口;R—净油出口;S—出水口;T—向心水泵;U—向心油泵;V—进口管;VV—配油锥体;W—筒盖密封环;X—泄水阀;Y1—开启水腔;Y2—密封水腔;Z—配水盘;ZZ—弹簧座;10—水封水/置换水进口

二、分油机的基本工作原理和种类

分油机是靠离心力来净化燃油和滑油。其主要工作原理是:让需净化的油进入分油机中做高速旋转,密度较大的水滴和机械杂质所受的离心力大,被甩向外围,水被引出,机械杂质则定期排出;密度较小的净油所受到的离心力较小,便向里流动,从靠近转轴的的出口流出油,从而得到净化。

分油机根据用途不同可分为分水机和分杂机。当待分油中含有水分较多时,使用分水机,分离油中的水分及杂质;当待分油中所含水分较少时,使用分杂机,分离出的杂质和少量水分从排渣口排出。该型号分油机只要将盘架换为不带分配孔的盘架,将出水通道封死,便可将分水机改成分杂机。

分油机分油前应将一部分热水经进油口(Q)注入分离筒,直至出水口有水流出为止,使之在筒内外周形成水封区,引入的水就叫作水封水。然后待净化的油由进油泵泵进分油机,进入分离筒后流向下部,再经盘架的分配孔进入分离盘间,被分离盘片分成若干层的油随分离筒一起高速转动。由于外围有一层水封,故能防止油从出口跑掉。从油中分出的水将挤兑原来的水封水,使之经顶盘(E)和分离筒盖(F)、比重环(AA)间的环形空间由向心水泵排出。油中的机械杂质将穿过水封区被甩出聚集在分离筒内壁上,然后定期自动或手动排出。净油则连续地经过盘架和顶盖间的环形通道,由向心油泵排出。

在分离筒内油水因密度不同而形成油水分界的圆柱形面叫油水分界面。分界面以内的空间是油,分界面以外的空间为水和杂质。有水分界面的位置非常重要,其直接影响油的分离质量,其最佳位置应在分离盘的外边缘,从而使油能充分利用分离通道的全部长度,达到最佳的分离效果。若油水分界面向内移动进入分离盘组件,则造成分离盘片堵塞,被油携带的若干水滴和细小杂质将分离不出而随油一起排出分离筒,降低了分离效果。若分界面向外移动,一方面会降低从水中分离出油的效果,从而造成水中带油,另一方面,有可能破坏水封,造成油经出水口流出,即出水口跑油。

油水分界面的位置是由重力环的内径来确定的。重力环内径增大,油水分界面向外移。重力环内径减小,油水分界面向内移。所分离的油密度越大,选用的重力环内径应越小。为此,每台分油机均附带有一套不同内径的重力环。

三、分油机的工作过程

该分油机的工作过程可以自动控制,也可以手动控制,具体过程如下:

起动、密封:当进行分油作业时,起动分油机,3 ~5 min 后达到额定转速(表现为分油机起动控制箱上的电流表由较高的起动电流下降为一个稳定的额定工作电流),水阀(16)打开,密封和补偿水进口(P2)进水,密封水经配水盘进入滑动底盘下部的密封水腔(Y2)。由于此时在弹簧(O)的作用下,滑动圈将泄水阀(X)关闭,密封水腔形成密封状态。在分离筒高速旋转的情况下,滑动底盘下方的压力大于上方的压力,从而使滑动底盘紧压在分离筒盖上,使其保持密封,以进行分油作业。分离筒密封好以后,便可开启进水口进水封水(分杂机无此项作业)。待分离筒水封好后[一般以出水口(5)有少量水流出为准],便可进油。

分油:待分离污油从进油口(Q)进入分离筒,进入分油机后沿中心输油管通入到分离筒的底层,然后通过配油孔转而向上进入分离盘组并被盘片分成若干层,油在经过盘组缝隙向筒中央方向流动的过程中,被连续的分离成若干层,并随分离盘一起高速回转。这时分离筒内的燃油会按油、水、杂质的密度不同分成三层,被净化的燃油向上离开分离盘,进入位于分离盘顶盘(E)和配流器(D)之间的排油腔(aa),然后由向心油泵(U)经出净油出口(R)排出,被分离的水沿着分离盘组的外边缘,向上进入顶盘(E)和分离筒盖(F)之间的排水腔,然后由向心水泵(T)经出水管(S)排出,固体杂质被甩在分离筒内壁上,汇集在排渣空间(ii),由排渣口(I)定时排出,从而达到燃油净化的目的。在分油过程中,密封水有少量泄漏,水阀(16)便打开,从密封和补偿水进口(P2)进水进行补偿。

排渣:排渣程序进行之前进油口停止进油,进水口进置换水进行分离筒内部清洗和赶油,以利排渣和避免排渣时油的损失。然后水阀(15)打开,开启工作水进口(P1)进水,经配水盘进入开启水腔(Y1),直至滑动圈上部开启水压力大于下部弹簧的弹力。此时滑动圈向下移动，打开泄水阀(X)，使滑动底盘下部密封水腔的密封水泻出。滑动底盘此时在其上部的压力作用下迅速下落，打开排渣口排渣。排渣结束后，操作水阀再次短时间通电，进入密封工况。

停机：排渣完毕后，若需停机，便可直接停机。若需继续分油作业，可重复进入密封工况继续分油。

自动排渣分油机按其分离筒开启排渣时的排渣量不同分为全排渣分油机和部分排渣分油机。每次排渣时将分离筒内液体全部排空的排渣方式为全排渣，仅排出分离筒内部部分液体的排出方式为部分排渣。全排渣方式损失油和水，排渣前要停止分油、供置换水，缩短有效分油时间。而部分排渣分油机排渣时不用停油和供置换水，只要将分离筒内部分液体排出，使分油机既能连续有效地分油又不损失燃油。部分排渣是通过分油机工作水系统严格控制分离筒的开启(排渣)时间来实现的。

四、分油机的运行管理

1. 加热温度和分油量的确定

燃油或滑油在分离前，要经分油机加热器进行加热，降低黏度，扩大杂质、水与油的密度差，以提高分离效果。油温不能太高，以免水分蒸发，破坏油水分界面，造成跑油。加热温度取决于油的品质和水的沸点。分油机的分油量越小，分离效果越好。但对于燃油而言，分油量必须满足主机的耗油量；对于滑油而言，采用循环分离后，分油量越小，循环分离的次数越少，因此，不能追求过小的分油量。一般说来，油的黏度越大，质量越差，加热温度应适当增高，分油量也应酌情减少。

2. 重力环的选择

由分油机的原理可知，分水机(Purifier)的分油质量取决于油水分界面(如图 3-3-5 油水分界面)的位置，而分界面的位置由重力环的内径确定。根据油水分界面不动时，油、水对分界面压力相等的关系，可以推导出下式

$$D_2 = \sqrt{D_3^2 - \frac{D_3^2 - D_1^2}{E}}\ \text{mm}$$

式中，D_1——出油口直径，mm，固定不变；

D_2——出水口直径(重力环内径)，mm，可以选择；

D_3——油、水分界面的直径，mm；

E——分离温度时油、水密度的比值。

由上式可知，为了使油水分界面总是处于最佳位置，根据所分油的 E 值，即可求出所需重力环的内径 D_2。所用燃油的密度愈大，所选用的重力环的内径应愈小。因此，每台分油机均附带有一套不同内径的重力环，以备选用。一般在分油机的说明书中都附有选择重力环的图表。在分油机的运行管理中，要根据所分油密度，正确选择重力环。

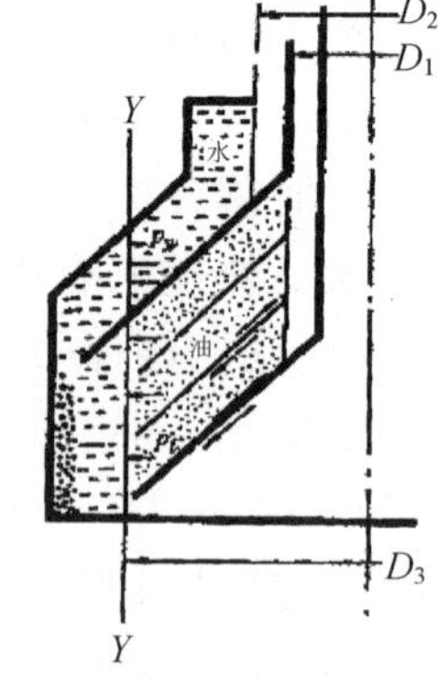

图 3-3-5 油水分界面

3. 操作要点

目前，全自动分油机在船舶上得到了越来越广泛的应用。现以 WHPX 型分油机为例来说明全自动分油机分油作业时的操作管理要点。这种分油机除配有一个 EPC400 控制单元、一

些控制和检测辅助元件、分油机电机起动箱外，还配有供油泵和加热器等辅助设备，它们共同构成一个净化系统。

(1)起动前的检查

在起动前除应检查分油机齿轮箱滑油油位、刹车装置、分离筒和摩擦离合器、各种阀件的开关位置是否符合要求外，还应检查加热器、空气气源是否正常，各设定参数是否符合要求。以上准备工作完成后，可以进行起动操作。

(2)起动和运转

首先起动供油泵，起动分油机加热器，然后起动分油机。分油机加速过程约需 5 min，在此期间要注意观察分油机起动器上的电流表指针变化是否正常，应确保无不正常音响或振动发生。待分油机达到正常转速、油温加热到所要求温度后，便可按下控制单元上的程序开关按钮，进行分油作业。

分油期间应经常注意出水口和排渣口是否跑油及滑油油位、日用油柜和沉淀油柜油位、高置水箱水位、分油机和供油泵的运转情况等。注意分油机各种故障报警，消除警报并排除故障。

(3)排渣

当运行到选定的时间时，由程序自动引发进行排渣，排完渣后又恢复正常分油作业。

(4)停止分油机运转

当需要停止分油时，只要再次按下程序开关按钮，分油机便自动先完成排渣，然后起动停止分油机程序，并将其起动开关锁住 3 min，即在停机后 3 min 内分油机不能再起动，然后人工关闭分油机加热器，当油温下降后再停供油泵。

由上可见，全自动分油机需要人工起动的设备依起动的先后顺序为油泵、加热器和分油机。停止分油时的停止顺序与起动顺序相反，而且一定等油温下降后才能停止油泵。

4. 分油机常见故障

(1)分离筒达不到规定转速

原因：制动器未松开；摩擦离合器内混入油脂，摩擦片打滑或损坏；电动机或电气设备故障。

(2)不能进油或分油过程断油

分油机供油泵一般为齿轮泵，它不能供油的原因通常有以下几类。

第一类是由于泵或管路的问题不能产生足够低的吸入压力。原因是：油泵传动齿轮锥销折断；泵严重磨损，间隙太大；泵转速太低；吸入管漏气；油柜已空。

第二类是泵吸入压力过低。原因是：油柜油位太低；供油泵前滤器堵塞或管路不通；油温太低，黏度太大。

(3)出水口跑油

第一类情况是水封未能建立或受到破坏，如起动时水封水未加或加得太少；进油阀开得太猛，水封被破坏；油温太高，水封水被蒸发，水封被破坏；转速不足使水封压力不够；分离盘片间脏堵。

第二类情况是油水分界面外移至分离盘外。属于这类原因的有：重力环内径过大；油未加热至要求值，密度大。

(4)排渣口跑油

这是由于排渣口未能封闭。排渣口跑油原因有以下几类：

第一类是滑动圈上移堵死密封水腔泄水口,原因是:分离筒上小孔 M1、M2 堵塞,不能泄水;滑动圈下方弹簧失效:滑动圈上方塑料堵头失严。

第二类是滑动底盘下部缺密封水,原因是:高置水箱无水;工作水系统管道或控制阀堵塞或严重漏泄;滑动底盘周向密封圈失效漏泄。

第三类是滑动底盘与分离筒盖不能贴紧,原因是:滑动底盘上端面主密封环失效;传动齿轮和轴承过度磨损使立轴下沉。

(5)不能排渣

原因是:缺少压下滑动圈的开启工作水;可能是高置水箱无水;工作水系统管道或控制阀堵塞或严重漏泄;有关工作水孔脏堵不通;滑动圈周向密封圈失效。

(6)出现异常振动或噪声

原因主要是:分离筒安装不正确;紧固件或与机盖的配水盘擦碰;传动机械缺油;轴承过度磨损而使立轴下沉;供油泵卡阻或损坏;摩擦离合器损坏或过度磨损,质量不均匀;排渣不净,分离筒内积渣不均。

第四节　冷却系统的组成设备及管理

燃油在柴油机中燃烧所放出的热量有 20% ~30% 经缸盖、气缸和活塞散给外界。为尽快地散出这些热量,就需要有足够数量和连续供应的冷却水流经各受热面,以确保各受热面有稳定的工作温度。在现代柴油机中都设有专门的冷却系统。

一、冷却的必要性

柴油机冷却系统的作用集中体现在柴油机的冷却工况。所谓柴油机的冷却工况,是指柴油机冷却水进口温度和出口温度之差。当柴油机的冷却工况正常时,冷却水所带走的热量取决于流过受热面的冷却水量。

冷却水所带走的热量是柴油机总热量的一部分。当出现进出口温度变化时,就破坏了正常的冷却工况,必将引起散热量的变化。

当冷却水进出口温差减小时,受热零件的散热量也减少,导致冷却不足使受热机件过热。因而金属材料的机械性能下降,出现较大的热变形,从而破坏了零件间的正常间隙。可能引起零件过度磨损或者咬死甚至发生严重的机损事故,冷却不足还会使滑油温度升高,黏度下降,破坏液体动力润滑,所以柴油机不能长时间在高温下工作。

当冷却水进出口温差增加时,各受热面的散热量也增加,出现过度冷却,带走的热量也较多,使柴油机的热效率下降,经济性下降,同时冷却面内外温差增大也会使热应力增加。

由此可见,在实际管理中对柴油机冷却系统一方面要认识到冷却的必要性,同时还必须注意到对它进行科学的管理。严格遵守冷却系统管理要求,按规定调节参数,使柴油机的冷却工况始终处于正常状态。

基于上述原因,管理柴油机冷却系统的原则是:

(1)要控制冷却终点温度。冷却水在冷却工况中吸收受热件的热量,使自身温度升高。冷却终点温度能够比较真实地反映出受热件表面的工作温度。因此,控制冷却水的终点温度,也就控制了受热零件的工作温度。

柴油机冷却水的出机温度是:开式冷却系统为 40 ~ 50 ℃;闭式冷却系统为 70 ~ 90 ℃。

开式冷却系统的出机温度不能太高,这是因为如超过 55 ℃时从海水中很容易析出盐分而加速水垢的生成。当负荷变化时可用改变进机温度的方法使冷却水出机温度不变。

(2)实行从低温到高温冷却。为了尽量减少热应力和冷却水流量,实现终点温度控制,通常柴油机冷却水的流向是先冷却低温零件,然后再冷却温度较高的受热件。

二、冷却系统的组成

现代柴油机的冷却系统,无论是中小型机还是大型低速柴油机,无一例外地都采用冷却水泵进行强制冷却。在系统的布置上可分为开式冷却系统和闭式冷却系统。

1. 开式冷却系统

这种冷却系统是直接用海水(或江水)来冷却柴油机,如图 3-4-1 所示为开式冷却系统的原理图。

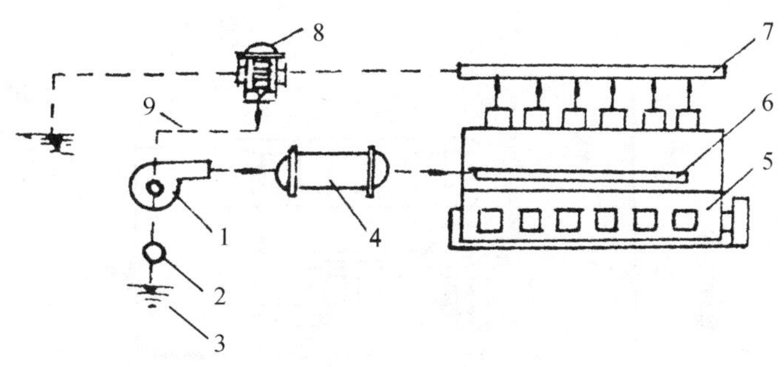

图 3-4-1　开式冷却系统

1—冷却水泵;2—滤器;3—海底阀;4—滑油冷却器;5—柴油机;6—冷却水总管;7—出水总管;8—调温阀;9—回水管

海水或江水经海底阀 3、滤器 2 被冷却水泵 1 压送到滑油冷却器 4。冷却水经滑油冷却器后温度有所升高,然后进入柴油机 5 的冷却水总管 6,经过各气缸套后又进入气缸盖冷却。各缸盖的冷却水都汇集到出水总管。冷却水是从缸套下部进入缸套上部,再进入缸盖。这样的流通路线是为了使冷却水温度逐渐提高,防止受热件温差过大而产生热应力出现裂纹。为了保证柴油机冷却水温度稳定,在出水总管的出口处装有调温阀 8。当冷却水温度下降时,它可以自动调节使一部分热水经回水管 9 回到冷却水泵进口。当冷却水温度升高时,由于调温器的调节作用,使冷却水直接排到舷外。

开式冷却系统是采用自然冷却,设备简单,水源充足,但海水或江水所含盐分和杂质较多,在冷却表面上容易生成水垢。因水垢的导热性能很差,使冷却效果降低,容易使受热件过热而损坏;如在冷却腔内有水垢存在,在一定程度要减少冷却腔内冷却水的流通面积,使冷却水流阻力增加,冷却水泵耗功增加。水垢的生成速度与零件的热负荷有关,在散热快的散热面处容易生成水垢,因而零件的散热面上水垢分布不均。在水垢较厚的地方金属容易过热发生蠕变,最后导致裂纹。

综上所述,对于开式冷却系统,必须把冷却水的出口温度控制在 40 ~ 50 ℃以下,使水中盐分不致析出。为防止生成水垢势必要降低冷却水进口温度,这又会导致受热件热应力的增加;由于冷却水进口温度降低使柴油机热损失增加,使柴油机热效率下降;海水的腐蚀性很强,对柴油机受热件有一定影响。因此,开式冷却系统只用于小型柴油机上。

2. 闭式冷却系统

闭式冷却系统是由两个系统组成:柴油机运动时把热量传给淡水,再用海水来冷却淡水,最后海水将热量带出舷外。可见淡水冷却系统是封闭的。

如图 3-4-2 所示为闭式冷却系统的示意图。它设有两个海底阀,一个是高位海底阀,设在舷旁位于空载水线以下 300 mm 处;另一处是低位海底阀,设在舱底。船舶进港后水下泥沙污物较多,使用高位海底阀。船舶在海上航行时,使用低位海底阀。海船常设两个以上低位海底阀,分布在船舷两侧由管路相通。当一个海底阀被污物堵塞时可转换另一个。每个海底阀后面都设有滤器,用以防止污物进入系统中。海底阀设有压缩空气或蒸汽管用以冲刷污物或冰块。在高、低位海底阀发生故障时可使用应急吸口 12。

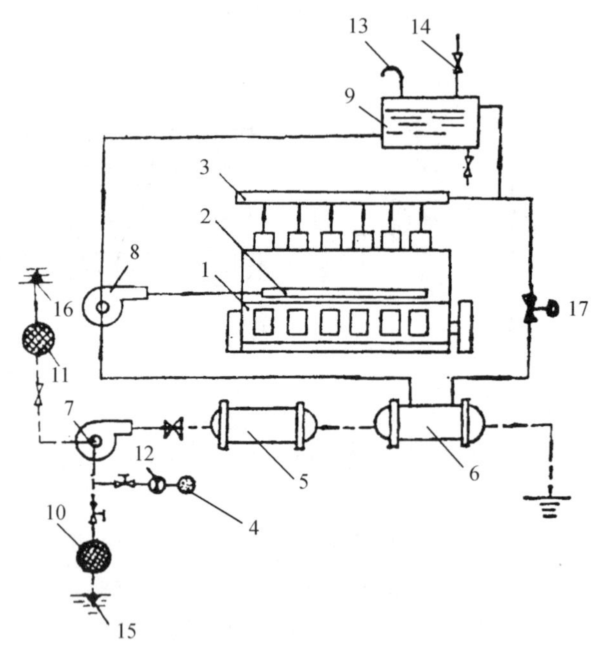

图 3-4-2　闭式冷却系统

1—柴油机;2—进水总管;3—出水总管;4—滤器;5—滑油冷却器;6—淡水冷却器;7—海水泵;8—淡水泵;9—膨胀水箱;10—滤器;11—滤器;12—应急吸口;13—放气管;14—补水阀;15—海底阀;16—海底阀;17—调温阀

海水由海水泵 7 经海底阀 15 或 16 吸入,经滤器 10 或 11 压送到滑油冷却器 5 和淡水冷却器 6,工作后排出舷外。

淡水由淡水泵 8 从淡水冷却器 6 吸出泵入柴油机进水总管 2,再进入各气缸水套,经气缸盖汇合于出水总管 3,再进入淡水冷却器 6 被海水冷却再次使用,依此循环下去。

在闭式冷却系统中的淡水出口最高处设有膨胀水箱。膨胀水箱有如下作用:

(1)使系统中的淡水受热后有膨胀的余地。

(2)补充系统中因蒸发和泄漏而损失的水。

(3)使淡水泵有足够的吸入压头。

(4)可排出冷却系统中的空气和蒸汽。

(5)可向系统中投药进行水处理。

闭式冷却系统的冷却温度可以调节,冷却水对受热件冷却后进入调温阀。一路冷却水经膨胀水箱直接到淡水泵入口继续冷却柴油机;另一路经调温阀进入淡水冷却器冷却后再进入淡水泵,实现冷却水温度的自动调节。这样可以减少受热件的热应力和提高柴油机的热效率。

三、冷却系统的主要设备

在中小型柴油机的冷却系统中,主要设备有冷却水泵、调温阀和冷却器等。

1. 冷却水泵

柴油机的冷却水泵通常采用离心式冷却水泵。它装在柴油机自由端由曲轴驱动。为了保证连续可靠地供给冷却水,在冷却系统中常装有两台冷却水泵,一台作为备用泵。对于直接换向的柴油机,冷却水泵的排出方向不受曲轴转向限制,通常在水泵中设有吸、排阀。

2. 调温阀

如图 3-4-3 所示为波纹管式调温阀,它通常装在冷却水出机处,用以控制冷却水出口温度。它是由冷水阀 1、热水出口 2、热水阀 3、阀壳 4 和感温元件 5 所组成。

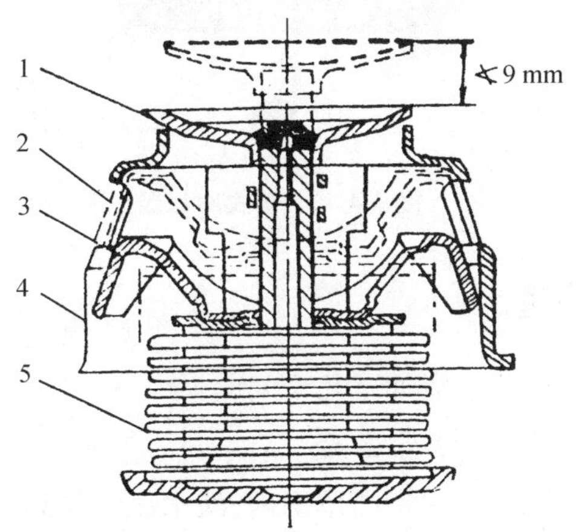

图 3-4-3　波纹管式调温阀

1—冷水阀;2—热水出口;3—热水阀;4—阀壳;5—感温元件

感温元件是由黄铜皮制成的波纹管,其中装有 5 ~ 8 mL 乙醇和蒸馏水的混合物,称为蒸发液。它的蒸发温度为 75 ℃。当感温元件外的冷却水温度大于蒸发液的蒸发温度时,蒸发液将受热膨胀使管内压力升高,迫使波纹管轴向伸长。波纹管底座和调温阀外壳固定为一体,它的自由端设有阀杆,在杆的上部装有冷水阀 1,在阀杆下面装有热水阀 3。在调温阀的外壳上制有冷水阀座与热水出口 2。

当系统中的冷却水温度低于 70 ℃时,冷水阀 1 与冷水阀座紧紧贴合。把通往冷却系统中的冷水切断,而热水出口 2 全开,此时出机的冷却水全部在热态下流过,热水出口 2 流到冷却水泵,升压后再去冷却受热件,此时冷却系统具有最高温度。

当系统中的冷却水温度大于 85 ℃时,由于波纹管的膨胀作用控制阀杆使冷水阀 1 全开,而热水出口 2 全关。于是出机的冷却水从冷水阀处流出,全部送往冷却器,冷却后送往冷却水泵加压,此时冷却水系统具有最低温度。由于感温的波纹管会随冷却水的温度而变化,因而冷水阀和热水阀也会因温度下降而有不同的开度,从而保证冷水与热水在冷却系统中的比例,也就实现了对冷却水始点温度的控制。

3. 冷却器

在中小型柴油机中,滑油、淡水和空气冷却器都采用管式冷却器,如图 3-4-4 所示。它是由前管板和后管板固定在壳体上。在前管板和后管板之间装有若干根冷却水管。在管束上还装有几块隔板,目的是使滑油在冷却器内的流动路线增长,加强冷却效果。滑油从冷却器上面两个管接头流进和流出,海水从冷却器左右两个管接头流进和流出。为防止海水对冷却器壳体腐蚀,在冷却器壳体上加装防腐锌块。旋塞在检修时用来放出海水。这种冷却器在工作时,海水从右端进入冷却器,在冷却水管内流动;滑油从左上端流入,在管外流动,沿隔板曲折流动以增强冷却效果。滑油把热量传给管内海水,受热的海水从冷却器的左端排出。滑油冷却后由冷却器右上端流出。淡水冷却器和空气冷却器的原理与滑油冷却器相同。

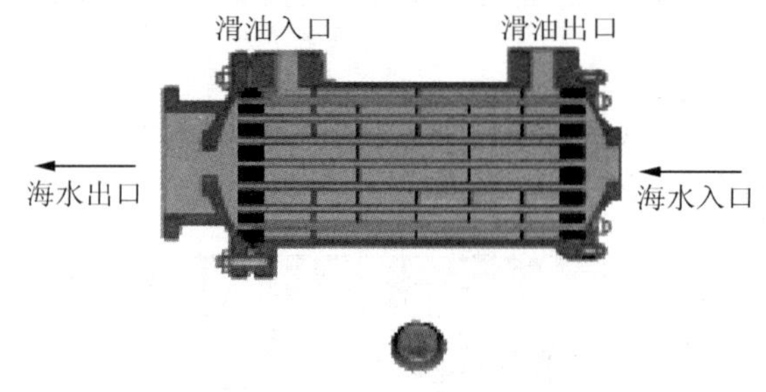

图 3-4-4　管式冷却器

四、冷却系统的管理

柴油机冷却系统在管理中应注意如下几个问题:

1. 要注意调节冷却水的压力与温度

淡水出口压力应调整在说明书规定的范围内,淡水压力要高于海水压力,防止海水漏入淡水和滑油中。

淡水温度也要调整到规定范围之内。冷却温度过高容易引起缸套内冷却水汽化,在系统内可能产生气塞,缸壁温度升高不利于缸壁润滑;淡水温度过低,使柴油机热损失增加,受热件热应力增加。所以对于高中速柴油机,冷却水出口温度通常控制在 70 ~ 80 ℃,进出口温差不应大于 12 ℃。

对于海水,出口温度不大于 50 ℃,防止盐分析出而在冷却水管壁上结成水垢影响传热效果。

2. 冷却水流量

在运行管理中应注意检查冷却水流动情况。当冷却水流量不稳定时,应调节淡水泵的出口阀,调节速度要缓慢,切忌开阀太快。如发现冷却水压力不稳定而调节无效,可能是在系统中有气体存在,应尽快排除。

要定时观察膨胀水箱的水位变化,如发现水位变化太快,应尽快查明原因予以排除。如水箱内水位降低,要查出漏水部位。如水箱水位上升较快,可能是海水漏入淡水冷却器造成的。

在备车或吊缸之后,应开动淡水泵进行驱气。要经常清洗滤器,防止污物堵塞影响水流畅通。

本章思考题

1. 燃油系统的组成部件有哪些?燃油系统管理工作有哪些?
2. 柴油机润滑油有哪些作用?
3. 离心式分油机的工作原理是什么?
4. 柴油机闭式冷却系统中设置膨胀水箱,其作用有哪些?

第四章 柴油机的运行管理及应急处理

第一节 柴油机的备车及起动和机动操纵

备车和机动操纵是指船舶在开航前和开航后尚未定速航行前,使主机及其一切辅助设备处于能随时起动、停止和进入各种运行状态,准备执行驾驶台发出的各种指令。备车和机动操纵是轮机技术管理工作中最重要的环节之一,它对柴油机动力装置的技术状态、使用期限和维修费用都有直接影响。无论柴油机长期停车或短期停车后,开航前均需进行备车。当船舶在特殊水域或在特殊气象条件下航行时,根据船长的指令也需要进行备车。

一、开航前的备车

一般说来,在开航前应提前备车。根据船舶柴油机动力装置功率、类型的不同,备车时间一般在0.5~6 h。对于大功率低速柴油机,应严格遵守备车时间。备车的目的是使船舶动力装置处于随时可起动和运转状态。虽然各种船的机型、辅助设备等不尽相同,但备车内容大致相同。其应包括:供电准备;校对时钟、车钟;校对舵机;暖机;各动力系统的准备;转车、冲车和试车,简述如下:

1. 供电准备

在备车工作中,起动大功率的设备较多,如空压机、应急鼓风机、淡水泵等,使用电量迅速增加,因此应根据需要起动备用发电柴油机并电运行。

2. 暖机

暖机是指对柴油机冷却系统、滑油系统进行预热并起动冷却水循环泵、滑油循环泵给机体各部件加温和向各运动摩擦表面供应滑油的过程。暖机的目的是通过对气缸各部件的预热,减小起动后由于温度突变产生的热应力;改善起动性能和发火性能;减少气缸内的低温腐蚀等。主机暖缸可用发电柴油机冷却系统中的淡水循环实现,也可以用蒸汽或电加热器对主机淡水系统进行加温实现。而滑油系统除用蒸汽管道直接加温主机循环油柜外,常用滑油分油机进行分油加温。

3. 各动力系统的准备

(1)滑油系统的准备

检查滑油循环柜、增压器油柜、轴系中间轴承座和艉轴承油柜的油位。起动滑油循环泵，并逐渐将油压调至规定值，以便将滑油送至润滑表面，使滑油的固体颗粒和杂质在开车之前就有时间汇集到滤器中，以减少运转后的磨损。

采用油冷却的活塞，滑油泵起动后，要注意各缸回油及油温和温差。

强制式废气涡轮增压器润滑系统要先起动涡轮油泵，使油在废气涡轮增压器的轴承中循环。

(2)冷却系统的准备

首先检查膨胀水箱的水位和系统中各阀门是否处于正常状态，然后起动主机淡水泵，让淡水在系统中循环，将系统中的气体驱走，同时可用发电柴油机的淡水或用蒸汽加热后的循环淡水来进行暖机。对于水冷活塞，要检查各缸冷却水的流动情况和水柜水位。

对于独立冷却系统的喷油器，应起动喷油器冷却泵，检查冷却器冷却柜液位，必要时可进行加温预热。

(3)燃油系统的准备

检查主机日用轻柴油柜和重油柜的油位，油位较低时应提前分油至规定油位，并注意放残。对重油日用油柜加温至规定范围，起动低压燃油输送泵，将系统中可能存在的气体驱除，调至规定压力，使燃油在日用油柜和高压油泵间循环，对高压油泵预热。

(4)压缩空气系统的准备

按规定将主、辅空气瓶充气至规定压力，并泄放气瓶内的残水和残油，打开气瓶出口阀、主停气阀或使自动主起动阀处于“自动”位置上。如设有气笛空气瓶和独立的控制系统，则在备车时将所有空气瓶充满，并打开出口阀，以备随时使用。

4. 转车

暖机后应进行转车，开动转车机，转动主机，检查机器各运动部件和轴系的回转情况以及缸内有无大量积水，同时人工向气缸注油进行润滑，注油量适当加大，以便缸壁和所有润滑表面都得到充分润滑。对于大型柴油机，要求正车和倒车共转车 10 ~ 15 min。在确认柴油机转动自如后，将转车机停掉并脱开，并确认联锁装置处于开通位置。

5. 冲车

冲车是利用起动装置(不供给燃油)使机器转动，将气缸中的杂质、残水或积油等从示功阀处冲出的过程。

冲车除可以初步检查起动系统的工作是否正常外，在冲车过程中，还应观察是否有油或水从各缸示功阀中冲出。若有，应查明原因并予以排除后才能进行试车。如冲车情况正常，冲车后关闭示功阀。

6. 试车

试车的目的是检查起动系统、换向装置、燃油喷射系统、油量调节机构及调速器工作是否正常。其正确做法是，先将车钟推至运转位置，待驾驶台回车令后进行柴油机正车(或倒车)起动操作，供油发火后在低速下运转数转后停车。然后换向，再进行倒车(或正车)起动，供油发火后低速运转数转后停车。在换向和起动过程中，应注意观察换向装置和起动系统各阀件以及油量调节机构等动作是否灵活正常，同时注意检查各缸发火是否正常和运转中是否有不正常的声音。试车结果若发现不正常情况，应及时查明原因予以消除。对于直流阀式二冲程柴油机，还应检查气缸盖上的气阀机构等运动部件的动作是否正常。

在转车、冲车、试车过程中按规定与驾驶台联系。试车完毕后将车钟手柄置于停车位置，等待驾驶台的各种车令；对于采用驾驶台遥控方式的装置，试车完毕后，将操纵手柄转至“驾控”位置，此后值班轮机员不应远离操纵台。

二、机动操纵时的管理

船舶在靠离码头和进出港口时，柴油机的起动、停车和各种运行状态变化频繁，当班轮机员应严格执行车令，并能进行正确的管理和操纵。

船舶的机动性能和倒车性能对机动操纵起着重要作用。为了保证船舶的机动性能和倒车性能，在进行机动操纵时，应使用轻质燃油。起动空气瓶应随时补足空气，并随时注意和保持气笛瓶的气压处于正常范围之内，以备驾驶台使用。

在机动操纵期间，在管理上要注意冷却水和滑油温度，使其保持稳定，不要忽高忽低，以免影响柴油机的工作性能和增大受热机件的应力，同时要减少通过增压空气冷却器的海水量，以免在扫气箱中产生过多的凝结水，并且保持正常的扫气温度，以便保证气缸必要的热状态。

在进行起动操纵时，不要将油门推进太大，并应尽量做到一次起动成功，以防冷爆损伤机件和增加不必要的磨损，同时可减少空气耗量。在船舶起航和加速过程中，不要突然加大油门，应随船速的不断增加逐渐将油门加大，以免主机超负荷。如遇转速禁区，操纵手柄应迅速越过，防止机器发生强烈振动。

在进行倒车操纵时，为了避免装置超负荷，除注意起动、加速过程不宜过快外，每挡车令的转速应以港内转速运行。

柴油机在机动操纵时，如果由于航道较长，长时间进行低速运行，为了防止气缸油量消耗过多，对于供油量随时可调节的气缸注油器应将油量调低，待定速运转后再恢复至正常供油量。

船舶在进出港口和行驶在浅水航道时，为了防止泥沙被海水泵吸入，应将低位海底阀门换用高位海底阀门。

第二节　柴油机运行中的管理

轮机管理人员经过日常的检修和测量应使柴油机及其装置处于正常的技术状态。在运转管理中，值班人员应精心操纵、严格管理，按时进行工况的巡回检测，使柴油机及其装置的各种技术参数处于正常范围之内，并认真做好交接班工作。只有这样，才能有效地保证柴油机及其装置始终处于安全、可靠和经济的运行状态。

在柴油机定速后，评定一台柴油机运转性能和技术状态的主要依据是燃料在气缸中燃烧的好坏和各缸负荷分配的均匀程度。

燃油系统的状态，特别是燃油系统中喷射设备的技术状态对燃烧过程的进行影响很大。

实践证明，使用不正常的喷油器继续工作危害极大，它会使燃烧过程恶化，引起各缸负荷分配不均，造成零件的损坏和出现不正常的磨损等。

燃烧室的密封、气口的清洁和扫气空气的供给等同样会影响燃烧过程。为了进一步了解和消除影响燃烧过程和各缸负荷均衡的不利因素，除对燃油系统、换气增压系统，特别是燃油系统中喷射设备给予极大的重视外，还应定期进行燃油耗量、各种参数示功图等热工方面的检测。

为了保证柴油机各运动部件的正常工作，对润滑和冷却系统的管理也应给予同样的重视。如果由于管理不当而造成油水中断，在短时间内就会引起轴承烧毁、活塞咬缸等重大机损事故。为此，在航行中值班轮机员应经常对某些热力参数和机械进行巡回检查。对无人值班机舱应严格按有关规则管理。

1. 运转中的热力检查

热力检查的目的是检查确定发动机各缸燃烧是否良好以及负荷分配的均匀程度。这是保证发动机正常运转和工作可靠的基础，也是衡量发动机的运转性能和技术状态的主要条件。实践证明，绝大部分机件的损坏和过度磨损多半都是由于超负荷和负荷不均所造成的。在管理工作中，整台发动机的超负荷运转容易发现，而负荷不均造成个别气缸的超负荷则常被忽视，这就要求轮机人员在运行管理中能够及时发现和迅速纠正这种情况。

在运转过程中，喷射设备技术状态的变化，特别是喷油器工作性能的下降，常引起气缸燃烧的恶化和各缸负荷的变化。如因喷油器工作性能下降而欲继续维持发动机原来的转速，则需要加大油门，这样必将引起其他气缸超负荷。因此，在管理中应对喷油器工作状态的检查给予特别重视。检查喷油器工作状态的好坏，通常是通过检查排烟温度、观察排气颜色以及打开示功阀观看火焰的喷射情况等简便方法来进行的。

排烟温度的数值应不超过说明书的规定值，各缸排气温度的不均匀率应不超过规定值，同时应检查各缸冷却水和活塞冷却液的出口温度以及废气涡轮增压器的冷却水温度。这些温度都应符合规定值，而且应各缸基本一致，最大温差不得超过 4 ~ 5 ℃。为了保证热力测查准确可靠，应定期检查和校正各测试仪表。

排烟温度是柴油机在运行中的重要参数，它能大致反映出各缸内燃烧的情况和喷射设备的技术状态。在柴油机技术状态良好的情况下，它还能反映出各缸负荷分配的情况，但在一般情况下它不能完全反映出各缸负荷的分配情况。各缸平均指示压力的大小才是判断各缸负荷分配是否均匀的主要依据。为了更可靠地了解柴油机燃烧过程进行情况和各缸负荷分配的均匀程度，在气象条件良好时，应测取 p-V 示功图。据此可量出最高燃烧压力，并通过平均指示压力的计算来判断各缸的负荷大小和负荷的分配情况，还可以测取展开示功图或手拉示功图，确定燃烧过程发火开始点的早晚和整个燃烧过程的进行情况。如发现燃烧过程不正常，应结合其他热力参数（排烟温度、冷却液温度等）进行综合分析。通常应首先检查高压油泵和喷油器的技术状况，因为它们往往是引起不正常燃烧的根源。由于通过示功图测定功率即使非常仔细，也会出现一定误差，因此应在测定示功图的同时进行油耗的测定。根据油耗量可以估算出指示功率的大小，从而可以得到一个很好的可供比较的补充数据。在柴油机运转性能良好和油耗测定装置工作可靠的情况下，可用这项经济指标作为衡量柴油机维护管理工作好坏的标准。

此外，气阀、气口、进排气道、增压器等状态对气缸内工作状况亦将产生极大影响，故管理中应给予重视。

2. 运转中的机械检查

机械检查的目的就是保证发动机各机件和系统均处于正常的状态。正常而有节奏的运转声是发动机正常运转的证明。因此，值班人员应经常注意倾听机器的运转声。如发动机出现意外的不正常响声，应迅速查明原因并采取相应的措施。这种不正常的响声可能来自各运动件的本身（如零件的松动）或因系统的故障而导致的各运动机械受损，同时，在运行中应经常用手触摸各曲轴箱道门、各气缸套底部和十字头导板（单侧导板）等处，以检查是否有显著的温差。如发现某运动机件运行不正常，应检查油、水系统的压力是否正常，系统有无泄漏之处。

在巡回检查时，应注意检查气缸盖与气缸套结合处以及喷油器四周和附设在气缸盖上的各阀件（如安全阀、气缸起动阀）有无漏气。少量漏气旋紧螺母即可制止。若继续漏气，在未查明原因时，不准盲目旋紧螺母。

为了确保机器各部件处于正常的技术状态，除加强日常维护管理外，在航行中应加强各主要系统的管理。

（1）冷却系统的管理

在运行管理中，冷却水泵要按其技术要求工作。

在巡回检查时，应注意主、副机膨胀水柜，喷油器冷却水柜的水位是否在规定范围，不足时应予补足。要注意膨胀水柜的水量消耗，如发现水位的下降速度超出了正常消耗量，必须查明冷却水泄漏的原因并予以消除。柴油机各缸的出水温度应保持正常，并应基本一致。某缸的水温不应出现过高或过低的现象，如果出现，则应结合排气温度的高低或喷油设备的技术状态来查明原因。如某缸冷却水温度和排气温度都有相应的变化，而喷油设备和燃烧情况正常，则说明该缸超负荷或负荷过低。当某缸由于冷却水量供应不足或中断供应而引起过热时，首先应慢车运行，并切断该缸燃油，缓慢增加冷却水量。绝不可骤然增加冷却水量，否则气缸将会碎裂。如果活塞断水引起过热，切勿增加气缸冷却水，以防活塞被咬住，待减速运行后该缸过热情况好转时恢复柴油机正常运行。

在正常运行中，冷却水温度应稳定在正常范围内，不应忽高忽低。其压力表指针不应有异常波动现象，如有异常波动，应查明原因及时消除。冷却水温度不应调节过低。水温过低不但会使柴油机的热效率降低，增加低温腐蚀，还会使气缸套内外温差增大，热应力增加，容易引起气缸裂纹。若冷却水出口温度太高，则气缸阻水橡皮圈容易因受热而损坏，造成缸套漏水。

当船舶航行在潮湿的海域中时，应减少空冷器的冷却水量，以防止在扫气箱中出现大量凝结水。空冷器出口的扫气温度不得低于 25 ℃，不得高于 45 ℃。对系统中的自动调温器应使之始终保持正常状态。各冷却器海水出口温度不应超过 45 ~ 50 ℃，以免因大量盐分析出造成结垢而影响传热，降低冷却效果。此外，冷却水应按有关规定认真做好投药处理和化验工作。

（2）滑油系统的管理

为了实现良好的润滑，滑油循环泵的出口压力、进出机温度、循环柜滑油量应保持正常，冷却器前的滑油温度为 50 ~ 55 ℃。

在值班中，应注意检查滑油循环柜的油位。如发现油位很快降低，则说明有漏泄之处。如油位反而升高，则说明水或燃油漏入曲轴箱。可减速或停车，检查原因并加以消除。对于油冷活塞，在巡回检查时应注意活塞的回油情况是否稳定，防止由于油量不足或中断而造成活塞咬缸。应检查滑油泵的压力和滤器前后的压差是否正常。如果滤器前后压差过大，则说明滤器被脏物堵塞，应立即将管路旁通，使滤器与管路脱离，以便进行清洗。清洗完后将油充满，放掉空气，重新接入系统中恢复工作。对自动反冲洗式滤器，应注意保养，使之始终处于正常状态。

经验表明，采用细滤器和分离净化是润滑油净化最有效的方法。因此，应切实加强经常的分油净化工作，以保持滑油的清洁，延长其使用期限。为了确切掌握滑油变质的程度，应定期取样化验。当滑油变质严重时，可以及时进行处理和更换，如驳入污油柜加温沉淀、一次性分离处理、连续分离处理等，以避免引起重大机损事故发生。

对气缸注油器应精心管理，运转中要经常注意注油器中的油位和各注油点的注油情况。当发现注油量很小或中断供应时，应减慢车速或停车立即设法消除，严防断油。在接班时要注意查看气缸注油器接头是否有漏油现象，确保气缸润滑油供应正常。

应定期检查轴系中各轴承的温度和油位是否正常。

对需要人工注油的进、排气阀阀杆应按时注油。对排气阀杆应用柴油（30%）与滑油（70%）的混合油进行润滑，以减轻结炭，防止阀杆咬死。对不采取压力循环润滑的各活动部件的油杯和加油孔也应按时加油。

（3）燃油系统的管理

在燃油系统的管理中，要注意各油舱的合理使用、加温、驳运、沉淀、净化和两个日用油柜的交替使用情况。在值班时应注意检查日用油柜的油位和温度，按时排放柜中的残水。

应定期清洗燃油滤器，清洗后要充满燃油，将空气排出，以免造成燃油中断。当船舶在大风浪中航行时由于船舶摇摆，沉淀的脏物又重新被搅起，燃油滤器很容易被污塞，所以应特别注意燃油滤器前后的压差。当压差过大时，应更换滤器，对脏污者立即进行清洗，以备随时换用。

在燃油系统管理中，必须十分注意喷油泵和喷油器的工作状态。除定期进行检查和调整外，在值班时还应经常检查喷油泵、喷油器的工作状态，检查高压油管的脉动情况。如果泵体或高压油管发热，则说明喷油器的喷孔被堵塞。若高压油管脉动微弱，而且排气温度和燃烧压力均较低，则可能是由于喷油泵密封不良而使供油太少所造成。若高压油管脉动虽微弱，但排气温度增高，则可能是由于喷油器针阀与阀座密封性不良、弹簧断裂或针阀在开启位置咬死所造成。这时，应进一步检查针阀的跳动情况。若高压油管无脉动、气缸不发火、排气温度很低，则可能是由于喷油泵柱塞在上止点位置被咬死的缘故。

为了更好地保证燃油的雾化质量和燃烧过程的正常进行，燃油在进入高压油泵前要有合适的黏度，其范围对低速机为 12 ~ 25 mm^2/s，对中速机黏度上限不超过20 mm^2/s。为了达到这个黏度范围，应根据黏 - 温图来确定加温温度。在管理中可用人工调节或用黏度计自动调节蒸汽量来控制燃油雾化加热器燃油的出口温度，保证燃油在进泵前具有比较合适的黏度。

（4）增压系统的管理

废气涡轮增压器是高速回转机械，在运行中应经常检查其运转的平稳性；仔细倾听有无不正常的声音；注意检测增压器的转速、增压空气压力、润滑和冷却情况。应加强维护和管理，防止喘振的发生。对压气机端消音滤网和空冷器的前后压差也应予注意，因为此压差的增加直接反映出滤网和空冷器的污染程度。如轴承中断滑油供应，则在短时间内就会使轴承乃至整台增压器遭到破坏。因此，在运转管理中必须注意检查轴承的润滑情况。对于自带油泵式废气涡轮增压器，因其滑油存放在轴承箱油池内，由自带泵供油润滑，在管理中要经常注意油位、油质和油泵排出管的射流情况。当油位不足时，应及时加油，滑油变质时要及时更换，此外无需更多的维护。油泵分开式润滑又分为独立的滑油系统和滑油来自主机滑油系统的润滑系统，两种统称为强制循环润滑系统。在这种增压器的管理中，应注意检查油柜的油位、循环油泵的运行情况、滤器前后的压差、观察镜中油流的情况以及滑油的压力和温度，并注意油质的检验与更换。

当涡轮增压器污染较轻时，应按说明书要求定期进行水洗和干洗，对恢复涡轮增压器的性能可以起到较好的效果。但它并不能将已经严重污染的废气涡轮增压器清洗干净，因而不能代替增压器定期的解体清洗。

近年来已研究出在清洗压气机时将水和特制的洗净液交替使用的方法。采用这种方法能除去空冷器中只用水难以去除的污染物，这种洗净液在某些增压器制造厂已有出售。由于废气涡轮在水洗时一定要降低柴油机的负荷，这对船舶营运效率是不利的。为此，现已在试用废气涡轮在全负荷时也能清洗的药剂。这种清洗方式对废气涡轮增压器的解体清洗和柴油机吊缸周期的延长是有重要意义的。

此外，应充分注意空冷器（尤其是空气侧）脏堵对柴油机运转状态的严重影响。因而加强对空冷器的科学管理至关重要，化学剂冲洗与浸泡对清洗空冷器侧脏堵是行之有效的措施。

第三节　柴油机的停车和完车

正常情况下的停车应保持各系统正常运转，主机处于随时可用状态。如停车时间较长，应注意各系统工质状态参数的变化，并及时调整。

当船舶要进行停泊作业时，轮机员接到驾驶台“完车”的指令后，说明主机不再动车，这时当班人员应做如下工作：

（1）关掉起动空气系统的主停气阀、主起动阀和气瓶出口阀，并将空气瓶补满。

（2）接上转车机，打开各缸示功阀，转车 15 ~ 30 min 并人工强力驱动气缸注油器几十下。

（3）将主海水泵进出口阀以及通往冷却器的进口阀关掉。

（4）停掉燃油低压输送泵，关闭进、出口阀，最后将燃油日用柜出口阀关掉。

（5）将扫气箱、涡轮端排出管等处放残阀门打开，最后用防尘罩将压气机消音滤网罩好，以防灰尘积存污染。

（6）为了使气缸、活塞以及各运动表面的热量逐渐被冷却液带走，以免由于突然中断冷却液使机件出现应力而裂损或造成气缸壁滑油在高温下结炭，在完车后应使主机滑油泵、淡水冷却泵再继续循环一段时间，待降温后再停泵关闭进出口阀门，喷油器冷却水泵也应在运转一段时间后停掉。

如主机需要副机冷却水继续暖机，则应趁水温未降低前停掉淡水冷却泵，关闭有关阀门，换用副机暖机管系继续对主机进行暖机。最后经检查确认主机和机舱无异常情况时，便开始停航值班。

第四节　柴油机的应急处理

[一]封缸运行

船舶在航行时,当柴油机的一个或一个以上的气缸发生了故障,一时无法排除,此时可采取停止有故障气缸运转的措施,这就是所谓的封缸运行。

根据船舶规范要求,六缸以下的柴油机,应能保证在停掉一个气缸的情况下继续保持运转;缸数多于六个的柴油机,应能保证在停掉两个气缸的情况下保持运转。所以停掉一两个气缸,柴油机转入应急运转,是可以维持船舶继续航行的。

一、封缸运行的三种情况及措施

1. 停止该气缸供油发火

如果有一个气缸发生故障,如喷油泵、高压油管、喷油器故障或气阀咬死、气缸漏气、拉缸等,这些故障只是使气缸不能发火而运动部件尚可运转。在此情况下,根据柴油机的具体情况,可提起喷油泵滚轮使喷油泵停止工作,或打开喷油器的回油阀使燃油停止喷入气缸。但要避免关闭喷油泵的进出口阀,造成喷油泵偶件发生干摩擦而咬死。

只采取停油而不拆除运动部件的情况,也称为减缸运行或停缸运行。

如果是直流二冲程柴油机,在停止喷油泵工作的同时,还可将排气阀锁住在开启位置,以减少活塞消耗的压缩功。

2. 活塞组件必须拆掉,连杆和十字头留在机内

如果只是活塞、气缸盖或气缸裂纹或损坏而无法使用,但连杆和十字头尚能正常工作,则必须拆掉包括活塞杆和填料函在内的活塞组件,并要采取下列措施:

(1)提起喷油泵滚轮,停止泵油。

(2)弯流扫气柴油机用专用工具封住气缸套排气口,直流扫气或四冲程柴油机根据具体结构将气阀锁在常关位置。

(3)用专用工具封住活塞杆填料箱孔。

(4)在十字头上安装专用封盖。

(5)封闭活塞冷却系统。

(6)把通向起动阀的控制空气管拆下并封住。

(7)把通向起动阀的起动空气管拆下并封住。

(8)关闭该缸气缸冷却水的进出口阀。

(9)把该缸的气缸润滑油量减至最小。

(10)活塞组件拆除后重新安装气缸盖。

3. 活塞、连杆、十字头都拆掉

如果连杆、十字头或导板严重损坏,轴承损坏,则需要拆除全部运动部件。除采取上述第

2 项的措施外,还需采取下列措施:

(1)用夹具封闭曲轴曲柄销上的油孔。

(2)封闭十字头润滑系统。

二、封缸运行的应急处理

(1)在封缸运行时,为了防止柴油机超负荷,其余各缸的燃油供应量和排气温度不允许超过标定值。如排气温度太高,应适当降低柴油机的转速和负荷。在封掉一个缸的情况下,对于 MAN-B&W S MC/MCE 机型而言,其余各缸每缸的平均指示压力不允许超过标定值的 90%。

若封掉两个气缸工作,特别是连续发火的两缸,工况将会更加恶化。

(2)封缸运转时,因有一缸停止供油,废气涡轮增压器的空气流量减少,因而可能发生喘振,使扫气压力明显波动。如果连续不断或间歇地发生喘振现象,那么柴油机就不能在此转速下运行,应降低转速直至喘振消除为止。

(3)封缸运行时,个别缸的某些运动部件被拆除或受力情况变化,破坏了柴油机的平衡性,因而可能在某些转速范围内产生强烈的振动。如果振动异常强烈,应把柴油机转速进一步降低。

(4)应注意到被封的气缸处于起动位置时,柴油机就无法起动。对于可倒转的柴油机可先向相反的转向短促地起动一下,使曲轴改变位置后再转向起动。在机动操纵时,应向驾驶台说明情况,并要求将起动柴油机的次数限制在最少的程度。

总之,封缸运行时,轮机长应综合考虑排气温度、振动、喘振等各因素,选择适宜的转速维持航行。

[二]拉缸

由于柴油机强化程度的提高、超长行程的发展和劣质燃油的使用,使柴油机的活塞、活塞环、气缸套等燃烧室部件在十分恶劣的工作条件下工作,这往往会引起初期磨合不良,从而造成拉缸问题。

一、拉缸现象

拉缸现象是指活塞环与气缸套或活塞(常为裙部)与气缸套之间,两个相对运动的表面的相互作用而造成的表面损伤。这种损伤根据程度上的不同,可分为划伤、拉缸和咬缸,但在广义上我们统称为拉缸。

气缸套和活塞环之间发生的拉缸,限于运转初期,即台架试验、海上试验和开航的初期,一旦磨合完毕之后,几乎不再发生气缸套和活塞环的拉缸。

气缸套和活塞裙部发生的拉缸往往发生在磨合完毕后稳定运转的数千小时内。

拉缸损伤的机理大多是由于滑动部位的润滑油膜受到局部破坏,此时两个相对运动的表面突起部位首先发生金属接触,然后在局部出现微小的“熔着”现象,而熔着部位由于部件的相对运动又被撕裂。在这个过程中金属表面形成硬化层,当这个硬化层被破坏时,所产生的金属磨粒将成为加剧表面磨损的磨料。在出现所谓熔着磨损的短时间中,在活塞和气缸套表面上出现和气缸中心线相平行的高低不平的磨痕,这就是拉缸现象。严重时滑动部位完全黏着或卡住甚至可能在两个表面的薄弱部位产生裂纹以致机件破坏,这时可称为“咬缸”。

二、拉缸的原因

造成拉缸的原因十分复杂,有设计制造方面的,如材料的选配、间隙大小的确定、装置的安装找正等是否恰当,结构布置是否合理,表面粗糙度的加工是否适宜,润滑冷却的安排是否完善等。但是设计制造精良的柴油机,如果运行管理不当也会产生拉缸事故,这主要有下列原因。

1. 气缸润滑不良

气缸润滑油不足或供油中断使活塞与气缸套过热而过度膨胀变形,失去原来的正常间隙而拉缸。气缸润滑不良的原因有:

(1)注油器调节油量过小。

(2)注油管压瘪或堵塞。

(3)注油管接头漏油。

(4)气缸套注油孔或布油槽堵塞。

(5)注油器故障。

(6)气缸油品种选择不当或滑油变质。

(7)四冲程柴油机的刮油环刮油效果过好。

2. 磨合不够充分

在尽可能短的时间内得到有效的磨合,必须考虑磨合时间和负荷分配问题。在低负荷下,即使长时间磨合,也不能磨合完毕,而如果急于高负荷运转,则会引起拉缸。所以,应注意以下几个方面的问题:

(1)磨合期间要适当加大注油量。

(2)活塞环换新后应在低负荷下运转一段时间。

(3)活塞和气缸套换新后应进行磨合再加大负荷。

3. 冷却不良

冷却不良主要由下列原因造成:

(1)冷却水泵排出压力不够、供水不足或中断。

(2)冷却水腔锈蚀或脏污。

(3)水中含有气泡,积存在冷却腔内没有放出。

(4)水质太脏,水温太高。

4. 活塞环断裂

造成活塞环断裂的原因有:

(1)搭口间隙过小,使活塞环断裂。

(2)天地间隙过小,使活塞环卡死。

(3)结炭太多,使活塞环黏在环槽内失去弹性,造成断裂或燃气漏泄。

(4)搭口间隙太大或磨损严重,发生漏气。

活塞环的断裂碎片常引起拉缸甚至咬死,燃气的漏泄破坏了润滑油膜而使表面温度过高。

5. 燃用劣质燃油易产生拉缸

燃用劣质燃油易产生拉缸的原因是：

(1)不完全燃烧带来更多的燃烧残渣。

(2)后燃使排气温度升高。

(3)需要高碱性的润滑油。

另外，有些柴油机因长期超负荷运转，热负荷增加，发生过热膨胀或运动部件对中不良而拉缸。

三、拉缸时的征兆

(1)气缸冷却水出口温度和活塞冷却液出口温度增高。

(2)如早期发现活塞过热，可以听到活塞与缸壁的干摩擦的异常声音。

(3)当发生拉缸时，该缸曲柄越过止点位置时都将发生敲击声，此时柴油机的转速会迅速下降或自行停车。

(4)曲轴箱和扫气箱温度升高，甚至有烟气冒出。

四、拉缸时的应急处理

(1)早期发现拉缸，应首先加大气缸滑油注油量。如过热现象没有改变，可采取单缸停油，降低转速，加强活塞冷却等措施，直到过热消除为止。

(2)当发现拉缸时，必须迅速慢车，然后停车，继续增加活塞冷却液，在加强活塞冷却的同时进行盘车。此时切勿加强气缸的冷却；否则会使拉缸加剧，使事故更加恶化。

(3)如因活塞咬死盘车盘不动时，可待活塞冷却一段时间后，再行盘车使之活动。

(4)活塞咬死不能盘车时，可向气缸内注入煤油，待活塞冷下后撬动飞轮或盘车。如活塞仍不能动作，可拆下曲柄销轴承盖（或十字头上的大螺帽），将起吊螺栓装在活塞顶上用吊车吊出。吊时应边注入煤油，边用软金属敲打活塞顶，慢慢将活塞吊出，防止将起吊螺栓拉断或将螺孔拉坏。

(5)吊缸检查时，将活塞和气缸套上的拉缸痕迹用油石仔细磨平，损坏的活塞环必须换新。若活塞和气缸套损坏情况严重，最好加以换新。

(6)吊缸装复时，必须仔细检查气缸套上的各注油孔供油是否正常。若更换新的活塞和气缸套则需有一段磨合时间，负荷必须逐渐增加；否则会对新换部件造成故障。

(7)如拉缸事故不能修复或不允许修复时，可采取封缸办法继续航行。

[三]敲缸

一、敲缸现象及分类

柴油机在运行中产生有规律性的异常声或敲击声，这种现象称为敲缸。

敲缸常分为燃烧敲缸和机械敲缸。由于燃烧方面的原因在上止点发出尖锐的金属敲击声称为燃烧敲缸或热敲缸。在发生燃烧敲缸现象时，若继续运行，则发动机的最高燃烧压力异常地增高,各部件的机械应力增大,在冲击力的作用下,运动部件会过快地磨损,并导致损坏。因运动部件和轴承间隙不正常所引起的钝重的敲击声或摩擦声,其特征是发生在活塞的上下止点部位或越过上下止点时,这种现象称为机械敲缸或冷敲缸。

区别燃烧敲缸和机械敲缸的方法是:如果是燃烧敲缸,则采取降速或切断该缸供油时,敲击声音即应消除。如敲击声不能消除,则可能是机械敲缸所造成,可用听诊棒探查敲击声发生的部位。

二、敲缸的原因

1. 燃烧敲缸的原因

(1)燃油喷射时间过早,使平均压力增长率和最高爆发压力增高。

(2)喷油器的喷嘴针阀在开启位置卡住发生漏油。

(3)喷油器弹簧断裂而漏油。

(4)喷油器弹簧松动,启阀压力下降,喷油提前。

(5)该缸超负荷运转,喷油量过大。

(6)所用燃油的燃烧性能差,发火迟后。

上述燃烧敲缸除用切断供油和听其敲击声来判别外,也可采用测取示功图检查燃烧状况和最高爆发压力来断定。

2. 机械敲缸的原因

气缸上部机械敲缸的原因有:

(1)第一道活塞环碰到气缸套上部的磨台。

(2)活塞连杆中心线与曲轴中心线不垂直,使活塞有倾斜运动。

(3)曲柄销轴承的偏磨损引起活塞敲击声。

气缸中部敲击的原因有:

(1)四冲程柴油机活塞销间隙过大。

(2)四冲程柴油机活塞与气缸套间隙过大。

(3)气缸套严重磨损。

气缸下部及曲轴箱敲击的原因有:

(1)十字头轴承间隙过大。

(2)十字头滑块与导板间隙过大。

(3)连杆轴承或主轴承间隙过大。

(4)主要运动部件的螺栓松动。

三、敲缸时的应急处理

首先采取降速运行的措施,避免部件损坏。如判定是燃烧敲缸,再停车进行如下检查修复:

(1)对喷油器进行试压和调整,必要时予以换新。

(2)检查喷油泵的供油量,必要时调整其有效行程。

(3)检查和调整喷油定时。

如因气缸或活塞过热产生沉重而又逐渐加重的敲击声,在未进行降速前,会出现转速随之自行下降的现象,这可按过热拉缸进行处理。

因机械的缺陷造成敲击,一般没有应急的调整方法,只能更换备件进行修理。没有备件或不能修理时,可降低到某个安全的转速继续航行。

若机件的损坏影响安全运行又无备件可以更换,则可采取封缸的措施继续航行。

[四]烟囱冒火

装有废气锅炉的柴油主机,往往会产生烟囱喷出火花的情况。这种烟囱有大量的火花连续喷出的现象,俗称烟囱冒火。烟囱冒火时还常伴随着废气锅炉的汽压突然升高,锅炉安全阀冲开发生跑汽。柴油机烟囱冒火,不仅会引起火灾,特别是危及油船的安全,而且也是柴油机运行状态不佳和管理不善的反映。轮机人员应能立即判断烟囱冒火的形成原因,并采取相应措施消除。

一、烟囱冒火的原因

柴油机烟囱冒火通常是由于未烧尽的燃油或含油积存物随高温燃气带出烟囱遇空气再燃烧所产生的,即燃料在气缸内燃烧过程的延续。从火花形式看烟囱冒火可分成三种情况。

1. 油雾燃烧所形成的火花

这种火花在白天不易发现,在黑天可看到细小而短的浅粉红色火花从烟囱中冒出。火花大多在随其排出的烟流中自行熄灭,而无炭垢或黑色的颗粒落下。

这种情况多发生在柴油机超负荷、部分气缸燃油雾化较差或气缸空气供应不足等情况下,使气缸内喷入的燃料不能完全燃烧,气缸内过量的油雾或微细油珠被高温排气直接带出烟囱时遇氧而燃烧。

2. 残油燃烧所形成的火花

此类火花形状较上述稍长,颜色也稍深,由烟囱冲入天空并随风飘流后自行熄灭,有微细炭粒及烟灰带出。

这种火花一般发生在柴油机部分喷油器滴油或在低负荷运行中燃烧不良的情况下,尤其当排烟系统的温度、压力长期偏低时,尚未燃烧的油分常常积存在排烟道内,即使被带出烟囱,也难以被低温燃气所点燃。一些老型号的柴油机,在此情况下总是采用旁通废气锅炉的方法使燃气直接排出,防止污染锅炉内加热盘管。近代船舶,多数已取消旁通排烟管道,燃气只能经废气锅炉排出,排气背压升高。所以长期低负荷运行的二冲程柴油机烟道内积油会逐渐增多。积存的残油经过着火前的物理及化学准备过程,如有较充分的空气,当排气温度高于210 ℃时或遇明火时,便会在排烟管道内部的烟囱出口处着火。

3. 烟灰沉积物燃烧所形成的火花

从烟囱排出的火花,大多是板状。火花产生的时间,往往是起航后不久以及航行10~15天之后,火花继续的时间自半小时至三小时不等。白天因光线关系不大被注意,晚间则甚为可怕。这类火花亮点较大,呈黑红色,持续时间较长,有灰分及不同形状固体颗粒伴随火花同时从烟囱冲出，常常落在甲板上还继续燃烧，容易引起火灾。

一般情况下，在排气系统中，自增压器出口至废气锅炉进口这一段管路上很少着火，而且在废气锅炉的过热蒸汽盘管上烟垢也不很多。但在饱和蒸汽盘管上往往有采热片的密集布置和在废气锅炉漏斗形的部位上固体沉积物较多，这些沉积物是产生火花的主要来源。

这类烟囱冒火最为常见，危险性也最大，其原因有：

(1)燃油质量差。柴油机燃用轻油时产生的烟灰沉积物数量甚微，而燃用劣质油时其数量不仅增多，而且所含有的可燃性物质也更多。

(2)燃油的喷油设备不完善或故障，不完全燃烧使排气中的含油物质增加。

(3)气缸润滑油的注油量太大。

(4)气缸进气系统工作不完善。四冲程柴油机换气条件优于二冲程柴油机，所以发生烟囱冒火的情况也少些。

(5)废气锅炉脏堵。研究指出，当锅炉水管外表面沉积物厚度达 2 ~ 3 mm 以上或当排气的流量阻力增加到 12.7 ~ 13.3 kPa 时容易发生烟囱冒火。冒火停止后，烟灰沉积物减少，排气流动阻力可下降 0.67 ~ 1.33 kPa。

二、烟囱冒火的预防措施

(1)使柴油机气缸内的燃烧保持良好状态。

(2)加强对各缸燃烧过程的监测，及时发现不正常情况。

(3)加强废气锅炉的管理，保持良好的燃烧效果。

(4)选用合适的除炭剂等化学品，定期向排烟管或废气锅炉内投放，以便于预防结垢和清通系统，使管壁上的积炭等软化、脱落，甚至降低燃点后燃烧。

(5)为保证油船的安全，烟囱内装有喷水灭火装置，防止烟囱冒火。

三、应急处理

(1)若出现第一类火花，应立即降低柴油机负荷或慢慢停车。查明原因并消除故障后再继续使用，待排烟正常后再加至需要的负荷。

(2)若出现第二、三类火花，在环境允许的条件下应让其继续“喷冒”，使排气系统内的油性沉积物尽量吹掉、烧尽，但应加强柴油机和废气锅炉的维护管理以及防火工作。

(3)除火势过猛，个别缸或局部排烟管过热需降速外，必须尽量使柴油机保持较高负荷运行。

(4)不要轻易使用灭火设备，特别是 CO_2 灭火设备，以防止高温金属因温度急剧降低而产生炸裂。

[五]紧急刹车

对于采用直接传动式推进装置的船舶，船舶倒航通常以改变主机回转方向来实现。

船舶航行遇到避碰等紧急情况时，为使船舶尽快停止运动或改为倒航而对主机进行制动并迅速倒转的操纵过程称为紧急刹车。

一、紧急刹车操作

紧急刹车的操作因机型而异,以 Sulzer 和 MAN-B&W 型主机为例分别介绍。

1. 苏尔寿(Sulzer)型主机紧急刹车操作

(1)根据驾驶台车令(一般是由前进三直接到后退三),立即将车钟手柄拉至相对应位置。

当车钟手柄越过“停车”位置时,断油伺服器立即使高压燃油泵停止向主机供油,主机转速迅速下降。此时,由于车钟手柄已位于倒车位置,换向伺服器使凸轮轴、空气分配器换向。

(2)将燃油手柄置于起动油量位置。

(3)当换向机构的换向动作完成之后(转速通常可下降 60% ~70%),迅速拉动起动手柄。起动空气随即按倒车正时进入正车运转的气缸(即正在压缩的气缸)对正转的主机起制动作用。此制动作用可分为“能耗制动”和“强制制动”两个阶段。前者在制动初期当活塞上行时将起动空气压入起动空气总管,相当于空压机消耗掉柴油机正转的能量;后者在压缩空气作用下,使主机迅速强制停止转动,并在持续的压缩空气作用下开始反转,运转方向联锁释放,达到发火转速后反向运转。

(4)主机倒转之后,按驾驶台车令适当调节供油量。

2. B&W 型主机紧急刹车操作

(1)摇动车钟手柄回车令。

(2)将起动调油手柄拉至停车位置。

(3)将换向手柄推至倒车位置,双凸轮式空气分配器进行换向操作。

(4)换向动作完成后,将起动调油手柄推至“起动”位置进行倒车起动。起动空气按倒车规律向仍在正转的主机气缸送入起动空气,使主机制动,其过程与苏尔寿机相同。

(5)倒车运转。当主机停车后随即反向起动,待达到起动转速后,将起动调油手柄推至“给油”位置,主机按给定油量反向运转。

二、紧急刹车的注意事项

(1)保证压缩空气的压力,否则刹车过程很难有效进行。对于苏尔寿型机,保持较高的滑油压力可以使差动换向动作迅速完成。

(2)为了保证倒车起动成功,可根据情况适当将起动油量略调大些(如苏尔寿机可从 3.5 格移至 5.0 格)。

(3)为了使主机迅速刹车和反向起动,拉动起动手柄时可略微停顿一下。这样,当转速降至零后便可反向起动起来,可大大缩短刹车过程的时间。

(4)当主机和船舶在较高航速下刹车时,进行一次操作可能无法使主机刹车成功,且这样的操作将使主机曲轴承受较大的附加应力,同时也会使空气消耗量过大。为了改善上述状况,采取几次间断刹车的操作方式较为有利。

(5)对于 B&W 型主机,尽管具有连锁装置,但在操作中当换向手柄未推至极端位置时,切不可过早拉动起动调油手柄,以免发生意外,同样,当主机差动换向未完成时,亦不可过早将起动调油手柄推到起动供油位置;否则可能由此产生严重后果。

(6)由倒航特性知,操作中应避免一下子将油门加得过大,以防超负荷。在特别紧急的情况下(驾驶台将车令重复一次),则应尽快给出相应转速,以保证船舶安全。

(7)紧急刹车操作的时机十分重要,既要考虑操作前的主机转速、船舶航速,又要清楚主机的具体技术性能和状态,同时要熟悉其他辅助设备,如空气压缩机等的工作能力。此外,操作过急、过缓都将失去紧急刹车的意义并可能造成严重后果。

(8)对采用遥控系统的主机,为使换向迅速,在其换向程序中大多具有紧急刹车功能。此时,上述操作均按设定程序自动完成。但需密切注意压缩空气压力,以防起动空气消耗过多。日常除对系统中各元件、设备加强管理外,当遥控系统本身发生故障时,应及时转换为集控室直接操作。平时,亦应对机旁应急操作装置进行必要的维护保养,保持随时可用。

本章思考题

1. 开航前备车有哪些内容?
2. 冲车的作用是什么?
3. 试车的作用是什么?
4. 柴油机运行中的管理内容有哪些?

第五章　轴系与推进装置

第一节　船舶推进装置

一、渔船推进装置的传动方式

1. 直接传动

直接传动是主机动力直接通过轴系传给螺旋桨的传动方式。

其结构特点为:机桨间只有轴系而无减速器和离合器等中间环节,机桨始终同向同速。

主要优点是:(1)结构简单,维护管理方便。(2)经济性好,传动损失少,传动效率高。主机多为大型低速机,耗油率低,桨速较低,推进效率较高。(3)工作可靠,寿命长。

其缺点是:整个动力装置的重量尺寸大,要求主机能反转,航行速度受到主机最低稳定转速的限制。

其应用:在商船上最广泛;主机为大型低速机的大型船舶都采用。

2. 间接传动

间接传动是主机和螺旋桨之间的动力传递除经过轴系外,还经过某些传动设备(离合器、减速器等中间环节)的一种传动方式。

主要优点是机动性能较好:(1)主机转速可以不受螺旋桨要求低转速的限制。(2)轴系布置自由,主机曲轴和螺旋桨轴可以同心布置,也可以不同心布置。(3)在带有倒顺车离合器时装置中主机不用换向。(4)有利于多机并车运行及设置轴带发电机。

其主要缺点是:轴系结构复杂,传动效率较低。

近年来由于动力装置节能的需要,采用大直径低转速螺旋桨是有效途径。螺旋桨转速有的已降至 60 r/min。

其应用:多用于中小型船舶及大功率中速柴油机、汽轮机、燃汽轮机为主机的大型船舶上。

3. Z 型传动

Z 型传动装置又称悬挂式螺旋桨装置。

因 Z 型传动方式最显著的特点是螺旋桨可绕垂直轴做 360°回转,它具有以下优点:(1)操纵性能好。(2)可以省掉舵、艉柱和艉轴管等结构。(3)可以使用中高速柴油机。因不需单独的减速齿轮装置和换向机构，可延长主机使用寿命。(4)检修不用进坞可缩短修理时间。

缺点：传递功率受到一定限制。

应用：仅适用于小型船舶，特别是港作船和在狭窄航道中航行的船舶。

4. 电力传动

电力传动是由主机驱动主发电机，将发出的电供到主配电板，再由主配电板供电给主电动机，从而驱动螺旋桨运转的一种传动方式。

优点：(1)主机和螺旋桨之间没有机械联系。(2)主机转速不受螺旋桨转速的限制。(3)反转迅速，机动性能提高。(4)主电动机对外界负荷的变化适应性好。

缺点：(1)需要两次能量转换，传动效率低。(2)总重量、尺寸增加，造价和维护费用高。

其主要用于破冰船、拖船、渡船等。

除以上四种传动方式外，尚有可调螺距桨装置、喷水推进器传动装置等。

选择传动方案时要考虑的因素主要有船舶的大小、用途和航区，发动机的形式和发展，传动设备的形式和发展，经济性能、安全可靠性能和运转管理性能等。一般远洋和沿海航行的货船、油船多采用直接传动，以提高装置的经济性。破冰船多采用电力传动。内河船舶常采用中高速柴油机和齿轮减速传动。

就传动方式本身而言，直接传动的效率比齿轮减速间接传动效率高；采用齿轮减速间接传动螺旋桨转速降低、直径增加、螺旋桨效率提高，推进装置总效率提高。

二、渔船传动轴系的组成、作用和工作条件

从曲轴动力输出端法兰到螺旋桨间的轴及其轴承统称为传动轴系，简称轴系。

1. 轴系的组成

(1)传动轴，包括推力轴(有的柴油机把推力轴和曲轴造为一体)、中间轴和艉轴。

(2)轴承，包括推力轴承(有的柴油机推力轴承设在柴油机机座内)、中间轴承和艉轴承。

(3)传递设备，主要有联轴器、减速器、离合器等。

(4)轴系附件，主要是润滑、冷却、密封设备等。

2. 轴系的作用

轴系的作用是把柴油机曲轴的动力矩传给螺旋桨，以克服螺旋桨在水中转动的阻力矩，同时又把螺旋桨产生的推力传给推力轴承，以克服船舶航行中的阻力矩。轴传递的扭矩 M 为

$$M=(9.55P/n)\times 10^3 \quad \text{N}\cdot\text{m}$$

式中，P——轴传递的功率，kW；

n——轴的转速，r/min。

轴系所传递的 T 推力为

$$T=1.94\ P_p\cdot\eta_p/v \quad \text{kN}$$

式中，P_p——螺旋桨吸收的功率，kW；

v——船舶航速，kn；

η_p——螺旋桨的效率。

3. 轴系的工作条件

从轴系的作用可知轴系承受着很大的扭矩和推力。

由上式还可看出，螺旋桨的推力与它吸收的功率和效率成正比，与船舶的航速成反比。如果柴油机发出的功率不变，螺旋桨的效率不变，若船舶的航速降低，螺旋桨推力则增大。轴系会受到较大的推力、扭应力、压应力、弯曲应力、附加应力，还要受到腐蚀作用。对轴系的要求有：足够的强度和刚度；传动损失少；对船体变形适应性好；工作中不发生轴的扭转共振和横向、纵向共振；具有良好的密封、润滑和冷却；维护管理方便等。

三、渔船传动轴系的布置

1. 轴线的布置

传动轴系通常是由位于同一直线上的轴联接起来的，这种位于同一直线上的轴中心线称为轴线。商船轴线的数目一般不超过三根。远洋货船往往用一根，单桨船的轴线布置在纵向中剖面上，双桨船的轴线常对称地布置在两舷。

艉部机舱的轴线较短，有的不用中间轴，而使推力轴直接和艉轴相连。船中机舱的中间轴段数目较多，轴线往往很长，这时在机舱和艉尖舱间必须围成水密的走廊，此水密走廊即是轴隧（地轴弄）。轴隧用水密门与机舱相通，轮机人员可通过此门进入轴隧对轴系进行检查和维护管理工作。隧道内在艉部一般设有逃生孔道，此孔道直通上甲板。

在主机位置和螺旋桨的位置确定之后，轴线的位置和长度便可决定。轴线首尾两个端点中，前面一个是主机功率输出端法兰中心，后面一个是螺旋桨中心。理想的轴线位置最好与船体的龙骨线（基线）平行，而在多轴线时，轴线还应保持与船纵中剖面相对称。

如主机位置比较高而船舶吃水比较浅时，为了保证螺旋桨能浸入水下一定距离，有时不得不使轴线向尾部倾斜一定角度，即为倾斜角。有些双桨或多桨船的轴系，为了使螺旋桨桨叶的边缘离开船的外板并留有一定的空隙，允许轴线在水平投影面上离开船舶纵中垂面偏斜一个角度。为了使桨的推力不致损失太多以及保证主机的工作可靠，一般倾斜角不超过5°，偏斜角不超过3°。

2. 轴承的布置

中间轴承是用来支承中间轴并给予径向定位的，每根中间轴多由一个中间轴承支承，少数也有设两个的。中间轴承的位置、数量和间距对轴系工作的可靠性有很大影响，尽量将中间轴承布置在船体刚性较强的位置（例如隔舱壁附近）。

轴承间距太小会使柔性变差；太大则负荷大，制造、安装困难。

四、渔船传动轴系的结构

1. 中间轴、推力轴、中间轴承和推力轴承

（1）中间轴和推力轴

中间轴和推力轴（推力轴承置于减速齿轮箱及主机曲轴箱中时无推力轴）的轴颈的直径比轴杆大些，一般大5～20 mm，以便磨损后有足够的光车裕量。法兰的连接螺栓受到固紧时产生的拉应力和传递扭矩时产生的剪应力的联合作用。为了使连接螺栓在螺栓孔中不致松动，连接螺栓中应有50%以上是紧配螺栓，对中小型船舶也不少于四只，并要求紧配螺栓和其他螺栓相间排列。推力环两侧面与推力块相配，两侧面应平行且都与轴线垂直。甩油环用于

阻止推力轴承中的滑油沿轴颈外漏。

(2)中间轴承

中间轴承是为了减少轴系挠度而设置的支撑点,它承受着中间轴的重量以及因轴系变形和各种形式的运动造成的附加径向负荷。

中间轴承的结构形式很多,按摩擦形式不同可分为滚动式和滑动式两大类,商船上多采用滑动式,下面仅以滑动式为例来说明中间轴承的结构。一般只在下轴承上有力的作用,所以除轴线跳动较大的轴段上上、下都设置轴瓦的轴承外,一般的轴承只有下瓦。滑环式中间轴承结构简单,管理方便,寿命长。但由于油环和轴颈间有滑动,使机动航行特别是当轴转速低时造成润滑不良,而且滑环容易损伤轴颈,因此,滑环式中间轴承在大型船舶上应用得越来越少。现在应用较多的是固定油盘式中间轴承。

(3)推力轴承

螺旋桨产生的推力(或拉力)通过艉轴、中间轴和推力轴作用到推力轴承上,并通过推力轴承传给船体。因此推力轴承的作用是:传递推(拉)力;为传动轴系轴向定位。

在大中型船舶上广泛应用滑动式推力轴承。推力轴承正车推力块和倒车推力块各为6块;推力块与推力环相接触的面上铸有白合金;调节圈用来调节推力轴承间隙和曲轴与主轴承之间的轴向相对位置;压板是用来阻止推力块随推力环一起转动的。

工作原理:推力轴承是在液体动力润滑下工作的,在工作中推力块绕支持刃偏转一个小角度,使推力块与推力环的工作面形成楔形空间,滑油被转动的推力环带入楔形空间,从而产生动力油压。推力环的推力通过楔形油膜传递到推力块上,再通过支持刃传递到调节圈上,最后通过底座传给船体。

2. 艉轴

艉轴是穿过艉轴管伸出船尾的轴。在单轴系船上,它是轴系中最末一段轴。首端与最后一个中间轴法兰相连,尾端安装螺旋桨,这种艉轴也称为螺旋桨轴。

螺旋桨与艉轴间采用锥面结合、键连接和螺母紧固,螺柱上螺母的旋紧方向与螺旋桨的正转方向相反,以便螺旋桨在正转时螺母能自动锁紧。

3. 艉轴管装置

艉轴管装置由艉轴管(也称艉管)、艉轴承、密封装置、润滑和冷却系统组成。

艉轴管将船舶的艉尖舱和艉轴分开,内部装设艉轴承,以支承艉轴和螺旋桨。

艉轴管的结构有整体式和连接式两种。单轴系船舶多用整体式,它是由船内向船尾压入艉柱轴毂孔内,靠一定的装配过盈量固紧。还有的整体式艉轴管的艉部车有外螺纹,用大螺帽固紧。整体式艉轴管的材料多为铸钢、铸铁或球墨铸铁。连接式艉轴管是分成几段加工后由螺栓连为一个整体,多用于双轴系船舶。

4. 艉轴承

艉轴承是艉轴管装置中最重要的部分,它分水润滑和油润滑两大类型。水润滑的艉轴承材料有铁梨木、桦木层压板、橡胶等。油润滑的艉轴承有白合金滑动轴承和滚动轴承。海船上应用最广泛的是铁梨木轴承和白合金轴承。

(1)铁梨木轴承

铁梨木轴承的优点是:结构简单、工作可靠、管理方便、不污染海区。其缺点是价格昂贵。

(2)白合金轴承

白金轴承的优点是:抗压强度高、耐密性好、散热快、摩擦损失少。缺点是:结构复杂,管理工作多,若漏油则污染海区,制造与修理要求都比较严格。

不论是铁梨木轴承还是白合金轴承,按规范规定轴承数量一般为两个。但当艉轴管较短时,可只设后轴承。铁梨木轴承的长度应不小于艉轴直径的4倍,白合金轴承不小于2倍。

5. 艉轴密封装置

因存在各方面的原因,艉轴管中必须设置密封装置。

密封装置按所处的位置不同,可分为艏密封装置和艉密封装置两种。对于油润滑艉轴承,其艏密封装置是用来阻止滑油漏入机舱内,而艉密封装置既阻油外漏,又阻水内漏。对于水润滑艉轴承,仅设艏密封装置,用来控制艉轴承的冷却水量,阻止舷外水大量流入机舱。

对密封装置的主要要求是:工作可靠,耐磨性能好,消耗的摩擦功小,散热性好。另外,还要求密封元件有很好的跟踪性,使其能在艉轴下沉、跳动、轴向窜动及偏心转动时仍保持较好的密封性能。

艉轴密封装置的种类很多,下面仅介绍常用的两种。

(1)填料函型密封装置

它广泛应用于水润滑艉轴承作艏密封装置,这种密封装置结构简单、维护方便、工作也比较可靠,但摩擦损失大,容易损伤艉轴轴套。

(2)辛泼莱克司(Simplex)型密封装置(皮碗式密封装置)

白合金艉轴承需要用滑油润滑,用滑油润滑的艉轴承其艏艉密封要求更为严格,特别是艉密封,密封不良不但浪费滑油,更重要的是容易使轴和轴承发生故障及污染海域。

用滑油润滑的白合金艉轴承密封装置,不论是艏密封还是艉密封,多采用辛泼莱克司型。这种密封装置结构比较简单,密封效果好,使用寿命长,摩擦损失功少。

辛泼莱克司密封装置的优点是:摩擦损失少、密封性好、对艉轴的跟随性好、维修管理方便、安全可靠、寿命较长。但为了防止唇口处橡胶老化变质,须采用耐热性好的优质橡胶材料,致使整个装置价格较高。

6. 艉轴管装置的润滑和冷却

艉轴管的润滑剂只有水和油两种。

水润滑艉轴管:由于其位于水面之下,艉轴承中留有轴承间隙和开有纵向槽道,且又不设艉密封装置,因此艉轴和艉轴承之间总是充满舷外水的。在一般情况下,只要艏密封装置的填料压盖压得不太紧,是能够可靠运转的。

油润滑艉轴管:都要装设润滑系统。中小型船上用的润滑系统比较简单;而在大型船上相对要复杂一些。

在间接传动的推进系统中,为了完成各种传动功能,必须设置某些传递设备,如齿轮传动装置、联轴器、离合器、制动器等。为了使它们工作可靠和便于操作,还专门设有为它们服务的润滑、冷却和操纵系统。这些传递设备所起的作用有汇集(对多机单桨)或分配(对单机带双桨或轴带发电机)主机功率;把主机转速改变为负荷所需要的转速(螺旋桨需要的低转速或轴带负荷所需的高转速或恒定转速);使主机和螺旋桨离合;使不可反转主机所带的螺旋桨实现倒顺转;减振和消除螺旋桨对主机的冲击作用。

传递设备很多,为了布置紧凑和便于管理,往往把选用的传递设备组合为一个整体,总称为传动机组。

五、齿轮传动装置

齿轮传动装置的类型很多,根据它们功能不同可分为以下几种。

1. 减速齿轮传动装置

螺旋桨的转速在 100 r/min 左右时有比较高的效率,直径越大,转速越低,一般来说其效率也就越高。

减速器输入轴与输出轴中心线不在同一条直线上称异心齿轮减速器。这种减速齿轮装置的优点是:结构简单,主机重心低,两主机间的距离(对双机双桨船)容易得到保证。缺点是占机舱面积较大。

减速器输入轴与输出轴的中心线在同一直线上,称同心齿轮减速器,且主机的功率传给螺旋桨有两条途径,属多路减速齿轮装置。它克服了异心齿轮减速器的缺点,但由于增加了过桥齿轮,使结构复杂,传动效率降低,成本提高。

行星齿轮减速器也是同心、多路减速齿轮装置。它的优点是尺寸小、重量轻,能传递大的功率和扭矩,传动效率高。

采用并车传动有如下优点:

(1)提高船舶的生命力。如果其中一台主机发生故障,可以实现不停航检修。

(2)在需要低航速时可只开一台主机,使柴油机处于较为经济的状态运行,节省燃料,且可轮换使用主机,延长动力装置寿命。

(3)尺寸小、重量轻。装置高度可降低 1/2 ~ 1/3,重量可减轻 1/4。

(4)单轴功率增大,扩大了中速机与低速机竞争领域。

并车传动装置的缺点是:结构复杂;各台主机间负荷分配不均时会造成某台主机过载;主机台数多,操纵控制复杂。

2. 倒顺减速齿轮装置

对于没有换向功能的一部分中速柴油机和一般的高速柴油机,以它们作主机时不仅需要减速装置,而且也需要设置倒顺车装置,将倒顺与减速两个功能结合在一起就构成了倒顺减速齿轮装置。

3. 辅助功率齿轮传动装置

为了充分发挥主机耗油率低的优点,有的船上采用主机带动发电机或其他辅机的节能措施;这时也用齿轮传动装置,这种传动装置称为辅助功率齿轮传动装置。

六、摩擦离合器

离合器是根据工作的需要将主动轴与从动轴接合或脱开的一种传动设备。它一般位于主机和减速齿轮装置之间,有机械式、液力式和电磁式之分。摩擦离合器属于机械式,在船上应用最为广泛,它靠摩擦力矩传递扭矩。

1. 摩擦离合器的作用和优缺点

摩擦离合器的作用:

(1)可实现主机空载起动和空转。离合器在脱开情况下起动主机,轴系和螺旋桨都不转动,主机的起动阻转矩小,易于起动,节省压缩空气,并可在主机空转状态下对主机做某些运行状况的检查。

(2)可采用不可反转的主机。船舶进退由倒顺车离合器完成,主机结构简单,可靠性提高。

(3)使船舶的机动性提高。这一方面是因为摩擦离合器的离、合动作迅速,另一方面,当主机在低速运转时,利用离合器的时离时合,可使船舶超低速运行。

(4)可保护主机和轴系。当螺旋桨碰到冰块、礁石等意外情况时,摩擦离合器可打滑,起到很好的缓冲作用。

(5)在并车传动装置中实现主机并车、切换和航行中修理。

离合器所传递的最大扭矩一般应不小于主机标定扭矩的 1.5 倍。对于可倒顺的离合器,其换向时间应不大于 15 s。和其他类型的离合器相比,摩擦离合器的主要优点是:

①传动效率高。结合后在稳定工作中,主、从动轴间没有相对滑动,传动效率接近于 1。

②离、合动作迅速。

③尺寸小、重量轻、结构简单。

摩擦离合器的主要缺点是:在结合和分离的动态过程中产生打滑、磨损、发热和消耗功率。

2. 摩擦离合器的类型

(1)按接合力的来源不同可分为:

①机械式利用机械传动装置使摩擦面接合或脱开。

②液压式利用油压使摩擦面接合或分开。

③电磁式利用电磁力使摩擦面接合或分开。

(2)按摩擦面的工作状态不同可分为:

①干式摩擦面呈干燥状态,摩擦副的摩擦系数高,工作面的允许温度视摩擦材料而定,一般温升允许值较高,采用自然或强制通风冷却,分离较彻底。但摩擦副易磨损,寿命短,需注意检查和更换。

②湿式摩擦面要用油润滑和冷却,摩擦副许用比压高,摩擦系数低,摩擦副耐磨、寿命长。摩擦副的热量由滑油带走,温度要受油的汽化温度限制,一般不超过 120 ~ 150 ℃。

③半干式摩擦表面有少量的油,一般为摩擦材料本身吸进的油质,工作中呈半干摩擦状态。

(3)按摩擦面的形状特征不同进行分类是最常见的分类方法,据此可分为:

①盘片式(圆片式)。摩擦元件为盘片状,若摩擦副为一对,称单片式;两对则称双片式;再多的话就称多片式。多片式能传递较大扭矩,应用较多。但是,由于摩擦片多,摩擦片间鼓风或剩余油膜(湿式)的影响较大,当输出轴轴承摩擦阻力矩小于带排力矩时,输出轴会有很慢的转动。

②圆锥式。摩擦元件为内外锥体,工作面为圆锥面。它又分为单锥面和双锥面两种。在大功率传动装置中,应用最广泛的是双锥面形式。

这种摩擦离合器为干式，接合力来源于压缩空气，它具有以下优点：

a. 摩擦力作用半径大，摩擦系数大，可传递较大扭矩。

b. 主、从动轴间扭矩通过弹性元件传递，具有良好的隔振性能和对中性能。

c. 弹性元件离摩擦面较远，在接合与脱开的过渡过程中产生的摩擦热对橡胶元件影响小。

d. 便于遥控。

七、联轴器

1. 刚性联轴器

刚性联轴器主要用于中间轴之间、中间轴与推力轴之间以及中间轴和艉轴之间的连接，它又有固定法兰式、可拆法兰式和液压联轴器之分。

2. 弹性联轴器

在联轴器中，若主动轴与从动轴之间设有橡胶或弹簧之类的弹性元件，使扭转方向上具有弹性作用，这种联轴器称弹性联轴器。在轴系中使用弹性联轴器的目的主要是：

(1) 改变轴系的自振频率，衰减振动的传递，降低扭振的振幅，使柴油机在使用转速范围内不出现危险的共振转速。

(2) 在带有齿轮减速装置的推进轴系中，在柴油机和减速齿轮装置之间加装弹性联轴器，可改善减速齿轮装置的工作条件，使齿面少受变动扭矩的冲击，避免齿轮的齿面体变形产生的误差，延长齿轮使用寿命。

(3) 补偿轴系在安装中产生的误差和安装后由船体变形产生的误差。常用的弹性联轴器有橡胶弹性和金属弹簧弹性联轴器两大类：

①伏尔肯型橡胶联轴器。

②盖斯林格高阻尼簧片联轴器。

八、轴线调整注意事项

通过对轴系状态的检验——轴系中心线偏差度和两端轴同轴度的检测，并与标准比较，其结果有以下几种情况：

(1) 轴系偏差度和同轴度分别符合规范要求，即表明轴系状态良好。

(2) 轴系同轴度符合规范的要求，但偏差度检测发现轴系有的法兰上的 δ、φ 不符合规范的要求。对此应采用调节相关中间轴承和中间轴位置的方法，将法兰上超过标准的 δ、φ 调整到许可范围内。

(3) 轴系同轴度不符合规范的要求，即轴系的 $\delta_{总}$ 和 $\varphi_{总}$ 超过标准的规定，与轴系的同轴度误差较大时，表明轴系的偏差度也不符合要求。

为了使轴系同轴度符合要求，必须采用改变两端轴的相对位置来调整轴系的状态。具体的修理方案有三种：

(1) 偏心镗削艉轴承或艉轴管，通过改变艉轴中心线的位置，达到与曲轴同轴。但是应保证艉轴承或艉轴管偏心镗削后艉轴承或艉轴管最薄处的壁厚尺寸，以满足强度要求。

(2) 当同轴度误差过大，偏心镗削的方法不能使轴线修正时，则应改变主机的位置，使曲轴中心线与艉轴中心线对准,从而使$\delta_{总}$和$\varphi_{总}$符合要求。但是改变主机位置的工程量很大,并且也受机舱的限制。

(3)采用偏心镗削艉轴承或艉轴管和改变主机位置的两个措施,即通过改变两端轴的轴线位置来达到同轴。但是此种方法工程量更大,制约的因素也更多。

在船舶轴系的实际运转中,一般轴系的同轴度误差均在允许范围内,仅偏差容易出现不符合要求的情况,但当个别法兰上的δ、φ超过标准时,对轴系的运转无影响,一般不需调整。轴系产生过大的同轴度误差通常是在发生海损事故使船体受到较大破损时。例如:船舶搁浅使机舱或船尾遭创伤。

九、艉轴管结构及各种艉轴封的日常管理和注意事项

艉轴管装置是用以支承艉轴和螺旋桨、密封船体不使海水进入艉轴承和防止润滑油自艉轴承溢出的设备。通常艉轴管装置是由艉轴管本体、艉轴承、密封装置和冷却、润滑系统等组成的。根据艉轴承润滑剂的不同,分为水润滑艉轴管装置和油润滑艉轴管装置。

1. 艉轴管

艉轴管本体可用铸钢、铸铁、20 号钢管或船用钢板焊接而成。将艉轴管本体装入船体尾部,在艉轴管本体首端法兰与艉隔舱壁平面间加密封垫片后用螺栓固紧;艉轴管尾端外圆螺纹用锁紧螺母将艉轴管紧固在艉柱毂上,螺母与艉柱毂后端面紧贴,0.05 mm 塞尺插不进。艉轴管在船体上装好后,进行艉尖舱水密试验,各结合部位不允许有任何渗漏。

2. 艉轴承

单轴系艉轴承制成两段:艉前轴承和艉后轴承。尾前轴承位于艉轴管前端,较短;尾后轴承位于艉轴管后端,较长。有的大型船舶艉轴管较短,只有尾后轴承,而将尾前轴承移至艉隔舱壁与艉轴法兰之间。艉轴承大多为滑动轴承,根据轴承衬的材料和润滑剂的不同分为水润滑艉轴承和油润滑艉轴承。目前,新造船舶多为油润滑艉轴承。

艉轴承由轴承衬套和轴承衬构成。水润滑艉轴承衬套的材料采用铸铜,轴承衬的材料采用铁梨木、层压胶木、橡胶和合成材料;油润滑艉轴承衬套采用铸钢或铸铜,轴承衬采用白合金。

(1)水润滑艉轴承

水润滑艉轴承衬的材料主要有铁梨木、层压胶木、橡胶、合成材料(尼龙、赛龙等)。艉轴承的长度应不小于艉轴直径的 4 倍。利用舷外海水自然流入艉轴承进行润滑与冷却。为了控制海水流入量,在艉轴管前端艉轴处装有密封装置。航行时,旋松密封填料压盖的螺栓,使海水顺利流进轴承满足润滑与冷却之需;停航时,则应旋紧螺栓,防止海水大量漏入机舱。

①铁梨木艉轴承

铁梨木是自 1854 年以来一直被用作海船水润滑艉轴承的传统轴承材料。铁梨木盛产于中美洲、西印度群岛和南美北部等热带地区。铁梨木生长缓慢,直径 20 mm 的树需 10 年长成,材质细密、坚硬、比重大(约为 1.2),含有丰富的树脂,具有耐水浸、耐蚀和耐磨等特点。干燥时会产生变形和裂纹。铁梨木中除木质和树脂外,还含有树脂精汁等。精汁与水作用形成乳状黏液,具有润滑作用,使摩擦系数大大降低。例如,铁梨木与青铜在水中相对运动,摩擦系数为 0.003 ~ 0.007。此外,摩擦系数随水温升高而增大。如果保持水温低(50 ℃左右)、水量

充足,则铁梨木具有很高的耐磨性。

铁梨木轴承的结构如图 5-1-1 所示。将铁梨木板条(一般厚度为 15 ~35 mm、宽度为 60 ~80 mm、长度为 150 ~300 mm)紧密地镶嵌在轴承衬套中,为防止铁梨木板条位置错动,在衬套内铁梨木板条之间安装 2 ~3 根铜质止动条(厚度为铁梨木条厚度的 60%),紧贴衬套内表面并用螺钉固定。衬套内下半部分铁梨木板条表面立纹(纤维方向与艉轴中心线垂直),上半部分木板条表面为顺纹(纤维方向与艉轴中心线垂直平行)。木板条之间形成 V 形、U 形或梯形水槽,以利海水流通进行润滑和冷却,但在下半瓦 90°范围内无水槽。

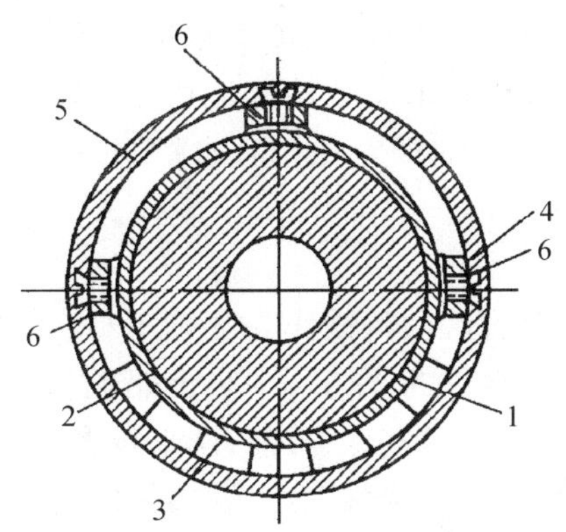

图 5-1-1　铁梨木轴承的结构

1—艉轴;2—铜套;3—下轴承衬条;4—上轴承衬条;5—艉轴管衬套;6—止动条

②层压胶木艉轴承

由于铁梨木需要进口,价格较高,所以多年来国内外均致力于寻找铁梨木廉价的代用材料。我国研究试验成功的层压胶木已应用于生产,它是以桦木为原料,将桦木薄板浸于酚醛中制成板坯,再经高温、高压制成板材。

桦木层压胶木具有材质致密、坚硬、耐热、绝缘性好、较好的耐磨性和可承受冲击负荷等特点。此外,成材率高达 85%(铁梨木只有 20%),价格便宜。缺点是脆性较大,耐磨性也不及铁梨木。

桦木层压胶木艉轴承的结构基本与铁梨木艉轴承相同,将层压胶木制成板条镶于艉轴承对套中,其上、下瓦板条均采用耐磨性好的立向纤维作摩擦面。轴径小于 360 mm 的艉轴承可不加止动条。板条之间亦要形成 V 形、U 形或梯形水槽,在下瓦 90°范围内无水槽。

③橡胶艉轴承

以天然橡胶与矿物成分硫化加工制成的橡胶具有弹性好、吸振性好、耐磨和耐泥沙等优点。缺点是工作温度低,超过 65 ℃就会很快老化,也不耐油,遇油老化。橡胶艉轴承可在含泥沙的水域工作,充分的冷却条件下使用寿命为铁梨木艉轴承的 2 ~4 倍。橡胶艉轴承工作平稳、容易安装校中、轴承负荷分布均匀,但橡胶中的硫会对艉轴产生腐蚀作用。

橡胶艉轴承的结构分为板条式和整体式两种。板条式艉轴承中的板条是由金属衬板(铜板或铜钢板)外包橡胶制成的,应用于艉轴直径大于 360 mm、负荷较高的艉轴承中。整体式橡胶艉轴承,应用于艉轴直径较小的船舶上,如内河中小型船舶及工程船。

④合成材料艉轴承

近年来,船舶艉轴承采用尼龙、赛龙等合成材料,其中,应用赛龙艉轴承材料日益增多。赛龙作为艉轴承材料已被世界各大船级社认可,如英国劳氏船级社(LR)、法国船级社(BV)、美国船级社(ABS)、日本海事协会(NK)和中国船级社(CCS)等。

赛龙是由高性能热固性树脂合成的均质聚合物,具有弹性好、耐磨性好、耐腐蚀和不会剥落的特点,但其导热性差,且不耐高温。

赛龙艉轴承材料的性能优于铁梨木、尼龙和层压胶木等艉轴承材料,使用寿命约是其他艉轴承材料的4倍。工作温度在 -65 ℃ ~107 ℃,赛龙轴承可承受冷缩安装的温度达 -196 ℃,而不会硬脆。赛龙轴承浸入水或水溶液的温度不得超过60 ℃,否则会产生水解作用使轴承变软,因此赛龙艉轴承冷却水温度在50 ℃以下,冷却水量为每英寸轴径每分钟4公升。

赛龙艉轴承结构有圆筒形和板条形。圆筒形适用于200 ~1 000 mm的艉轴,板条形适用于270 ~749 mm的艉轴。圆筒形艉轴承内孔铸有水槽,板条形艉轴承可手工或采用锯、刨削和铣削等加工出水槽。

(2)油润滑艉轴承

油润滑艉轴承常采用白合金、青铜、铸铁作为艉轴承材料,其中以白合金应用最广泛。白合金艉轴承的长度应不小于艉轴直径的2倍。中小型船舶,尤其内河船舶普遍采用白合金艉轴承和以油作冷却润滑剂的闭式润滑系统。目前,越来越多的大型海船采用白合金艉轴承,新造船舶几乎全部是白合金艉轴承。这主要是由于铁梨木价格高,使造船成本提高;铁梨木艉轴承的船舶不适于在泥沙较多的内河或航区航行,泥沙随海水或河水进入艉轴承使之迅速磨损;随着船舶吨位的增大,艉轴承负荷也不断增加,水润滑艉轴承因水的黏度低,水膜较薄而承载能力低,也造成铁梨木艉轴承磨损加剧;油膜承载能力大,油的润滑性能优于水,尤其是油润滑艉轴承密封装置优良,能有效地密封。

白合金艉轴承常用锡基巴氏合金。将白合金浇铸在艉轴承衬套上。油润滑艉轴承和艉轴在闭式润滑系统中工作,艉轴不需套装铜套。

十、螺旋桨与艉轴的连接方式

螺旋桨是通过桨毂与艉轴(螺旋桨轴)连接在一起的,主要有以下三种连接方式:

(1)机械连接

采用传动键连接螺旋桨与艉轴是一种传统的连接方式,沿用至今。通过螺旋桨桨毂锥孔与艉轴锥体部分的紧配合及传动键来连接,并用螺帽锁紧,以便传递扭矩和承受推力作用。但是在艉轴上的键槽处容易产生应力集中,引起裂纹或断轴事故。

(2)环氧树脂胶黏剂连接

沿海及内河船舶的螺旋桨直径 D 小于4.5 m时,允许采用有键环氧树脂胶黏剂安装,即同时采用键连接与环氧树脂胶黏剂胶合连接。此时对桨毂锥体的接触要求、键和桨毂键槽的配合要求适当降低;小型船舶的螺旋桨直径 D 小于1.5 m时,允许采用无键环氧树指胶黏剂胶合安装。

要求在桨毂锥孔两端长40 ~60 mm环形面积上与艉轴均匀接触,色油检查在25 mm × 25 mm面积上沾点不少于2个。此种连接方式省去键和键槽及大量的刮研工作。现在广泛用于内河及沿海中小型船舶。

(3)油压无键套合连接

目前国内外新造船舶的螺旋桨与艉轴均采用油压无键套合连接。它是把桨毂锥孔内表面车有螺旋槽的螺旋桨装在艉轴上。利用油泵将高压油从桨毂上的油孔打进桨毂锥孔与艉轴锥体配合面之间,使桨毂和轴产生弹性变形,即锥孔胀大而艉轴收缩,二者之间的间隙增大。利用油泵的高压油使千斤顶产生的轴向推力把螺旋桨推至艉轴上规定位置。放掉高压油后,桨毂锥孔与艉轴的弹性变形消失形成过盈配合,从而可传递较大的扭矩。

用油压安装无键螺旋桨时,关键是螺旋桨套合到艉轴上的轴向推入量 S。保证桨在艉轴套合后正常运转所需的推入量为最小推入量 S_1;套合后产生的应力为螺旋桨材料屈服极限的70%时的轴向推入量为最大推入量 S_2。油压无键套合安装螺旋桨时,桨在艉轴上的轴向推入量 S 应在 S_1 与 S_2 之间,即满足下式:$S_1 \leqslant S \leqslant S_2$。

最大与最小轴向推入量 S_2、S_1 的计算公式参见中国船级社《钢质海船入级规范》或《船舶轴系、螺旋桨和舵系修理技术标准》。油压无键套合连接方式是目前国内外最先进的安装工艺,省去键和键槽及大量的刮研工作,使螺旋桨与艉轴连接可靠、拆装方便。

十一、轴系和螺旋桨的管理

(1)要确保中间轴承和艉轴管冷却海水的供应。

(2)注意检查中间轴承的温度、油位、油环的工作和两端轴封的密封情况。

每道轴承的温度,特别要注意最后一道中间轴承的工作,因为它离螺旋桨近,负荷要大一些,最容易发热。

(3)对于铁梨木轴承艉轴管,要让少量水漏入舱内,以冷却艉轴和填料函。

(4)对于巴氏合金艉轴管要确保其滑油系统正常工作。注意观察重力油箱油位,要注意油质和油温,注意艉轴密封装置是否漏油。特别是艉密封装置更为重要,如若漏油不仅是滑油浪费问题,还要污染海洋环境。

(5)运转中要注意观察轴的跳动情况,各轴承是否有异常的振动,个别部位是否发热甚至颜色变蓝(该处为扭转振动的节点)。

(6)对于调距桨装置还要注意系统的油压是否正常,管系接头及桨叶密封圈是否漏油,稳距效果是否正常等。

(7)艉尖舱内的淡水或海水,航行中不要排干,在寒冷季节航行艉尖舱的水不要装满,应将水排出,以防舱内液体结冰损坏艉轴管。

(8)在空载航行时要尽量压载,使螺旋桨埋入水中一定深度,这样可减轻桨叶的空泡腐蚀,特别是在风浪天航行更应注意避免飞车现象。

(9)对轴系要定期进坞检查。在把艉轴抽出时,若发现轴表面有细痕,可用油石磨去。安装时要注意不要让污物落入艉轴管及油封内。对螺旋桨裂纹、弯尖、变形、断裂等故障要仔细观察寻找。螺旋桨桨毂内孔要和艉轴锥部很好贴合;接触面不少于75%,固紧螺帽的固紧力要符合规定,若太松,键槽容易损伤。

(10)对备件要妥善保管,轴表面要涂油脂。油封环应水平放置在阴凉处,以免变形,硬化变质安装前应仔细检查。

(11)螺旋桨和轴系在进行修理工作前,应和验船部门取得联系,重大问题的处理要由验船部门认可。

第二节 螺旋桨

一、螺旋桨的结构和材料

螺旋桨是一种反作用式推进器。当螺旋桨转动时，桨推水向后(或向前)，并受到水的反作用力而产生向前(或向后)的推力，使船舶前进(或后退)。

如图 5-2-1 所示，螺旋桨是由桨叶和桨毂构成。桨叶靠近桨毂的部分称叶根，最外端称叶梢；从船尾向船首看，看到的叶面为压力面(推力面)，桨叶的另一面为吸力面(吸水面)。按正车方向旋转时，桨叶先入水的一边为导边，后入水的一边为随边。螺旋桨旋转时叶梢顶尖画出的圆称叶梢圆，其直径为螺旋桨直径，用 D 表示。从船尾向船首看，螺旋桨在正车时沿顺时针方向旋转者称右旋桨，沿逆时针方向旋转者称左旋桨，如图 5-2-1 所示。整体式定距桨是桨叶与桨毂铸成一体；组合式定距桨是桨叶和桨毂分别铸造，加工后用螺栓紧固成一体。可调螺距螺旋桨不仅桨叶与桨毂分别制造，而且组装后桨叶螺旋面可相对桨毂运动，以达到改变螺距的要求。桨叶的数目一般为 3 ~6 个，中小型船舶常为 3 ~4 个桨叶，大型船舶常采用 3 ~5 个桨叶，螺旋桨的直径一般为 800 ~6 000 mm。

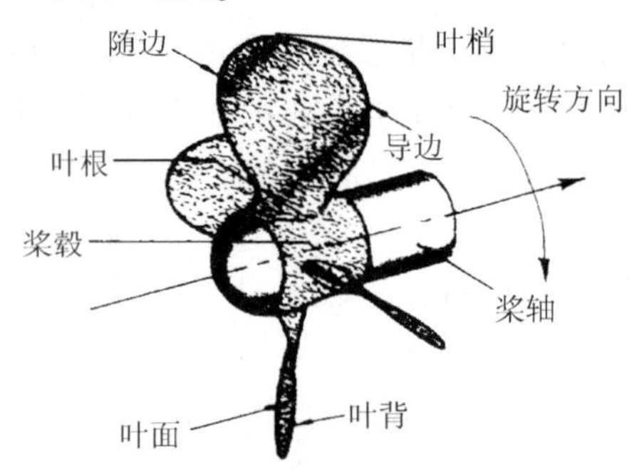

图 5-2-1 螺旋桨结构示意图

螺旋桨是一个形状复杂、尺寸和重量均较大的笨重零件，桨叶加工制造较为困难，中小型船螺旋桨桨叶采用专用机床加工，如仿形机床、数字程序控制机床等。大型螺旋桨桨叶，尺寸大且多为单件(或几件)生产，所以大多采用划线手工加工，使用风铲、砂轮、挫刀和刮刀等工具，生产效率低。目前采用铸造成形小余量或无余量加工的螺旋桨，生产率大大提高。

螺旋桨的材料主要有锰黄铜(ZHMn55-3-1)、铝青铜(ZQAl 12-8-3-2)、铸钢(ZG200-400)、铸铁(HT200、HT250)、球墨铸铁(QT400-18)和塑料(尼龙 6、尼龙 610、尼龙 1010)以及复合材料(玻璃钢)等。

二、螺旋面的形成及螺距

螺旋桨叶面是螺旋面的一部分,螺旋面的形成如图 5-2-2 所示。以图中 *ABC* 线段绕轴线 *OO′* 做等角速度旋转,同时沿 *OO′* 轴线做等速直线运动,则 *ABC* 线段在空间划过的轨迹形成的曲面即为螺旋面。

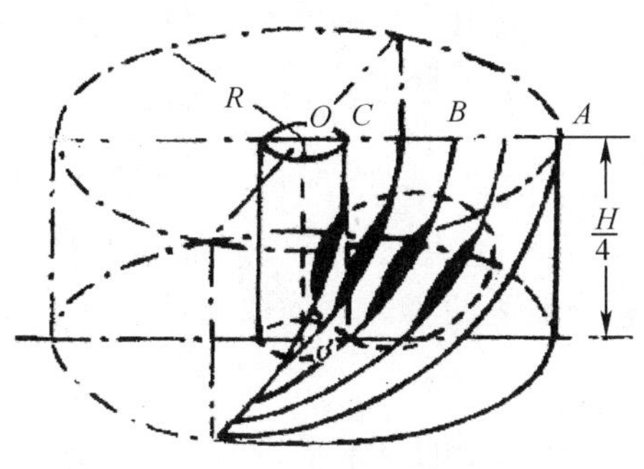

图 5-2-2　螺旋面的形成

线段 *ABC* 绕 *OO′* 轴线回转一周时,沿 *OO′* 轴线上升或下降的距离称为螺旋面的螺距,用符号 *H* 表示。由于线段 *ABC* 上各点的运动速度相同,所移动的直线距离也相等,线段上各点在空间的轨迹——螺旋线的螺距相等。因为桨叶叶面是螺旋面的一部分,所以桨叶上不同半径处的螺旋线螺距相等的螺旋桨称为定螺距螺旋桨(定距桨);桨叶不同半径处的螺旋线螺距不等的螺旋桨称为变螺距螺旋桨(调距桨)。

三、螺旋桨螺距的测量

测量螺旋桨螺距时,把桨平放在平整的地上,桨叶叶面朝上,随后将螺距规安装在桨毂的锥孔中,调整螺距规的中心线使其垂直桨毂端面,最后固紧在上面,如图 5-2-3 所示。

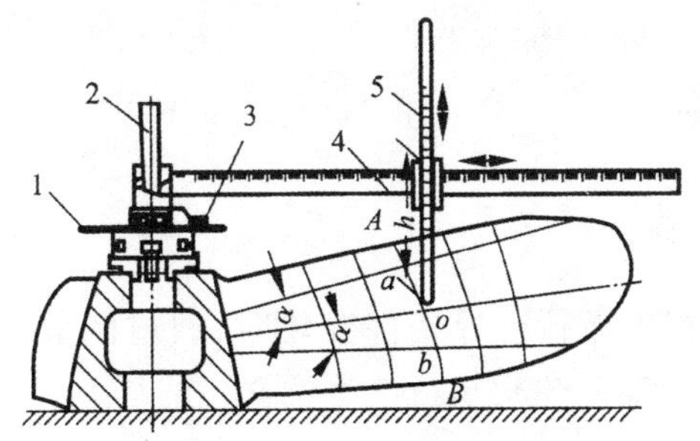

图 5-2-3　测量螺旋桨的螺距

1—刻度盘;2—心轴;3—指针;4—水平尺;5—量杆

1. 测量螺旋桨半径 *R*

将螺旋桨上的螺距规量杆水平移至桨叶的最外边缘处,并绕中心回转一周,视量杆是否与其它桨叶边缘相碰。量杆在最长桨叶边缘处时最长的桨叶的长度就是螺旋桨的半径 *R*。

2. 测量局部螺距 h'

局部螺距是根据桨叶上任意半径截面上任意角度对应的部分螺距值所计算出的螺距。测量时，一般要在桨叶上 0. 3R、0. 4R、0. 5R、0. 6R、0. 7R、0. 8R、0. 9R 等截面中任选一截面，在此截面上任选三点 a、o、b，如图 5-2-3 所示。先将量杆 5 移至 o 点，记录下量杆高度数值 l_o，然后将水平尺绕心轴 2 转过选定角度 α，使量杆 5 与叶面上 a 点接触，记下量杆读数 l_1，则该半径截面上 o、a 两点所对应的 α 角的部分螺距值为高度差值 $l_o - l_1$。由此计算出的局部螺距 h' 为：

$$h' = \frac{360°}{\alpha}(l_0 - l_1)\ \text{mm}$$

同样方法测出水平尺绕心轴 2 转过 2α 后量杆 5 与 b 点相接触，记下高度数值 l_2。求出 o、b 两点对应的 α 角的部分螺距值 $l_2 - l_o$，由此计算出局部螺距 h''。

α 角度可从刻度盘上读出，一般为便于计算均取 α 为 360°的因数。

3. 截面螺距 h_i

桨叶上同一半径截面上的局部螺距的算术平均值即为该半径截面的截面螺距 h_i。测得同一截面上几个测量点的局部螺距 h'、h''等，计算其算术平均值，即得该半径截面的截面螺距 h_i：

$$h_i = \frac{1}{n}(h' + h'' + h''' + \cdots)\ \text{mm}$$

式中，n——测得同一截面上的局部螺距数目。

4. 桨叶平均螺距 H_i

测量并计算出桨叶上各半径截面的截面螺距 h_i，计算其算术平均值则得到该桨叶的平均螺距 H_i。

5. 螺旋桨总平均螺距 H

测量并计算出螺旋桨各桨叶的平均螺距 H_i，计算其算术平均值，即得该螺旋桨的总平均螺距 H。

修理后的螺旋桨的半径和各种螺距的偏差应不超过规定数值（以设计值的百分数表示），偏差值为设计值与实测值之差。

四、可调螺距螺旋桨

可调螺距螺旋桨定义：根据航行外界条件变化时，通过调节螺旋桨的螺距 H，即使桨叶螺旋面与桨毂做相对转动，从而维持螺旋桨特性不变。

1. 调距桨的动作原理和组成

（1）动作原理

如图 5-2-4 所示调距桨的动作原理和组成，当驾驶台发出调距指令时，C 点不动，B 点随 A 点动，使伺服油缸一面进油，另一面回油，推动活塞移动；随活塞运动，A 点不动，B 点随 C 点动，当动力活塞移动到要求位置时，控制阀刚好复位。

图中调距机构为动态稳距，若油路中采用单向止回阀则为静态稳距。

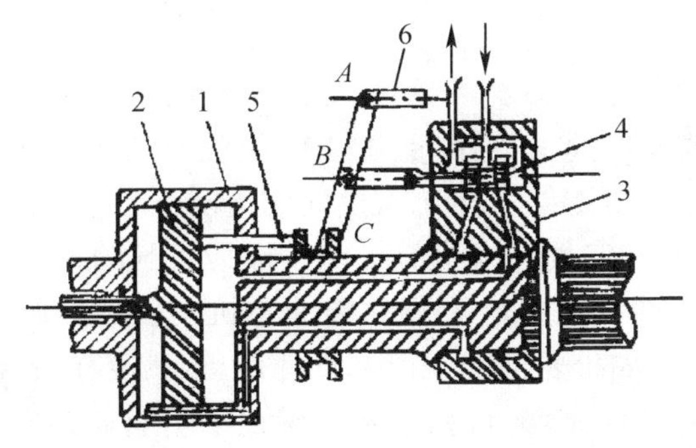

图 5-2-4　调距桨的动作原理和组成

1—伺服油缸；2—动力活塞；3—配油轴套；4—控制阀；5—反馈装置；6—操纵杆

(2)调距桨的组成

①带转叶机构的调距桨：包括可转动的桨叶、桨毂和桨毂内部装设的转动桨叶的转叶机构。转叶机构又分为曲柄连杆式转叶机构、曲柄滑块式转叶机构和曲柄销槽式转叶机构。

②传动轴，如图 5-2-5 所示为调距桨传动轴，由桨轴和配油轴组成，两者用套筒联轴器连接，传动轴中空，装调距杆或当伺服油缸位于桨毂时作为进排油通道。

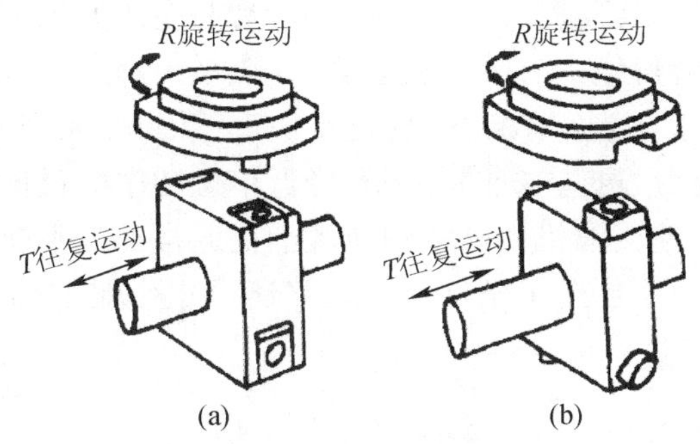

图 5-2-5　调距桨传动轴

③调距机构，包括产生转动桨叶动力的伺服油缸、伺服活塞、分配压力油的配油轴套、桨叶定位和桨叶位置的反馈装置及其附属设备。其作用是调距、稳距以及对螺距进行反馈和指示。

④液压系统，包括由油泵、控制滑阀、油管及管件，其作用是为伺服油缸提供压力油。

⑤操纵系统，由操纵台、控制、指示系统组成。其作用是按预先确定的控制程序同时调节发动机的转速和调距桨的螺距，以获得所要求的工况。

⑥应急桨叶锁紧机构，在应急情况下，将桨叶固定在一定的正螺距值，使之变为定距桨工作。

2. 调距桨的优点

与普通定距桨相比，调距桨的主要优点可归纳如下：

(1)可简化主机乃至整个动力装置的结构。采用调距桨的柴油主机可以省去一套倒车机构，或者使汽轮机主机省去倒车级，且可提高倒车的功率。此外，由于调距桨为主机的恒速运转提供了条件，所以可用主机来直接驱动发电机，因而可以省掉发电柴油机。

(2)提高了主机和艉轴管轴承的使用寿命。据测算，通常柴油机每起动一次的汽缸磨损量相当于额定功率下工作 8 h 的磨损量。而采用调距桨的主机，其起动次数只有原来的几十分之一。

(3)改善了船舶的操纵性能。有利于实现驾驶自动化。由于液压传动技术的运用,使调距桨易于实现遥控,如需改变航速,只需要通过遥控装置来改变螺距角,便可实现从零到最大航速之间的无级调速,并在主机不停车亦无需换向的情况下,可以很容易地实现倒航。这一性能为提高船舶的自动化程度和实现无人机舱提供了极为有利的条件。

(4)提高了船舶的机动性。采用定距桨的柴油主机,其最低航速因受柴油机最低稳定转速的限制(一般为 6 ~7 kn),如果要使船舶以超低速航行,就必须使主机断续地起动、停止,而一旦螺旋桨停转,就会失去舵效,影响船舶操纵。在大型船舶通过复杂航道或进出港时,通常是需要超低速航行的,且又要有良好的舵效和机动性。采用调距桨,则可以在主机不停车的情况下实现任意的超低速航行,而且在必要时还可以使桨交替地以正车或倒车工作来保证舵效。此外,采用调距桨也改善了船舶的停船性能。据估算,一艘 65 000 t,功率为 18 000 马力的油船,由 17.6 kn 到全停车,采用定距桨需要 12 min,而采用变距桨仅需要 6 min 50 s,停船距离也大大缩短。

(5)提高了船舶的营运经济性。虽然,船模试验池中的事实表明,调距桨的推进效率比定距桨的要低 1% ~3%,其原因是调距桨的毂径和桨叶根部尺度都比较大,这些因素影响到螺旋桨的效率。但上述试验结果都是在设计工况下取得的,在研究船舶营运的经济效益时,航运部门更感兴趣的是总的经济价值。有关资料说明,在风平浪静时,装调距桨的船比装定距桨的船要快 0.1 kn 左右,在恶劣的海面情况下,甚至要快 1 ~2 kn。此外,调距桨能使主机维持在最佳工况下运行,有利于充分发挥主机的功率和降低单位功率的耗油量。

最后尚需指出,由于高速柴油机和某些中速柴油机通常都是不能换向的,因此调距桨的发展为上述机型在船舶上的应用创造了条件。调距桨还可用作船舶的艏侧推装置,以提高船舶的机动性和操纵性。

3. 调距桨的缺点

(1)调距桨和轴系构造复杂,造价高。

(2)因桨毂中有转叶机构,使可靠性降低,同时维护保养困难,一旦损坏必须进坞。

(3)设计工况下推进效率比定距桨低 1% ~3%。

(4)叶根厚度增大,使桨叶根部容易产生空泡腐蚀(定距桨则在 0.9R 至叶梢易于产生空泡腐蚀)。

五、船舶侧推器及其管理

1. 侧推器的作用和要求

侧推器是产生船舶横向推力(侧推力)的特殊推进装置,它装在船首或船尾水线下的横向导筒中,其推力大小和方向均可根据需要改变。

船舶在离靠码头、过运河、进出水闸、穿过狭窄航道和拥挤水域时,需慢速及改变航向。但船速越慢舵效越差,特别是受风面积大的集装箱、滚装船、木材船,只靠舵效改变航向往往不能满足要求,不得不用拖船帮助。

(1)侧推装置的作用

①提高船舶操纵性能,特别是船速为零或很慢时。

②缩短船舶靠离码头的时间。

③节省拖船费用。

④提高船舶机动航行时的安全性。

⑤减少主机起动、换向次数，延长主机使用寿命。

(2)对侧推器的要求

①装置结构简单，工作可靠、维护管理方便。

②尽可能装在船的端部，以便在同样推力下获得较大的转船力矩。

③有足够的浸水深度以提高工作效率。侧推器的螺旋桨轴线离水线距离不得小于它的桨叶直径，以免空气进入螺旋桨处影响其工作。

④对船体造成的附加阻力要小，本身工作效率要高。

⑤能根据需要迅速改变推力大小和方向。

⑥在侧推器旁及驾驶台均能操作。在驾驶台上操作，一般在中央与两翼均可进行。

(3)侧推器的类型

①按布置位置：艏推、艉推和舷内式、舷外式。

②按产生推力方法：螺旋桨式和喷水式。

③按原动机：电动、电液、柴油机驱动式。

2. 侧推器的管理

(1)操作时注意事项

①要有足够的发电机台数投入工作后方可使用侧推器。侧推器主电动机功率较大，使用前要确认电站的供电量能否满足。一般设有发电机台数联锁装置，达不到规定工作台数(有的规定为 3 台)侧推器起动不了。

②船速在 5 kn 以下方可使用侧推器，在操纵台上有标识牌。

③当转换操作位置前，要确认主控制器和副控制器两者控制杆位置和负荷一致后方可切换。

④起动主电动机时要使螺距角在“0”位。

⑤在最大推力工况下的连续使用时间不应超过规定时间(一般为 0.5 h)。

(2)日常管理工作

①使用符合要求的液压油：所用液压油应能传递大的动力，能适应不同季节、不同海域气温变化，有合适的黏度，有较高的黏度指数，凝点低(-30 ℃以下)。

②定期清洗滤器和检查管系是否漏油。

③定期检查油位、油温、油压，注意观察各部振动情况和运转声音，发现异常及时处理。

④定期取样化验油质，及时更换不合格滑油，换新油时要将系统旧油彻底放净。

⑤侧推器间位置低，空气潮湿，注意检查电气设备绝缘和供电加热除湿。

(3)坞内检查

①放掉桨毂内滑油，观察是否有水进入油中。

②桨轴也设有辛泼莱克司型密封装置，凡密封圈唇口有裂纹、严重磨损、老化等现象均应换新，注意检查密封性能。

③检查桨叶、桨毂的固紧螺栓和螺栓防松装置。

④检查桨叶根部密封圈(一般四年应换新)。

⑤螺旋桨轴轴承、传动轴轴承都为滚动轴承，若发现锈蚀、剥蚀、护圈破裂、滚子严重磨损或转动不灵活、转动声音过大时，应予以换新。

第三节　船舶推进装置的工况配合特性

一、船、机、桨的相互作用和螺旋桨的选配

1. 船、机、桨的特性

(1)船舶阻力特性

船体的水阻力包括摩擦阻力、形状阻力和兴波阻力三种。

由于水有一定的黏性，当船舶航行时，水与船体表面发生摩擦而产生一种阻止船舶前进的力，叫作摩擦阻力。

船舶有一定的形状，当船舶前进时，尾部产生涡漩低压区，船的首部受到的水压力大于尾部，因此受到一个水的压差阻力，这个阻力的大小与船体形状有关，所以叫作形状阻力（也称涡漩阻力）。

另外，船舶前进时给水以作用力掀起波浪，而水必然给船体以反作用力，这种阻力称为兴波阻力。

在船舶的水阻力中，一般形状阻力约占总阻力的10%。低速民用船舶摩擦阻力很大，甚至可达总阻力的80%。高速船舶的摩擦阻力约占总阻力的40%，而兴波阻力很大，可达总阻力的50%以上。

船舶所受的水阻力和船速有关。船模或实船试验表明，水对船体的总阻力约与船速的 m 次方成正比，即：

$$R = A_R \cdot v^m$$

式中，R——水对船体的总阻力，N；

v——船速，kn；

A_R——阻力系数，与船体线型、排水量、污底程度、拖带、航道及海情等因素有关；

m——指数，对于航速不高的民用船舶来说，可取 $m=2$。

若航速为 v 时，其船体总阻力为 R，则克服阻力所需的功率 P_E 为：

$$P_E = \frac{R \cdot v}{1.94} \times 10^{-3} = \frac{A_R \cdot v^{m+1}}{1.94} \times 10^{-3} \quad \text{kW}$$

式中，R——船体阻力，N；

v——船速，kn。

由以上两个公式可知，阻力约与航速 m 次方成正比变化，功率则约与航速的 $m+1$ 次方成正比。各种船型其阻力和所需功率随船速变化的规律有很大差异，对于民用船舶 $m=2$，即功率则约与航速的三次方成正比。

(2)螺旋桨推进特性

船舶螺旋桨推进特性主要反映螺旋桨的推力 T、转矩 Q、推力系数 k_t、转矩系数 k_q 以及螺旋桨的敞水效率 η_0 等随船速(转速)和进速系数(进程比)J 的变化关系,即

$$J=\frac{v_j}{n_s\cdot D}$$

$$k_t=\frac{T}{\rho\cdot n_s^{2}\cdot D^4}$$

$$k_q=\frac{Q}{\rho\cdot n_s^{2}\cdot D^5}$$

$$\eta_0=\frac{Tv_j}{Q\cdot 2\pi n_s}=\frac{k_t\cdot J}{k_q\cdot 2\pi}$$

式中,ρ——水的密度,kg/m^3;

D——螺旋桨直径,m;

n_s——螺旋桨转速,r/s;

v_j——螺旋桨进速,m/s。

在给定的船舶中,其螺旋桨直径为定值,J 仅随 v_j/n_s,而变化。当 v_j/n_s 为常数时,k_t 与 k_q 亦为定值,而 ρ 的变化也较小,故桨的有效推力 T_e 和转矩 Q 就与转速的平方成正比,P_p 与转速的立方成正比即:

$$T_e=C_T\cdot n^2 \qquad \text{kN}$$

$$Q=C_Q\cdot n^2 \qquad \text{kN}\cdot\text{m}$$

$$P_P=\frac{\pi Qn^3}{30} \qquad \text{kW}$$

式中,C_T、C_Q——常数;

n——螺旋桨转速,r/min;

Q——转矩,kN·m;

P_p——螺旋桨所需功率,kW。

由上式可知,当 n 一定时,随 J 的减小,T_e、Q、P_p 均要相应增大;在 J 保持一定时,T_e、Q 均随 n 的平方成正比变化,而 P_p 随 n 的立方成正比变化。

(3)柴油机的速度特性和工作范围

①柴油机的速度特性

柴油机的工作指标和参数随转速而变化的规律叫柴油机的速度特性,也称外特性。

柴油机速度特性是在试验台上做出的。试验时固定喷油泵的油量调节机构,改变柴油机的负荷,使柴油机的转速发生变化,测出各有关参数即得其速度特性。

根据柴油机功率计算式

$$P_e=C\cdot p_e\cdot n\cdot i$$

式中,C——与柴油机结构型式有关的系数;

p_e——平均有效压力;

n——转速;

i——气缸数。

由上式可以看出，柴油机装好后，C 与 i 为常数，p_e 主要取决于喷油量，p_e 基本上也是常数。因此，在上述情况下，柴油机的有效功率和转速基本上是直线关系。

当把喷油泵油量调节机构固定在不同位置时，则可测得不同的速度特性。常用的速度特性有：

a. 全负荷速度特性。又称额定外特性，是将喷油泵油量调节机构固定在标定功率的供油位置上时测得的各特性参数随转速变化的关系。

b. 超负荷速度特性。中国船级社《钢质海船入级规范》规定，柴油机的超负荷功率为标定功率的110%，柴油机必须保证在超负荷功率下至少连续运转1 h而不冒黑烟。将柴油机在标定转速下能发出110%标定功率的喷油泵调油机构固定，测取的各特性参数随转速而变化的关系，即是超负荷速度特性。

c. 部分负荷速度特性。把油量调节机构固定在比标定供油量小的各个不同位置上，测出各特性参数随转速而变化的关系即是部分负荷速度特性，也称部分外特性。

②柴油机推进特性

当柴油机带动螺旋桨工作时，若不考虑轴系的功率损失，柴油机发出的功率应等于螺旋桨所需的功率。螺旋桨转动时所需要的功率与转速的三次方成正比。因此柴油机带动螺旋桨工作时，其功率和转速关系也应按螺旋桨特性的规律变化，即柴油机功率与转速的三次方成正比。这就是柴油机的推进特性，推进特性也是一种速度特性。

③柴油机的工作范围

柴油机在一定油门位置时（意味着气缸每循环喷油量不变），可近似认为，随转速变化其转矩 Q 是不变的，其功率 P 与转速和每循环喷油量成正比。实际上改变发动机转速时效率并不是不变的，转矩也小有变化。

2. 船、机、桨的相互作用

船、机、桨在许多方面都存在着相互作用。

（1）它们之间存在着机械连接，也存在着运动方面的相互作用。

（2）船、机、桨之间存在着液力间的相互作用。

（3）从能量观点看，船、机、桨三者共同组成了一个统一的能量转换系统。因为它们之间存在着以上相互作用，所以它们之间的运动状态相互之间受到制约。当船舶要求在某一装载量、某一航速下航行时，则机、桨两者的运行点也就确定了。船舶推进装置的性能是由船、机、桨三者的性能共同决定的，研究推进装置特性需要三者联系起来进行分析。

3. 航速与转速的转换关系

在研究船、机、桨工况配合时，必须将它们三者的特性置于同一坐标里，以便于分析。但在前述中，船舶的阻力特性是随其航速的变化关系来表示的，螺旋桨及主机的特性则是以它们的主要参数随转速的变化关系来表示。因此，必须了解航速与转速之间的相互关系，建立两者能够转换的关系式，即

$$v = J \cdot D \cdot n/(1-\omega) = C \cdot n$$

式中，J——进速系数（进程比）；

D——螺旋桨直径，m；

n——转速，r/min；

ω—— 船体对螺旋桨影响的伴流系数。

由此可见,在稳定航行时,船速和桨的转速成正比。

4. 螺旋桨的选配

螺旋桨的选配,就是根据船体的有效功率和航速要求,选配高效节能的螺旋桨,再根据螺旋桨的推进特性,在主机选型中取得功率适宜的主机型号;当已选定较合理的柴油主机时,也可根据机型、船型、船速等去选配螺旋桨。机桨选配的原则是:除满足船舶所要求的航速与较高的螺旋桨效率外,既能使柴油机的功率得到充分利用,又要使柴油机功率在全部运转范围内不超出允许的范围。

二、各种航行条件下推进装置工况配合特性

1. 船、机、桨的配合

船舶航行时受到各种阻力的作用。在螺旋桨推进的船舶上,这些阻力即成为螺旋桨的负荷。螺旋桨必须产生与之相应的推力,才能使船舶保持希望的航行状态。而螺旋桨产生一定推力所需的扭矩和功率则由主机提供,它们之间保持着力、转矩和功率的平衡。

(1)船舶阻力

船舶航行时所受到的阻力有:水下部分的水力阻力、水上部分的空气阻力和船舶加减速时的惯性阻力。船舶水力阻力有摩擦阻力、形状阻力和兴波阻力三种,它们与船舶航速、排水量、船体线型和污底程度有关。试验表明,水对船体的总阻力 R 约与船速 v_s 的平方成正比:$R = A_R \cdot v^m$

式中,A_R——阻力系数。

①当船舶装载量增加、发生污底、进入狭窄或浅水道航行时,A_R 均会增加,使水力阻力增大。

②空气阻力与船舶水上结构的迎风面积、形状、风向和风力大小有关。

③惯性阻力与包括船舶自重和装载量在内的船舶总排水量有关。加速时惯性阻力为正值,减速时为负值。

(2)与螺旋桨配合工作时的主机工作点

忽略传动损失,主机发出的功率与螺旋桨吸收的功率相等。如果将柴油机速度特性曲线和它所带动的螺旋桨的特性曲线画在一个坐标图上,柴油机速度特性曲线与螺旋桨特性曲线上的交点,即是它们配合工作的工作点。如图 5-3-1 所示为这种特性配合的情况。在选配螺旋桨时,一般是在柴油机标定转速下使螺旋桨吸收的功率等于柴油机的标定功率。这时柴油机按标定负荷速度特性曲线 1 工作,其工作点为与螺旋桨特性曲线的交点 a。当柴油机以部分负荷速度特性曲线 2 或超负荷速度特性曲线 3 工作时,工作点分别为它们与螺旋桨特性曲线的交点 b 或 c,如图 5-3-1(a)所示。

如图 5-3-1(b)所示,当因船舶阻力改变、变距桨螺距角改变等原因使螺旋桨特性曲线变化时,柴油机与螺旋桨的工作点也将相应改变。

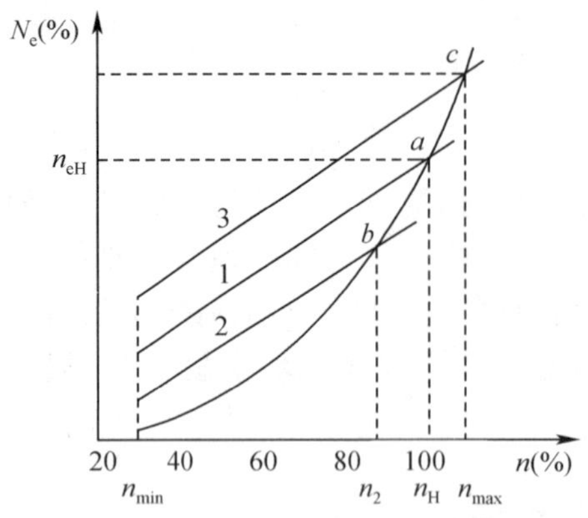

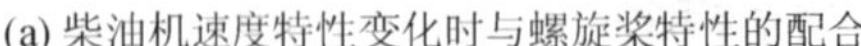
(a) 柴油机速度特性变化时与螺旋桨特性的配合

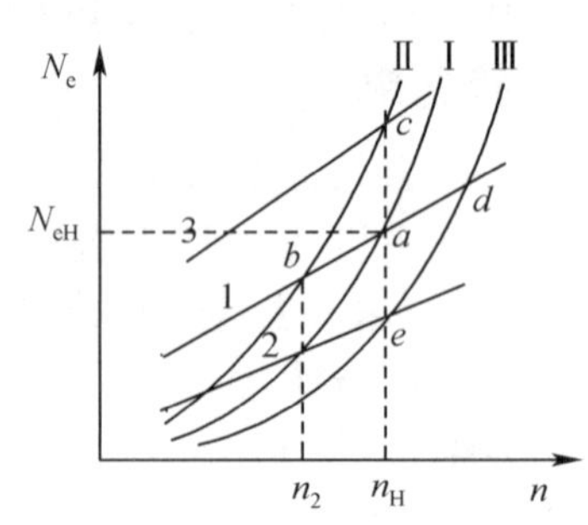

(b) 螺旋桨特性变化时与柴油机速度的配合工作点

图 5-3-1　柴油机与螺旋桨的配合

2. 航行条件变化时主机的工况

(1)航行阻力变化时主机的工况

船舶航行阻力的变化,会引起螺旋桨进程比 J_p 的改变,从而导致螺旋桨特性曲线的变化,使主机工作点发生变化。

如图 5-3-2 所示,如柴油机以标定负荷速度特性与具有特性曲线工作的螺旋桨配合工作,工作点为 a,此时柴油机发出标定功率 P_e,带动螺旋桨以标定转速 n_e 转动。如果因装载量、风力、航道变化、船舶污底、起航加速等原因使船舶阻力增加,螺旋桨特性曲线将会变陡,例如变为特性曲线Ⅱ,这样工作点将会从 a 点变到 b 点。此时,尽管柴油机功率和转速均低于标定值,但已在超转矩范围内(a 点到坐标原点连线—标定转矩线—以上区域)工作。这对柴油机的工作是十分不利的。这时应减小柴油机油门,以较低负荷速度特性(如特性线 2)工作,使工作点回到标定转矩线以下区域。切不可为了增加柴油机转速和船速而盲目加大油门,使柴油机严重超负荷而造成损坏。

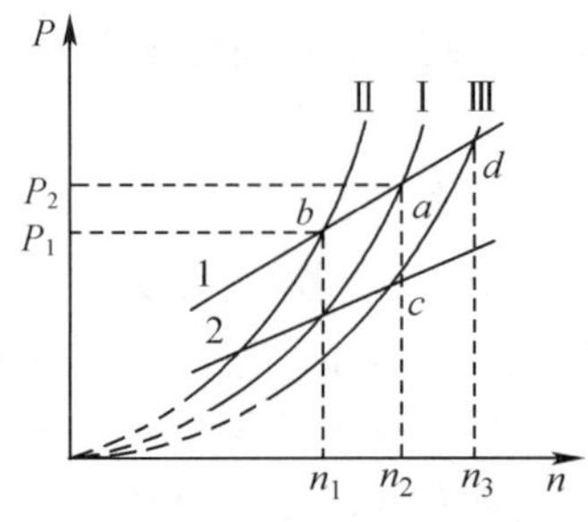

图 5-3-2　主机工作点在各种航行状态下的变化

反之,当船舶阻力减小时,螺旋桨特性曲线会变得较为平坦,如特性曲线Ⅲ。工作点将会由 a 点变至 d 点。这时,尽管柴油机未超转矩工作,但柴油机的转速和功率均超过标定值 n_e 和 p_e,柴油机也处于超负荷状态。此时也应减小油门,以部分负荷特性曲线(如曲线 2)工作,使柴油机的功率和转速均不超过标定值。

(2)主机换向和船舶倒航时主机的工况

船舶在港内航行、靠离码头或者遇到避碰等紧急情况时,常需改变主机回转方向,使前进的船舶迅速停止下来或改为倒航。图 5-3-3 所示为主机换向及倒航过程中螺旋桨的特性曲线。图中横坐标为螺旋桨转速的百分比，纵坐标为螺旋桨转矩的百分比。曲线 A、B 和 C 分别为船在全速、半速和系泊情况下根据船模试验画出的螺旋桨换向及倒转特性曲线。

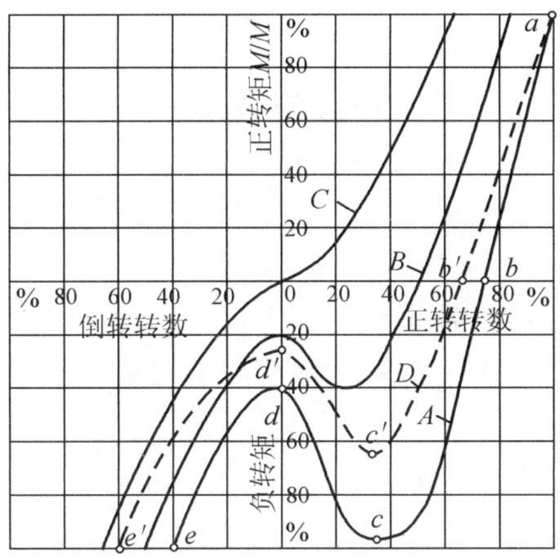

图 5-3-3　主机工作点在各种航行状态下的变化

①如果船舶正在全速前进，现将主机从正车改为倒车运转（图中曲线 A）。原先，主机和螺旋桨的配合工作点为 a 点。接到倒车命令后，首先停止主机供油，主机转速会迅速下降，螺旋桨进程比 J_p 将迅速增加，因此转矩、推力亦迅速下降。在下降到 b 点之前的某一转速时，将出现零推情况。当转速下降到 b 点时，螺旋桨转矩亦为零。此时推力为负，螺旋桨开始阻止船舶前进。a-b 为螺旋桨换向的第一阶段。在 b 点以后，由于船舶因惯性仍在前进，螺旋桨被水冲击转动，产生负转矩，像水涡轮一样带动主机仍按正车方向回转。此负转矩为主机运动部件和轴系摩擦损失所消耗，所以转速迅速下降。在转速下降到 c 点时，负转矩达最大值，此后负转矩逐渐减小。达到 d 点时，负转矩已不足以克服主机运动部件和轴系的摩擦阻力，螺旋桨即停止转动。b-c-d 为螺旋桨换向的第二阶段，即水涡轮工作阶段。在 d 点之后，倒车起动主机，使主机带动螺旋桨倒车转动，产生负推力，对船舶起制动作用。但是此时船舶仍在前进，所以当倒车转速达 40% ~60% 标定转速时，转矩已达标定值 M。

②船舶半速前进时，螺旋桨换向的转矩与转速关系（曲线 B）与全速时相似，只是负转矩数值较小。系泊工况时（曲线 C）没有水涡轮工况，不出现负转矩。

以上讨论未考虑换向过程中船速的变化。如考虑到实际在航行条件下主机换向过程中船速有所降低，则螺旋桨的换向倒转特性可如曲线 D 所示。

③利用上述螺旋桨的水涡轮原理，可以消耗船舶的惯性能，对船舶起到一定的制动作用。但是由于主机运动部件和轴系的摩擦力较小，螺旋桨降至零速所需时间较长。这一过程中船舶的惯性滑行距离可能为船长的 5 ~6 倍。这么大的滑行距离，对于避碰的紧急情况是危险的。在紧急情况下，可在主机转速降至 30% ~40% 标定转速时，按倒车起动方式向主机供入起动压缩空气，对主机运动部件、轴系和螺旋桨进行强行制动，使它们较快停止转动，然后倒车起动主机，使螺旋桨倒转，尽快停止船舶的滑行，这一过程称为紧急制动。

④必须指出，在进行紧急制动时，船舶仍在前进。主机开出倒车后，当转速为 40% ~60% 标定转速时，转矩已达标定值。若转速过高，主机和轴系可能发生严重超负荷。船舶倒航时，

由于船舶阻力较正航时为大，而且螺旋桨效率也较低，所以螺旋桨特性曲线较陡。为了保证倒航时主机不致超负荷，必须使倒车的最大转速不超过标定转速的 70% ~80%，具体转速应根据排烟温度确定。

本章思考题

1. 船舶有哪些动力传动？
2. 船舶轴系组成有哪些？
3. 船舶推进装置的管理内容有哪些？
4. 什么是船、机、桨特性？重桨或轻桨对柴油机工作有何影响？

附录　渔船动力装置考试大纲

相关说明

（一）表中“一级”“二级”“三级”分别对应主机总功率在“750 kW 以上”“250～750 kW”“50～250 kW”的渔业船舶。

（二）表中“○”对应“了解”层次，“◎”对应“熟悉”层次，“●”对应“掌握”层次。

（三）建议培训课时数：一级轮机长 150 课时；二级轮机长 120 课时；三级轮机长 60 课时；一级管轮 150 课时；二级管轮 120 课时；助理管轮 90 课时。

考核知识点	适用对象					
	一级轮机长	二级轮机长	三级轮机长	一级管轮	二级管轮	助理管轮
一、渔船动力装置概述						
1. 渔船动力装置的组成、类型			◎		◎	○
2. 渔船动力装置的要求及基本性能指标			◎		◎	○
3. 渔船动力装置的可靠性			◎		◎	○
4. 保持和提高动力装置可靠性的途径			◎		◎	○
二、渔船柴油机						
1. 柴油机的基本知识						
（1）柴油机的工作原理			◎		◎	◎
（2）柴油机增压的概念			◎		◎	◎
（3）柴油机的性能指标	●	●	●	◎	◎	○
（4）现代船用柴油机提高有效功率和经济性的主要途径	◎	◎	◎	○	○	○
2. 柴油机的结构和主要部件						
（1）柴油机的结构特点	◎	◎	◎	◎	◎	◎
（2）活塞、气缸、气缸盖						
①作用、工作条件、要求和材料	◎	◎	◎	◎	◎	◎
②筒形活塞、气缸、气缸盖的组成和结构特点	●	●	●	◎	◎	○
③故障分析及管理	●	●	●	◎	◎	○

（续表）

考核知识点	适用对象					
	一级轮机长	二级轮机长	三级轮机长	一级管轮	二级管轮	助理管轮
(3)燃烧室部件承受的负荷及结构特点						
①机械负荷和热负荷的概念	◎	◎	◎	○	○	○
②气缸盖损坏的原因及检验	●	●	●	◎	◎	◎
③气缸套的磨损、穴蚀及防范措施	●	●	●	◎	◎	◎
④活塞组件的故障分析及管理	●	●	●	◎	◎	○
(4)连杆						
①连杆的作用、工作条件、要求和材料	◎	◎	◎	◎	◎	◎
②筒形活塞式柴油机连杆、连杆螺栓和连杆轴承的结构特点	●	●	●	◎	◎	○
③连杆的故障分析及管理	●	●	●	◎	◎	○
(5)曲轴和主轴承						
①作用、工作条件、要求和材料	◎	◎	◎	◎	◎	◎
②柴油机曲轴的结构特点	●	●	●	●	●	●
③正置式主轴承的结构特点	◎	◎	◎	◎	◎	○
④倒挂式主轴承的结构特点	◎	◎	◎	◎	◎	○
(6)曲柄连杆机构的故障分析及管理	●	●	●	◎	◎	○
(7)推力轴承						
①推力轴承的工作原理	◎	◎	◎	○	○	○
②推力轴承的故障及管理	●	●	●	◎	◎	○
3. 燃油的喷射与燃烧						
(1)燃油的性能指标、分类与管理			◎		◎	◎
(2)过量空气系数及其对燃烧过程的影响	◎	◎	◎	○	○	
(3)喷射过程						
①喷射过程各阶段的特点及影响因素	◎	◎	◎	◎	◎	○
②异常喷射的原因及处理	●	●	●	◎	◎	○
③燃油喷射质量及影响因素	●	●	●	◎	◎	○
(4)可燃混合气的形成	◎	◎	◎	○	○	
(5)喷油设备						
①喷油设备的组成和要求			●		●	●
②回油孔式喷油泵的结构和工作原理	◎	◎	◎	◎	◎	◎

（续表）

考核知识点	适用对象					
	一级轮机长	二级轮机长	三级轮机长	一级管轮	二级管轮	助理管轮
③出油阀的作用及卸载方式	◎	◎	◎	◎	◎	◎
④回油孔式喷油泵的检查调整	●	●	●	●	●	○
⑤喷油器的结构和工作原理	◎	◎	◎	◎	◎	◎
⑥喷油器的检查调整	●	●	●	●	●	○
⑦喷油设备的主要故障及管理	●	●	●	●	●	○
(6)柴油机的燃烧过程						
①燃烧过程着火条件和燃烧过程的四个阶段	◎	◎	◎			
②燃烧过程的影响因素及控制措施	●	●	●			
(7)柴油机的热平衡	○	○	○			
4. 柴油机的换气与增压						
(1)柴油机的换气过程	◎	◎	○	◎	○	○
(2)柴油机的换气机构						
①气阀机构的结构形式、功用和工作条件			●	●	●	◎
②气阀传动机构的原理、结构形式及功用			●	●	●	◎
③换气机构的故障和管理	●	●	●	◎	◎	○
(3)柴油机的增压						
①柴油机废气能量分析及其在涡轮增压器中的利用情况	○	○	○	○	○	
②定压增压和脉冲增压及其他增压形式	○	○	○	○	○	
③废气涡轮增压器的结构	◎	◎	◎	◎	◎	
④增压系统的故障与维护管理	●	●	●	◎	◎	
5. 柴油机的特性						
(1)渔船柴油机的工况和运转特性的基本概念						
①渔船柴油机的运转工况	○	○	○	○		
②柴油机特性的基本概念和研究特性的目的	○	○	○	○		
(2)速度特性的概念	◎	◎	◎	○		
(3)负荷特性和负荷特性参数分析						
①负荷特性的概念	○	○	○	○		
②柴油机按负荷特性工作时主要工作参数的变化规律	◎	◎	◎	○		

（续表）

考核知识点	适用对象					
	一级轮机长	二级轮机长	三级轮机长	一级管轮	二级管轮	助理管轮
(4)推进特性和推进特性参数分析						
①推进特性的概念	○	○	○	○		
②柴油机按推进特性工作时主要工作参数的变化规律	◎	◎	◎	○		
(5)柴油机限制特性	◎	◎	◎	○		
6. 柴油机的调速装置						
(1)调速的必要性和调速器的类型	○	○	○	○	○	○
(2)超速保护装置	◎	◎	◎	○	○	
(3)调速器的性能指标	◎	◎	◎	○	○	
(4)机械调速器的工作原理和特点	◎	◎	◎	◎	◎	
(5)液压调速器	◎	◎		◎	○	
(6)电子调速器	◎	◎	◎	○	○	
(7)调速器的维护管理与故障排除	●	●	●	◎	◎	
7. 柴油机的起动、换向和操纵						
(1)柴油机的起动						
①柴油机的起动方式				○	○	○
②起动装置的组成、工作原理和起动条件	●	●	●	●	●	●
③柴油机的起动故障及处理	●	●	●	●	●	◎
(2)柴油机的换向						
①换向装置的基本原理、换向方法和要求	●	●	◎	◎	◎	○
②换向装置的故障及处理	●	●	●	●	●	◎
(3)操纵系统的要求、类型及特点	◎	◎	◎	◎	◎	◎
三、渔船动力系统						
1. 燃油系统						
(1)燃油系统的组成			◎	◎	◎	◎
(2)燃油的加装和测量:加油的准备,加油过程,油温和密度对加装量的影响,加油量的计算			●	●	●	●
(3)燃油的驳运、净化和供给			●	●	●	●
2. 滑油系统						
(1)润滑系统的组成、主要设备和作用	◎	◎	◎	◎	◎	◎

（续表）

考核知识点	适用对象					
	一级轮机长	二级轮机长	三级轮机长	一级管轮	二级管轮	助理管轮
(2)润滑系统的维护管理	●	●	●	●	●	●
(3)润滑和润滑油:润滑的作用,滑油的性能指标,滑油添加剂及作用,滑油的质量等级	◎	◎	◎	◎	◎	◎
(4)增压器的润滑方式	◎	◎	◎	◎	◎	◎
(5)曲轴箱油变质与检查:变质原因、检验方法和检验指标	●	●	●	●	●	●
3. 分油机						
(1)基本工作原理、分油机的结构和类型	◎	◎		◎	◎	◎
(2)使用和维护管理要点	◎	◎		●	●	◎
(3)常见故障和处理	●	●		●	●	◎
4. 冷却系统						
(1)冷却系统的组成和类型、冷却系统的主要设备和作用	○	○	○	○	○	○
(2)冷却系统的维护管理	●	●	●	●	●	◎
四、轴系与推进装置						
1. 轴系						
(1)推进装置的传动方式	○	○	○	○	○	○
(2)传动轴系						
①组成、作用和工作条件	◎	◎	◎	◎	◎	◎
②布置方案及各组成部分的布置要求	○	○	○	○	○	○
③中间轴和中间轴承、艉轴与艉轴管的密封和冷却	●	●	●	●	●	◎
④传动轴系的管理	●	●	●	●	●	◎
(3)中间齿轮减速箱和联轴器的作用、结构和工作条件	◎	◎	◎	◎	◎	◎
(4)轴线调整的注意事项	●	●	●	●	●	●
(5)艉轴管结构及各种艉轴封的日常管理和注意事项	●	●	●	●	●	●
(6)螺旋桨与艉轴的配合形式及管理要点	●	●	●	●	●	●
2. 螺旋桨						
(1)定距桨	◎	◎	◎	○	○	○

（续表）

考核知识点	适用对象					
	一级轮机长	二级轮机长	三级轮机长	一级管轮	二级管轮	助理管轮
（2）可调螺距螺旋桨	◎	○		◎	○	○
（3）侧推器	○			○		
3. 渔船推进装置的工况配合特性						
（1）柴油机和螺旋桨的配合						
①机、桨配合的原则	◎	◎				
②机、桨配合的影响因素	◎	◎				
③柴油机的功率和转速的使用范围：约定最大持续功率、柴油机的允许工作范围	◎	◎				
（2）船、机、桨特性						
①船的阻力特性	○	○				
②船、机、桨的相互作用	○	○				
③航速与转速的转换关系	○	○				
④调距桨装置的机桨配合特性及调距桨装置的优点	◎	◎				

参考文献

[1] 杜荣铭,孙培廷. 船舶柴油机. 大连:大连海事大学出版社,2001.
[2] 满一新. 船机维修技术. 大连:大连海事大学出版社,2000.
[3] 李斌. 船舶柴油机. 大连:大连海事大学出版社,2010.
[4] 黄少竹. 船舶柴油机. 大连:大连海事大学出版社,2006.
[5] 孙培廷. 船舶柴油机. 大连:大连海事大学出版社,2002.
[6] 刘永长. 内燃机原理. 武汉:华中科技大学出版社,2001.
[7] 周龙保. 内燃机学. 北京:机械工业出版社,2006.
[8] 中国船级社. 钢质海船入级规范. 北京:人民交通出版社,2016.